결혼이민
여성에 대한

문화적
민감성과
수용

* 본 저서는 2008년 태평양학술문화재단의 학술연구비 및 출판지원사업의
지원을 받아 수행된 연구임.

결혼이민
여성에 대한

문화적
민감성과
수용

김민경 지음

이담
Books

국내에 거주하는 이주자의 수는 노동이주자, 국제결혼이주자로 점차 증가하고 있으며 이들의 출신지도 다양화되고 있다. 국내에 거주하는 외국인이 이미 전체 인구의 약 2%대를 향해 가고 있는 상황을 볼 때 한국 사회는 '다민족·다문화사회'로 이미 진입한 것이다.

다민족·다문화사회로의 진입은 단지 인구 구성 이상의 다양한 의미를 갖는다. 즉, 우리 사회의 노동력 수급구조와 산업구조의 변화, 지역사회경제와 관련이 있으며, 소수자의 인권 혹은 소수민족의 정치적 대표성 문제도 향후 크게 부각될 수 있다. 가장 심층적인 변화라는 이들에 대한 한국인들의 반응과 수용의 정도에 따라 다른 인종·민족과의 공존이나 갈등의 문제가 발생할 소지가 있다는 것이다.

2000년대 전반기에 비해 감소하는 추세이기는 하나 필리핀 및 일본 또한 결혼이민여성의 주요 출신국이며, 이 밖에도 태국이나 몽골, 우즈베키스탄 그리고 최근에는 캄보디아에 이르기까지 결혼이민여성의 출신국은 한층 다양해지고 있다. 결국 국제결혼의 지속적인 증가가 시사하는 다인종·다민족 사회로의 변화 추세 속에서 지역사회의 새로운 구성원으로 뚜렷이 부각되는 결혼이민여성이야말로 이른바 다문화사회를 선도하는 존재로서 그 의미가 크다고 하겠다. 이에 따라 학계에서 이들에 초점을 둔 연구들이 봇물처럼 쏟아지고 다문화의 정책방향 또한 우리 사회의 유지와 미래에 기여한다는 차원에서 다민족 다문화 사회에 대응하는 정책의 필요성 등에 대한 관심들이 나타나고 있다. 그러나 정작 이주자들에게만 초점을 맞추다 보니 새로운 변화를 한국인과 한국 사회가 어떻게 받아들이고 있는가라는 또 다른 문제는 상대적으로 관심에서 벗어나 있었다.

사실 결혼이민여성과 관련한 이제까지의 여러 연구들은 결혼이민여성이나 가족의 한국 사회 적응 지원을 통한 사회통합에 주로 관심을 둘 뿐, 사회통합의 또 다른 축인 한국 사회 또는 한국인과의 상호관계 속에서 확인되는 수용 또는 배제의 양상을 밝히고 이를 통해 실질적인 통합의 가능성을 높여 가는 데에는 상대적으로 소홀한 측면이 없지 않다.

따라서 결혼이민여성들이 새로운 정주민으로 광범위하게 자리 잡아 가고 있는 지역사회에서, 가족의 범위를 벗어난 또 다른 사회적·인적 관계망을 통해 이들 결혼이민여성이 어떻게 인식되고 수용되는지 파악하는 일은 결혼이민여성의 실질적인 사회통합에 한걸음 다가가는 일이며, 지역사회 구성원의 문화적 민감성과 수용성이야말로 진정한 의미의 사회통합을 이루기 위한 관건일 것이다. 이에 따라 지역사회에서 결혼이민여성에 대하여 이웃 주민으로서 또는 결혼이민여성 관련 정책이나 사업의 관계자 및 서비스 제공자로서 상호접촉의 경험을 소지한 지역민을 대상으로, 결혼이민여성에 대한 이해와 문화적 차이 등의 인식 정도, 상호접촉의 경험, 개방성 등에 기초한 수용의식 및 태도를 파악함으로써, 결혼이민여성을 우리 사회의 진정한 구성원으로 수용함에 있어 요구되는 현실적인 정책대안 및 과제 등을 모색할 필요성이 높아지고 있다.

이상과 같은 배경에서, 본 연구는 지역사회의 공생적 동반자로서 결혼이민여성을 둘러싼 지역사회 내 행위자들의 실체적 인식을 통해 결혼이민여성에 대한 지역주민의 문화적 민감성과 수용의식 및 태도를 비롯해 결혼이민여성 대상의 각종 정책 및 서비스 제공에 관여하는 담당자들의 인식과 태도를 파악하여 궁극적으로 지역사회의 문화민감성 향상과 다문화 의식 및 수용성 증진에 기여하는 정책을 제시하고자 하였다.

본서는 1장에서 이주와 결혼으로 국제결혼의 역사와 양상을, 2장과 3장은 아시아 및 비아시아 국가의 이민자가족을 위한 사회통합으로 이루어졌다. 또한 4장에서 6장까지는 다문화가족의 사회통합, 역량강화 및 다문화 교육프로그램이 제시되었다. 7장과 8장은 본서의 핵심주제인 다문화가족에 대한 문화적 민감성과 수용이, 끝으로 9장은 다문화가족을 위한 과제로 각각 구성되었다.

이 책은 2008년 태평양학술문화재단의 학술연구비 및 출판지원사업의 지원으로 수행된 결과물이다. 이 자리를 빌려 본 연구와 출판을 위해 재정적으로 후원하여 준 태평양학술문화재단에 감사의 뜻을 전하고 싶고 또한 다양한 방식으로 도와준 분들에게도 감사의 말씀을 전하고자 한다. 먼저 결혼이민여성에 대해 면접에 응해주신 일반주민, 다문화 관련 실천가와 관계공무원 여러분께 심심한 감사를 표하며 끝으로 본서의 발간을 허락한 한국학술정보(주)와 꼼꼼하게 작업해준 편집부 직원들께도 감사를 전한다.

2011년 9월

김민경

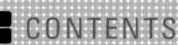
CONTENTS

09 다문화가족을 위한 과제

01
이주와 결혼

 # 제1절 전지구화와 결혼

1. 한국 사회의 외국인 이주 양상과 사회적 관심의 형성

1) 단기간의 급속한 증가

최근 들어 한국 사회에서도 국가 외부로부터 유입된 이주민이 빠르게 증가하고는 있지만, 세계적인 이주 추이와 비교하면 한국 사회로의 이주의 증가는 다소 지연되었다. 전 세계적 차원에서는 1965년 이후 인구의 2% 이상이 국제이주를 한 것으로 보고되고 있는 데 비해, 한국 사회에서는 1980년대 말~1990년대 초까지도 외국인 이주민이 전체 인구의 0.1%에 불과할 정도로 세계적인 이주의 연결망에서 제외되어 있었던 것이다.

그 주요 요인으로는 무엇보다 세계의 다른 지역과는 달리 한반도 냉전이 지속되었다는 특징을 들 수 있다. 1970년대 이후 냉전의 양상은 서서히 해체되어 가고, 특히 냉전의 중심인 유럽은 독일의 통일로 1990년대에 들어서면서 완전한 해체의 길을 걷게 되었음에도 한반도는 세계에서 유일한 냉전지대로 남게 되어 탈냉전의 영향이 제한적인 범위에서만 나타났다. 이주의 측면에서도 제한적인 차원의 국내 이주와 한국인의 해외이민만을 허용했다. 특히 외국인의 국내 유입은 강력한 통제의 대상이었다.

이러한 구조 위에서 한국 사회의 외국인 이주는 경제적 요소와 정치적요인이 결합해 촉발되었다. 세계적인 탈냉전 기류에 편승하는 정치적인 목적 외에 경제적으로도 산업화가 진행되면서 새로운 시장이 필요했던 한국 정부는 여러 방식으로 고립적인 상황을 탈출하려고 시도하였다. '북방정책'을 통해 소련 및 동유럽 국가와의 관계정상화를 추진하는 한편, 1992년에는 한-중 수교가 이루어져 형식적인 측면에서는 어느 정도 냉전구조가 해체되었던 것이다. 이는 이주의 측면에서도 획기적인 새로운 변화의 계기가 되었는데 바로 이 시점부터 한국 사회의 외국인 이주가 급격하게 증가하였기 때문이다.

1980년대만 해도 4만 명 수준으로 전체 인구의 0.1%에 불과하던 한국 사회 체류 외국인(장기체류자 기준)은 1990년대 들어 급격히 증가하여 1995년에는 10만 명을 넘어서면서 전체 인구의 0.24%를 차지하게 되었으며, 2000년에는 21만 명으로 전체 인구의 0.44%를 차지하였다.

짧게는 10년, 길게는 15년 동안 일어난 압축적인 이주의 전개는 세계적으로 매우 특수한 현상이다. 대부분의 서구 국가의 경우, 이주의 역사는 근대와 더불어 시작된다고 할 수 있다. 이민 국가인 미국이나 캐나다, 호주 등의 경우는 예외로 하더라도, 유럽의 영국, 프랑스, 독일 등지에서는 식민지배와 유럽지역 내 국가와의 인구이동이 이미 19세기 말부터 진행되어 왔다. 특히 2차 세계대전 종전 후에는 경제부흥 과정에서 많은 외국 이주민들을 받아들인 바 있다. 이러한 점에서 대부분의 선진국들은 짧게는 반세기에서 길게는 150여 년이 넘는 이주의 역사를 지니고 있으며 그 과정에서 몇 차례의 주요한 전환기마다 다민족·다문화사회로의 변화에 대한 사회적 논의가 이루어지고 정책의 성공과 실패의 굴곡을 경험하면서 정책의 방향을 형성해 왔다.

이에 비해 한국 사회에서는 외국인 이주 자체가 최근에서야 시작된 비교적 새로운 현상인 만큼, 다민족·다문화사회에 대한 관심 자체도 본격적으로 발달되지 못하고 있으며 정책적 경험도 제한되어 있는 상황이다. 뿐만 아니라 한국 사회의 특수한 이주의 역사와 구조 역시 외국인 이주민의 급격한 증가에도 불구하고 민족적, 문화적 다양성에 대한 사회적, 정책적 관심과 논의의 출발을 상당기간 지연시키는 데 기여하였다.

2) 한국계 외국인의 증가와 외국인 가시화

세계적 차원에서는 초국가적 이주가 일상화되어 가던 1990년대 한국에서도 외국인 이주의 새로운 장이 열렸다. 그런데 이들은 단순한 '외국인'이 아닌 '한민족의 혈통'을 공유한 이들이라는 점에서 한국 사회의 이주는 특수성을 지니고 있었다. 1860년대 이후 대륙으로 이주하여 '고려인', '조선인(조선족)'으로 살던 한국계 외국인들이 냉전 구조의 해체와 함께 한국 사회로 들어온 것이다. 특히 한·중 수교를 계기로 중국 동북지방의 불황과 단위제도의 해체에 따른 실업을 탈피하고자 하는 한국계 중국인들이 대거 입국함으로써 당시 입국 외국인의 대다수를 차지하였다.

이러한 상황에서 1990년대 말까지 한국 사회에서 이주민은 외국인이라기보다는 '한민족'으로 접근되는 경향이 강하였으며, 여기에 새터민 유입까지 중첩되면서 민족주의적 관점에서 이주민을 바라보는 양상은 더욱 강화되었다.

<표 1-1> 체류외국인 국적별 현황

(2011.10.31. 현재, 단위: 명)

구 분	총체류자	합법체류자	불법체류자
총계	1,403,355	1,228,677	174,678
중국1)	688,329	617,998	70,331
한 국 계	471,436	452,754	18,682
미국	137,945	129,496	8,449
베트남	116,683	97,527	19,156
필리핀	49,810	37,729	12,081
일본	49,706	48,450	1,256
타이	42,145	27,821	14,324
인도네시아	32,422	26,614	5,808
우즈베키스탄	30,295	24,950	5,345
몽골	29,453	19,425	10,028
타이완	27,077	26,099	978
캐나다	22,023	21,257	766
스리랑카	21,883	19,295	2,588
캄보디아	17,157	15,800	1,357
방글라데시	13,667	8,549	5,118
네팔	13,273	11,449	1,824
러시아	10,926	9,711	1,215
파키스탄	10,638	7,197	3,441
인도	7,968	6,679	1,289
오스트레일리아	7,554	7,212	342
영국	6,746	6,617	129
미얀마	6,357	5,148	1,209
홍콩	4,921	4,705	216
독일	4,475	4,342	133

---

1) 한국계 포함

〈표 1-2〉 등록외국인 연도별 증감추이

연 도	총 계	합법체류자	불법체류자	
			16~60세	전 체
2001년	229,648	162,584	64,813	67,064
2002년	252,457	168,678	80,457	83,779
2003년	437,954	365,454	68,640	72,500
2004년	468,875	379,018	85,930	89,857
2005년	485,144	378,095	101,824	107,049
2006년	631,219	524,562	101,033	106,657
2007년	765,746	658,468	101,645	107,278
2008년	854,007	760,546	88,531	93,461
2009년	870,636	786,907	79,056	83,729
2010년	918,917	840,372	73,211	78,545
'10년 10월	900,973	821,783	73,788	79,190
'11년 10월	996,676	910,221	79,968	86,455
증감률(%)	10.6%	10.8%	8.4%	9.2%

출처: 출입국 외국인정책본부(2011), 출입국외국인정책 통계월보(2011. 10월호)

다른 한편 산업화의 진전에 따라 1980년대 중반부터 한국 사회에는 이미 소위 3D 업종에 취업한 외국인 노동자 중에 '한민족' 이외의 외국인들도 엄연히 존재했으며 1990년대 중반부터는 이들이 직면한 인권문제가 제기되기도 했다. 그러나 '한민족' 이주민에 비하면 이들은 소수에 불과했을 뿐 아니라 대부분 불법체류 신분으로서 민족주의적 담론이 지배적인 상황에서 사회적, 정책적 관심의 대상으로 가시화되지 못했다. 그러나 2000년대 중반부터 외국인 100만 시대를 열며 우리 사회의 다문화사회를 주도하는 중요한 대상으로 부각되었다.

3) 다민족 · 다문화사회에 대한 관심의 촉발

한국 사회에서 '외국인' 이주민이 본격적인 관심사로 등장하기 시작한 것은 1990년대 말부터로, 시장 개방과 국내 노동력 구조의 변화로 보다 많은 수의 외국인 노동자가 유입되기 시작하면서 점차 그 존재가 가시화되었다. 그리고 OECD 가입과 함께 국제적인 기준 부합에 대한 요구가 높아지고 이에 대한 한국 사회의 민감성도 증가하면서 그간 관심 밖에 놓여 있던 외국인 노동자의 인권문제가 부각된 것역시 주요한 변화였다.

1990년대 초까지만 하더라도 예외적인 경우로 취급되어 사회적 관심에서 배제되었던 국제결혼, 특히 한국인 남성과 외국인 여성의 결혼은 1990년대 중반부터 현저히 증가하기 시작했다. 그리고 2000년대이후에는 전체 결혼의 10%를 넘어서는 일반적인 결혼 형태의 하나로자리 잡았으며 특히 농촌과 농림업 취업자 등 특정 지역과 계층에서는 지배적인 결혼 형태를 이루게 되었다.

2. 이주와 결혼: 이주의 여성화와 한국의 가부장제

황정미 외(2007)의 한국 사회의 다민족 · 다문화 지향성에 대한 조사연구를 토대로 살펴보면 최근 외국인 이주자 관련 정책에서 가장이목을 집중시키고 있는 것은 국제결혼 여성이민자와 그 자녀의 문제이다. 아직까지 외국인 노동자의 가족단위 이주나 영주 개념이 정착되지 못한 한국 사회에서 사회통합의 대상으로 가장 먼저 포착된것이 바로 국제결혼 이주여성이었던 것이다. 풍습과 가치관이 다른 나라에서 온 이 여성들을 '한국인 며느리'로 동화시키고 이들 가정의 혼혈자녀에 대한 차별이나 소외문제를 예방해야 한다는 관심이 높아지고 있다.

한편 이처럼 국제결혼 이주여성에 대한 관심이 매우 높은 데 비해 외국인노동자에 대해서는 차가운 시선으로 대하는 것을 문제점으로 지적하는 시각도 있다(엄한진, 2006). 그러나 급속한 정책의 러시가 과연 국제결혼 이주여성에 대한 적절한 배려에서 비롯된 것인지는 의문이다. 김혜순(2006)은 "역설적이지만 부계혈통주의와 단일민족주의의 강고한 결합이라는 한국의 사회문화적 특성이 정부가 이민정책을 만들고 추진하는 데 활용되는 면이 있다"고 지적한다. 가부장적 가족주의가 공고한 한국 사회에서 배우자를 구하기 힘든 남성들을 위한 지원정책(예를 들면 '농촌총각 장가보내기' 사업)은 쉽게 명분과 지지를 얻을 수 있다는 것이다. 그 이면에는 부계혈통중심 가족주의와 단일민족주의의 강고한 결합이라는 한국 사회의 이념적 특성이 자리 잡고 있다.

국제결혼에 의한 이주는 전지구화가 수반하는 거대한 경제 질서의 변화와 이주의 증대라는 큰 틀 안에 있지만 노동이주와는 다소 다른 성격을 갖고 있다. 최근 아시아 지역의 여성들이 국제결혼을 통해 다른 나라로 이주하는 현상은 글로벌 이주 연구의 중요한 부분을 차지하고 있다(김현미, 2006; 이혜경, 2005). '이주의 여성화'는 남성중심적 결혼제도를 국제적인 차원으로 확대하며, 국제결혼을 통해 이익을 취하는 대규모의 이익집단과 메커니즘을 작동시키고 있다는 점에서 별도의 분석이 필요하다.

특히 국제결혼 이주여성들은 출신국의 가족문화와 상이한 한국의 남성중심적 가족규범으로 인해 어려움을 겪는 사례가 많다(김이선 외, 2006). 가부장적 가치관이나 부계중심의 가족규범을 절대적인 것으로 보는 태도는 차이를 존중하는 태도와 양립하기 어렵다. 최근의 정책 프로그램들은 외국인배우자들을 한국에 적응·동화시켜야 한다는 것을 당연시하고 있는데, 차이와 다양성을 억누르는 것이 과연 적절한 사회통합의 방안이 될 수 있을지는 의문이다.

다문화주의나 다양한 문화에 대한 관용이 여성에게 어떤 의미를 갖는가에 대해 여성학자들 사이에서는 다양한 논의가 진행되어 왔다. 이슬람 여성들이 서구의 학교나 공공장소에서 머릿수건(히잡)을 착용하는 문제가 서구 사회에서 논란을 불러일으킨 바 있는데, 이를 옹호하는 이슬람 여성들은 자신이 소수민족 문화를 상징하는 히잡의 착용으로 문화적 정체성을 표출하고자 한다는 해석도 있다. 다른 한편 서구 안의 소수민족 문화가 대부분 남성중심적이고 가부장적인 전통을 강하게 가지고 있기 때문에, 이러한 소수자 문화의 보존을 지지하는 다문화주의는 소수집단 내의 여성억압을 은폐하고 있다는 비판도 제기되었다(Okin, 1999).

 # 제2절 국제결혼의 역사

1. 아시아 이주 역사

20세기 후반부터 동아시아 국가는 국제적인 이주의 빠른 증가를 경험했다. 이주에는 다양한 성격이 포함되나, 아시아에서 일어나는 이주의 대다수는 경제적인 동기에 기반하고 있다. 1973년 오일위기 이후, 중동과 북아프리카의 산유국으로 아시아 국가에서의 이주가 증가했다. 그리고 80년대 중반부터는 아시아 간의 이주가 증가했다. 아시아 도착지의 입장에서 보면 다른 대륙으로부터가 아니라 아시아로부터의 유입이 많다. 1997년까지 일본과 경제신흥산업국으로 이주는 산유국으로의 이주와 숫자가 거의 비슷하다. 1997~99년의 아시아 금융위기는 노동이주에 일정 영향을 끼쳤다. 실제로 몇 국가는 본국으로 상당수 이주노동자를 귀환시키려는 정책을 발표하기도 했다. 그러나 실제적인 출국의 숫자는 한계가 있었다(Castles, 2000).

유럽에서의 60년대의 게스트노동자 유입정책은 유럽에서의 다문화사회를 이루는 역동성이 있었다. 그러나 동아시아에서는 유럽과는 다른 특징을 보이고 있다. 첫째, 이주의 규모가 상대적으로 크지 않다. 즉, 문화적인 충격을 일으킬 만큼의 양이 되지 않는다는 것이다.

둘째, 법적 체계와 정책 과정이 다르다는 것이다. 임시이주노동자를 정주자로 변화시키는 데 유럽에서는 강력한 법적 보호, 인권적 보호가 뒤따랐다. 가족의 재결합이 보장되었고, 1970년대와 1980년대 이주노동자에 대한 수요가 감소되었을 때에도 상당수의 출국을 막을수 있는 제도적인 보장이 있었다. 더구나 강력한 복지국가적인 제도가 뒷받침된 것이다. 이런 이유로 유럽에서 보여준 다문화사회 역동성이 더디게 나타날 수 있다.

한편 한국에서 다문화 가족의 형성 패턴은 시대에 따라 다른 양상을 보인다. 첫째, 1950~1970년대의 국제결혼은 한국전쟁을 계기로 한국에 주둔한 미군 병사 남성과 한국인 여성의 결혼이 주류를 이루었다. 그들은 미군 기지촌 주변에서 가정을 꾸려 생활하거나, 미군을 따라 미국으로 이주하였다.

둘째, 한국의 경제력이 신장된 1980년대 이후에는 외국인의 국내 유입과 한국인의 해외진출이 증가하였고, 그 과정에서 외국인 남성 전문직 종사자와 한국인 여성의 결혼이 새로운 유형으로 등장하였다.

셋째, 1980년대 말, 이른바 '북방정책'을 통해 중국·소련과의 교류가 시작되었고, 그 후 1990년대 초 국내에서 '농촌총각 장가보내기 운동'의 일환으로 국제결혼을 추진하면서, 한국인 남성과 외국인 여성의 국제결혼이 증가하기 시작하였다. 그 후 1995년 한국정부가 외국인의 국내 방문을 엄격히 규제하면서, 한국에 들어와서 취업하기 위한 방편으로 국제결혼을 택하는 사람들의 수가 늘어났다. 1995년 이후, 한국인 남성과 외국인 여성의 결혼 유형이 그 반대 유형보다 더 많아지게 되었다. 이러한 추세는 현재에도 지속되고 있다. 특히 수많은 국제결혼중개업체들의 활동으로 2002년 이후 국제결혼이 급증하고 있다.

넷째, 1980년대 말부터 국내로 들어온 이주노동자들이 한국인과 결혼한 사례도 발견된다. 그 유형은 한국인 여성과 외국인 남성의 국제결혼이 주류를 차지한다. 본서에는 1990년대 초부터 급격히 증가하고 있는 한국인 남성과 외국인 여성의 결혼으로 이루어진 일명 결혼이민자가족을 중심으로 전개해 보고자 한다.

2. 우리나라 이민과 다문화사회의 특징

한승준(2009)의 「다민족·다문화사회로의 이행을 위한 정책 패러다임 구축(Ⅲ), 아시아 지역의 이주와 사회통합 내 다문화사회 형성에 따른 정책추진체계 구축방안: 한국적 모델의 탐색」에서 참조하였다.

1) 이주에 대한 역사적 고찰

(1) 역사적 고찰의 필요성

각 국가의 이민정책은 각 국가가 처한 역사적·사회적 맥락에 따라 형성되며, 각 국가의 정치적인 요인에 의해 영향을 받으며, 과거에 수립된 법이나 제도에 의해 영향을 받기도 한다. 장승진(2002)은 이민정책 형성에 영향을 미치는 요인으로서 전통, 정치, 경로의존적 접근방식을 제시하고 있다. 전통적 접근이란 특정 국가가 경험한 독특한 역사적 경험과 전통이 이민에 영향을 끼친다는 것이며, 정치적 접근은 국가의 정당제도와 정치제도 등이 이민정책의 수립과 변화에 영향을 미친다는 것이며, 경로의존(path-dependency) 접근이란 이전의 다양한 시점에서의 선택들이 지속적으로 이후의 선택을 제약한다는 것이다. 그 외에도 국내의 인구의 감소, 노동력의 부족 등과 같은 사회·경제적 요인도 이민정책의 형성에 중요한 영향을 미칠 수 있다. 따라서 한국적 다문화정책 추진체계를 구축하기 위해서는 무엇보다 우리나라에 이주한 외국인들에 대한 역사적 고찰이 선행되어야 한다.

우리나라 사회의 이민 논의에서 나타나는 역사적 담론에 대한 연구 성과를 보면 '단일민족 신화', '순혈주의'라는 허위의식을 비판하고 한국 사회가 오래전부터 다민족 국가였다는 주장이 제기되기도 한다. 그러한 주장에도 불구하고 우리나라의 인종주의적 민족주의나 순혈주의에 대한 집착은 이미 잘 알려진 사실이다(김희정, 2007). 그리고 우리나라에서 다문화사회에 대한 논의는 1980년대 후반 이후의 비교적 최근의 현상이다. 여기에서는 우리나라 역사에서 나타나는 주요 이주민의 유형과 배경을 검토해 봄으로써 우리가 지니고 있는 이주민에 대한 시각과 다문화주의에 대한 뿌리를 파악할 필요가 있겠다.

(2) 시기별 이주민정책
① 이주민정책의 부재기
가. 화교에 대한 차별정책(1883~1970년대)

우리나라는 19세기 말 열강의 각축과 일제 강점기를 거치면서 외국인의 이주가 증가하기 시작했다. 19세기 말 한국 사회에 이주해온 중국인들은 오늘날까지 '화교(華僑)'로 불리며 한국 사회에 정착해 오고 있다. 따라서 한국 화교의 역사는 우리나라의 역사와 맥을 같이 하고 있다. 조선 후기, 흥선대원군을 중심으로 한 수구파와 명성황후를 중심으로 한 개화파가 서로 세력다툼을 하는 가운데, 청나라와 일본은 서로 조선에서의 외교적 우위를 얻고자 하였다. 임오군란(1882

년) 이후 흥선대원군과 민비 사이의 정치적 갈등이 심화되면서 민비가 청나라에 원병을 요청하였다. 청나라는 조선과의 관계를 더욱 견고하게 정착하기 위해서 연속적인 통상조약을 맺게 되는데, 이때 조선에 온 청나라 군사 4천여 명과 40여 명의 교역 상인이 한국 화교사회의 시작이라 할 수 있다(박은경, 2002). 그러나 1948년에 남인 통부가 수립되어 외국인 출입을 규제하게 되자 중국인의 한국 이주가 중단되었다. 해방 이후 우리나라 통부의 외국인 정책은 철저한 배제정책이었다. 외국인 귀화의 기준에 '품행'이나 '생계를 유지할 자신' 등과 같은 애매한 항목을 두었고, 법무부 장관의 허가까지 얻어야 했다. 또한 화교의 2세들도 외국인 취급을 받아 한국 국적을 취득하지 못하였다. 또한 우리나라 통부는 화교가 경제적인 실권을 쥐는 것을 지속적으로 견제해 왔는데, 1961년 외국인토지소유금지법으로 화교들의 부동산 소유를 제한했고, 1963년 화폐개혁 등으로 화교들이 모은 돈을 강제로 끌어냈다. 화폐개혁 후 1973년에는 양곡 절약을 구실로 중국음식점에서 쌀밥판매를 금지하였다. 화교들에 대한 담론 대부분은 일제강점기에 만들어진 것이 많다. 한일합방 이후에 중국인의 유입이 계속해서 늘어나자 이에 두려움을 느낀 일제는 국내에 체류하는 중국인을 억제하고, 정착하는 데 여러 가지 법령을 제정하여 이들의 활동을 규제하는 한편, 한국인과 중국인에 대한 이간정책을 펼치게 된다. 또한 식민지 시절, 조선에 진출한 일본기업은 우리나라 사람보다 화교를 고용하는 것을 선호했을 뿐만 아니라 더 많은 급료를 지불했다. 따라서 조선인들의 화교에 대한 질투심, 일본의 이간책, 그리고 해방 이후 민족주의적 경향이 결합되어 화교에 대한 부정적인 인식이 형성되었다.

나. 혼혈인에 대한 암묵적 배제정책(1953～1970년대)

해방 이후 1970년대까지 국내의 외국인 접촉은 주로 주한미군과 혼혈인 등에 의해 이루어졌다. 혼혈인에 대한 한국 사회최초의 정책은 해외입양이었다. 혼혈인들의 출생지가 미국 기지촌이라는 또 다른 부정적 이미지와 겹치면서, 혼혈인이라는 단어는 한국 사회에서 부끄럽고 감춰야 할 것, 또는 없는 듯 무시해야 할 것으로 여겨졌기 때문에(설동훈, 2007) 해외입양은 현실적으로 혼혈인들이 한국 사회에서 겪어야 할 차별과 편견의 하나였다. 이후 해외입양 정책은 성인 혼혈인들에겐 이민정책으로 전환되었다(국가인권위원회 2003). 혼혈인들의 해외 이주 또는 해외 취업을 알선하기 위해서 병역문제가 해결되어야 했는데, 1972년부터 혼혈인들의 병역은 면제되었고 1974년부터는 예비군훈련까지 면제되었다(국가인권위원회, 2003). 아버지가 한국인인 경우 차별에 덜 노출되는 반면 미군 병사아버지와 한국인 어머니를 둔 혼혈인의 경우 차별은 더욱 심각한 양상으로 대두된다. 즉, 젠더화된(genderised) 차별과 가부장적 사고방식이 문제시되었다는 점(남영호, 2008)은 1990년대 이후 다문화가정 및 그 자녀에 대한 인식과 담론에 많은 영향을 미치게 된다. 한국 사회는 근대에 있어 '주둔지 혼혈인'의 문제를 겪어온 바 있지만 그에 대한 심도 있는 대응책 대신 문제해결의 원칙을 해외입양, 이민과 같이 사회에서 아예 보이지 않도록 '추방'하는 소극적 정책으로 일관하였다.

② 이주정책의 태동기: 이주노동정책(1980～2000년대)

1980년도 이후 우리나라에서는 생산직의 인력난으로 인해 비공식적 불법체류자가 증가하기 시작했고, 아시안게임과 올림픽, 엑스포,

한국방문의 해 등으로 1990년부터 중국계 한국인의 입국이 급격히 증가하기 시작하였다. 내국인들이 3D 업종에 종사하기를 꺼리면서부터 중소업체나 건설현장에 구인난이 만성화됐다. 이에 정부는 외국인의 입국을 장려했고 그 자리를 동남아시아 등지의 외국인들이 채운 것이다. 뿐만 아니라 노태우 정부의 북방 정책은 중국동포의 귀향을 촉발시켰다. 당시 정부가 중국과 교류를 트면서 중국동포들이 대거 한국으로 몰려와 지금은 국내 거주 외국인의 절반을 차지할 정도이다. 우리나라에서 이주 관련 제도는 1993년 말에 도입된 '산업기술연수생제도'를 통해서 처음으로 마련되었으며, 1997년 9월에는 산업기술연수생제를 보완한 '연수취업제'가 마련되고, 2003년 김대중 정부에서는 「외국인근로자의 고용 등에 관한 법률」이 제정되었다. 2004년 8월 이후에는 '고용허가제'와 종전의 '산업기술연수생제'가 병행 실시되었다. 그러나 두 제도가 병행 실시되자, 각 제도로 입국한 외국인 근로자 간에 형평성 시비 등 많은 문제점이 도출되어 2007년 1월부터 '고용허가제'로 일원화하였다. 위의 이주정책은 고용·노동정책의 맥락에서 도입·시행되었으며 이주노동자의 규제 및 인력활동이 주요 정책목표였다.

〈표 1-3〉 이주노동정책의 시기별 특징과 내용

	1단계	2단계	3단계	4단계
시기	1987~1991년	1991~2003년	2003~2006년	2006~
특징	정책부재 시기	산업연수제 시기	고용허가제와 산업연수제 병행 시기	이주노동정책에서 이민정책으로
내용	미등록 노동자로 정착하는 것을 방관	연수생에 대한 가혹한 시민권/노동권 배제, 연수생의 사업장 이탈, 미등록화 조장	고용허가제 시행, 중소기업중앙회의 반발로 산업연수제 존속	다문화 통합 정책·고용허가제 단일화

현재 경제활동인구에서 차지하는 외국인 근로자의 비중도 2.2%를 차지할 정도로 국내 노동시장이 외국인노동자에 의존하는 의존율이 매우 높다. 그 결과 1990년대 초 5만여 명에 불과했던 외국인력 규모는 이후 지속적으로 증대하여 2007년 현재 40만 명에 육박하는 것으로 나타난다. 이와 같은 외국인노동자의 증가는 외국인노동자 집단 거주촌의 형성을 가져오며, 내국인과의 접촉 빈도가 과거에 비해 매우 크게 증가하는 경향을 보여준다.

③ 이주정책의 형성기: 결혼이주정책(2000년 이후)

외국인노동자의 증가와 함께 우리 사회에서 크게 증가하고 있는 것은 국제결혼의 증가이다. 국제결혼을 통한 다문화가정의 형성은 1950년대부터 발생하기 시작하였으나, 2000년대 들어서는 새로운 형태의 외국인 이주가 이뤄졌다. 짝 없는 시골청년들과 맺어진 외국여성들이 결혼 이민을 통해 한국에 정착하는 사례가 급증한 것이다. 과거에는 한국인 어머니와 외국인 아버지 사이의 국제결혼이 많았으나, 1990년대 후반부터 농어촌 지역에서 국제결혼이 증가하면서 한국인 아버지와 외국인 어머니 사이에서 태어난 자녀들이 많아지고 있다. 이미 우리 사회의 국제결혼율은 10%를 상회하고 있는데, 2008년에는 3만 6천 건으로 전체 결혼 중 국제결혼율이 11.0%를 차지였으며, 특히 농촌지역의 경우 26.8%로 4건 중 1건을 차지하는 것으로 나타났다(통계청, 2009). 이러한 변화의 주요인 중 하나는 1999년 8월에 결혼중개업이 '허가'에서 '신고제'로 바뀌고, 이후 자유업으로 전환되면서 사설 중개업체들이 국내 결혼시장에서 주변화된 농어촌 남성과 도시의 저소득층 남성을 상대로 적극적인 결혼중개사업을 하면서 국제결혼이 대중화되었기 때문이다. 이와 같이 국제결혼을 통해서 형성된 새로운 유형의 가족들이 우리 사회의 구성원으로 편입됨에 따라 우리 사회는 다인종, 다문화사회로 급속히 변모하고 있다(유희정, 2007).

결혼이주의 증가를 '특수한 형태의 가족'의 증가로 인식하면서, 국가가 나서서 이들 가족 및 가족구성원의 사회적응을 돕고 결혼이주민들을 한국 사회에 '통합'시키는 것을 중요한 정책방향으로 설정하였다. 이러한 정책방향의 변화는 2007년 「재한외국인처우기본법」 및 2008년 「다문화가족지원법」의 제정으로 이어진다. 이들 법률은 이주민의 권리를 보장하고 한국 국민이 타문화국 국민의 존중과 이해를 도모해야 한다는 점을 명시했다는 점에서 기존의 '통제국'에 중심을 둔 한국의 이주정책의 근본적 변화를 보여주는 것이라 할 수 있다. 결혼이주여성의 증가로 인한 이주정책의 변화는 한국 사회에서 '다문화국' 국민의 논의가 활발해지고 다문화관련 정책들이 수립되도록 계기를 마련하였다는 점에서 긍정적이지만, 다른 한편으로 이주정책의 대상을 한국국민과 결혼한 '다문화가족'에 한정하고 이주노동자의 문제를 주변화시키고 특히 미등록 이주노동자의 기본적인 인권 문제 등에 대해서 소홀하게 다루는 결과를 가져왔다.

3. 한국 국제결혼의 역사와 현황

한국의 국제결혼의 역사와 현황에 대한 본 내용은 보건복지부(2005)를 주로 참조하였다. 국제결혼의 역사는 국제사회 노동력 이동 과정과도 깊은 관련을 가지고 있으며, 국제결혼 그 이면에 전 세계적 자본주의 체제와 국제결혼에 참여하는 양국 사이의 사회·경제적 연관성 등 다양한 요인이 관련되어 있음을 의미한다. 특히 국제결혼의 여성화 현상은 세계 자본주의 체제에서 국가 간의 불균형 발전 및 여성의 상품화 현상이 밀접하게 관련되어 있음을 암시한다.

노동력 이주 과정에서 국제결혼도 다양한 모습으로 변모해 왔는데 다음과 같이 세 가지 유형으로 구분할 수 있다(설동훈 외, 2005; 이혜경, 2005). 즉, 20세기 초 '사진신부(picture brides)' 제2차 세계대전 이후의 '전쟁신부(war brides, military brides 또는 GI brides)' 그리고 1970년 이후 미국과 유럽 등 일부 선진국의 '우편주문신부(mail order brides)'가 있으며 우편주문신부는 최근 인터넷의 발달로 '인터넷주문신부(internet order brides)' 또는 '사이버주문신부(cyber order brides)'라 부르고 있다.

첫 번째 유형인 사진신부란 19세기 말부터 20세기 초 미국으로 이주한 일본, 중국 그리고 한국인들이 몇 장의 고국 여성 사진 가운데 한 사람을 선택하여 자신의 배우자로 초청한 것으로, 고국 땅의 여성도 남편이 될 사람의 사진 한 장을 들고 멀리 하와이로 또는 미국 본토로 태평양을 건너간 경우를 가리킨다. 이러한 현상은 당시 인종차별적인 미국의 법이 '백인'과 '유색인종' 간의 결혼을 금지하고 있어서, 유럽으로부터의 이주자를 제외한 멕시코인이나 아시아인들은 미국 내 백인과 혼인할 수 없으므로, 고국으로부터 여성을 불러와 결혼을 하였던 것이다. 그러므로 이는 국가를 건너간 국제결혼이기는 하나, 같은 인종 내의 결혼이었다. 이러한 사진신부 현상은 역사적인 과거의 사건으로만 머물지 않고, 최근에는 해외 이주민 사회에서 주로 남성이주민들이 고국에서 신붓감을 찾는 현상으로 이어지고 있다.

두 번째 유형인 전쟁신부 또는 미군 아내란, 제2차 세계대전 이후 일본·한국·필리핀 등에 미군이 주둔하게 되면서, 이들 미군과 결혼하여 미국으로 이주한 여성을 가리킨다. 전쟁신부 유형은 혼인이주로서의 인종 간 결혼인 국제결혼의 효시이나, 이들은 경제적 또는 정치적 이주자가 아니라 가족재결합을 위해서 남편을 '따라가는 자(tied-movers)'로 이해되어, 학계의 관심을 끌지는 못하였다. 한편 송출국에서도 이들 여성에 대해 기지촌 매춘여성의 결혼이라는 부정적인 시각이 대부분이었다.

마지막 유형인 우편주문신부란 서구에서는 1970년대 이후 여성의 국가 간 이주를 부추기는 현상으로 중매기관이 상업화되면서 그 규모가 크게 증가한 현상이다. 그러나 그 규모에 비해 이 역시 매스컴의 선정적인 또는 시민단체의 비판적인 주목은 받았지만, 학계로부터 큰 관심을 받지는 못하였다. 매스컴은 물론 시민단체와 일부 여성주의 학자들은 우편주문신부를 제3세계 여성들이 경제적인 동기에서 또는 이주를 목적으로 한 일종의 '위장결혼자'로, 또는 상업화된 국제 중매기관의 '희생자', 또는 국제적 인신매매의 '희생자'로 묘사해 왔다. 그러나 '우편주문신부'란 용어 자체도 문제가 있지만, 이들을 '희생자'로만 보는 시각도 문제가 있다.

마지막 유형인 1980년대 이후 농촌총각의 결혼문제를 해결하는 방편으로 추진된 조선족 동포여성과의 결혼이 새로운 형태의 국제결혼을 시작하게 하였다. 1992년 중국과의 국교가 정상화된 이후에는 지방자치단체가 여러 가지 경로로 조선족 동포와의 결혼을 주선하게 되었다. 다른 한편에서는 특정 종교단체가 일본인 여성과 한국인 남성 간의 결혼 주선을 필리핀 여성으로 확대하면서 농촌지역의 국제결혼을 증가시키기도 했다. 이는 비단 농촌지역의 국제결혼뿐만 아니라 한국 사회의 주변화된 남성들의 새로운 결혼형태로 자리 잡게 되었으며 외국인 여성의 출신국은 중국, 일본, 필리핀이 주를 이루던 것에서 베트남, 캄보디아, 우즈베키스탄 등 점점 다양화되고 있다.

4. 이민자 수용 정책의 유형별 분류

국제결혼 이주여성을 비롯해 이민자들을 수용하는 국가는 출입국이나 국적 취득과 관련된 제반 법률과 제도로 이주민들을 수용하는 다양한 정책을 추진하고 있다. 이러한 정책들은 국가가 이주민을 수용하는 방법, 국적을 부여하는 원칙, 이민자들을 수용하는 사회적 분위기를 토대로 몇 가지 유형으로 분류할 수 있다. Castles와 Miller(2003)는 각 국가를 네 가지 군으로 나눈 후 이를 세 가지 유형으로 분류했다. 첫 번째 국가군은 전형적인 이민국가인 미국이며, 두 번째 군에 포함된 국가는 캐나다·호주·뉴질랜드·스웨덴이고, 세 번째 군은 영국·아일랜드·프랑스·네덜란드·이탈리아이며, 네 번째 군에 속한 나라는 독일·벨기에·오스트리아·스위스·싱가포르·말레이시아·태국 등이다. 제1군인 미국은 공식적으로는 다문화주의를 정책으로 표방하지 않지만 사회문화적 환경은 다문화주의 유형에 가까운 것으로 분류한다. 제2군에 속하는 캐나다·뉴질랜드·호주·스웨덴을 다문화주의 유형, 제3군에 속하는 영국·아일랜드·프랑스·네덜란드·이탈리아를 동화주의 유형, 제4군에 속하는 독일·벨기에·중동 국가 등을 차별배제 유형으로 분류한다(Castles & Miller, 2003). 한국이나 일본 및 대만과 같은 아시아 국가는 카셀과 밀러의 분류에 의하면 차별배제 유형으로 분류할 수 있다(설동훈, 2000).

이민 유입국 사회의 이민자 통합 정책의 유형은 차별배제모형·동화모형·다문화주의모형의 세 범주로 구분할 수 있다.

첫째, 차별배제모형(differential exclusionary model)은 유입국 사회가 이민자를 3D 직종의 노동시장과 같은 특정 경제적 영역에만 받아들이고 복지혜택, 국적·시민권, 선거권·피선거권 부여와 같은 사회적·정치적 영역에는 절대 받아들이지 않는 것을 말한다.

그렇지만 경제의 전지구화가 진전되면서 이민자 통합 정책의 '기조'로 차별배제모형을 고수하는 나라는 거의 사라졌다. 각국 정부는 자국 내 기업과 산업의 경쟁력 유지를 위하여 '우수 전문기술인력 이주자(skilled migrants)'를 자국으로 유치하려는 노력을 하고 있다.

둘째, 동화모형(assimilationist model)은 이민자가 출신국의 언어·문화·사회적 특성을 완전히 포기하여 주류 사회의 성원들과 차이가 없게 되는 것을 이상으로 삼는다. 동화모형은 유입국 사회가 자국 사회의 성원이 되기를 원하는 이민자에게 문화적 동화를 대가로 치르는 조건으로 "국민"으로 합류하는 것을 허용하는 정책이다.

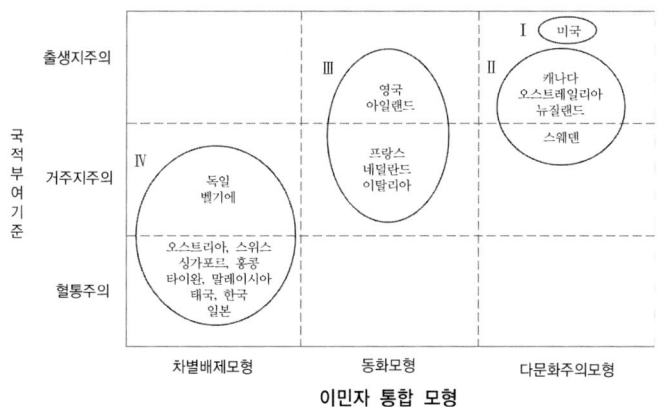

자료: Seol(2005: 81)

〈그림 1-1〉 유입국 사회의 이민자 통합 유형

동화모형을 채택한 사회에서는 이민자의 문화·언어·생활습관을 보호하고, 또 직업이나 교육의 기회에서 인종차별 금지 등 정책적으로 이민자를 지원하고, 사회 참여를 유도한다. 1960년대까지 미국사회가 표방하였던 '용광로' 모형, 프랑스 사회가 지속적으로 견지해온 동화주의모형 등이 대표적인 사례다.

셋째, 다문화주의모형(multicultural model)은 이민자가 그들만의 문화를 지켜가는 것을 인정하고 장려하며, 정책 목표를 소수민족의 주류사회로의 동화가 아닌 공존(symbiosis)에 둔다. 1970년대 이후 캐나다·오스트레일리아·미국 사회는 그전까지 추구하였던 동화모형을 포기하고 다문화주의모형으로 이민자 통합 방식을 변경하였다. 다문화주의모형은 다양한 문화나 가치, 다양한 민족 집단과 그들의 개별적인 언어와 습관들을 그대로 한 나라 속에 공존시키는 정책이다.

다문화주의모형은 흔히 '샐러드 그릇(salad bowl)'에 비유된다. 다문화사회를 '섞어 놓은 샐러드(tossed salad)'라고 부른다. 유사한 표현으로 '종족적 모자이크(ethnic mosaic)' 또는 '무지개 연합(rainbow coalition)'을 사용하기도 한다. 차별배제모형·동화모형·다문화주의모형은 이념형(ideal type)으로, 현실에서는 그 순수형을 찾기가 쉽지 않다.

5. 다문화주의에 대한 새로운 이론적 패러다임

1) 새로운 다문화주의 패러다임의 구축

문화를 이데올로기, 전통, 상식으로 구분한 것은 물론 분석적인 것이다. 실제 세계에서 모든 문화는 교차 내지는 혼용되어 있다. 그럼에

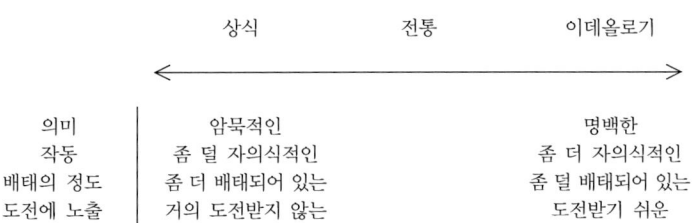

| 상식 | 전통 | 이데올로기 |

의미	암묵적인	명백한
작동	좀 덜 자의식적인	좀 더 자의식적인
배태의 정도	좀 더 배태되어 있는	좀 덜 배태되어 있는
도전에 노출	거의 도전받지 않는	도전받기 쉬운

참조: 최종렬 외(2008), 「다민족·다문화사회로의 이행을 위한 정책 패러다임 구축(Ⅱ): 다문화주의의 이론적 패러다임과 국가별 유형비교」, 한국여성정책연구원.

〈그림 1-2〉 문화의 세 차원

도 불구하고 우리는 문화의 이러한 분석적 세 차원을 다문화주의와 연결하면 그 쟁점이 보다 분명히 드러날 수 있다고 생각한다. 이를 통해 보다 포괄적인 다문화주의 패러다임을 만들 수 있다. 아래 <표 1-4>는 이를 간단한 표로 요약한 것이다.

〈표 1-4〉 문화의 세 차원과 다문화주의의 쟁점

	상식	전통	이데올로기
정치학	일상생활의 정치학: 몸과 대화, 상호이해의 정치학 vs. 상호 무관심의 정치학	실존적 차원의 인정의 정치학: 자신의 공동체 안에서 실존적 안전(자기 음식 먹고, 자기 언어 말하고, 자기 옷 입고, 자기 종교 믿고 등)을 누릴 문화적 권리	재분배의 정치학과 인정의 정치학의 조합: 동일성의 정치학(노동권) ⇒ 표상의 정치학(시민권) ⇒ 차이의 정치학(적극적 조사)
지배적인 규범 원리	호혜적 인정 원리 vs. 호혜적 무관심 원리	사랑, 친밀성, 상호 애정과 관심의 실천	평등원리와 성취원리
주된 영역	전체 사회의 현상학적 생활세계(지하철, 목욕탕, 극장, 야구장, 학교, 일터, 술집 등)	현상학적 생활세계 중 소수민족 내부의 상호주관적인 공의 영역(소수민족 타운, 학교, 교회·사원 등)	체계: 공적 제도 영역
다문화주의의 쟁점	몸과 말의 일상적 습속에 대한 도전	다수자의 실존적 문화(종교, 사랑·결혼·육아 문화, 주거 문화)에 대한 도전	단일한 동질적인 민족주의 신화에 대한 도전: 국가 통치권, 국민됨(nationhood), 시민권에 대한 기존의 전통적 개념에 도전

2) 국가별 다문화주의의 유형

이러한 포괄적인 다문화주의 패러다임을 통해 국가별 다문화주의 유형을 구분할 수 있다. 이를 위해서는 우선 어떤 소수자들이 존재하고 있는가를 확인하는 작업이 먼저 이루어져야 한다. 앞에서 보았듯이 소수자는 크게 보아 원주민, 준국가·국민집단, 이주민이 있다. 각 나라는 소수자를 지니게 된 역사적 계기를 가지고 있다. 이 역사적 계기는 거시적 차원의 역사적 계기를 통해 살펴볼 수 있다. 국민·국가 형성의 계기, 탈식민의 계기, 지구화의 계기가 바로 그것이다.

소수자를 이렇게 나눌 때, 어떤 소수자들을 자신의 국민·국가 안에 담고 있느냐에 따라 국가 유형이 구분될 수 있다. 아래 <표 1-5>는 이를 나타낸다.

〈표 1-5〉 소수자 유형 구분

		옛 소수자			새 소수자
		원주민	준 국가·국민 집단	이민자 집단	새 이주자
네 유형을 모두 가진 나라 (미국, 캐나다, 덴마크, 핀란드)		○	○	○	○
세 유형을 가진 나라	호주, 뉴질랜드	○	×	○	○
	영국, 벨기에, 스위스	×	○	○	○
두 유형을 가진 나라	프랑스, 독일, 스웨덴	×	×	○	○

참조: 최종렬 외(2008), 「다민족·다문화사회로의 이행을 위한 정책 패러다임 구축(Ⅱ): 다문화주의의 이론적 패러다임과 국가별 유형비교」, 한국여성정책연구원.

 # 제3절 국제결혼 양상과 추이

이 절은 통계청(2011) 혼인통계와 이혼통계를 참조하였다.

1. 외국인과의 결혼

1) 혼인 건수

외국인과의 혼인은 3만 4천2백 건으로 2009년보다 9백 건 증가하였다. 즉, 한국남성과 외국여성의 혼인은 2만 6천3백 건으로 2009년보다 4.5% 증가하였으며, 한국여성과 외국남성의 혼인은 8천 건으로 2009년보다 2.4% 감소하였다. 전체 혼인 중 외국인과의 혼인 구성비는 10.5%로 2009년보다 0.3% 감소하였으며, 이는 주로 외국남성과의 혼인 구성비가 감소했기 때문이다. 외국인과의 혼인 중 외국여성과의 혼인은 76.7%, 외국남성과의 혼인은 23.3%를 차지하였다.

(단위: 건, %)

	2000	2001	2002	2003	2004	2005	2006	2007	2008	2009	2010
총 혼인 건수	332,090	318,407	304,877	302,503	308,598	314,304	330,634	343,559	327,715	309,759	326,104
외국인과의 혼인	11,605	14,523	15,202	24,776	34,640	42,356	38,759	37,560	36,204	33,300	34,235
(총 혼인 중 비중)	(3.5)	(4.6)	(5.0)	(8.2)	(11.2)	(13.5)	(11.7)	(10.9)	(11.0)	(10.8)	(10.5)
증감	1,782	2,918	679	9,574	9,864	7,716	-3,597	-1,199	-1,356	-2,904	935
증감률	18.1	25.1	4.7	63.0	39.8	22.3	-8.5	-3.1	-3.6	-8.0	2.8
■ 한국남성+외국여성	6,945	9,684	10,698	18,751	25,105	30,719	29,665	28,580	28,163	25,142	26,274
증감률	29.3	39.4	10.5	75.3	33.9	22.4	-3.4	-3.7	-1.5	-10.7	4.5
■ 한국여성+외국남성	4,660	4,839	4,504	6,025	9,535	11,637	9,094	8,980	8,041	8,158	7,961
증감률	4.6	3.8	-6.9	33.8	58.3	22.0	-21.9	-1.3	-10.5	1.5	-2.4

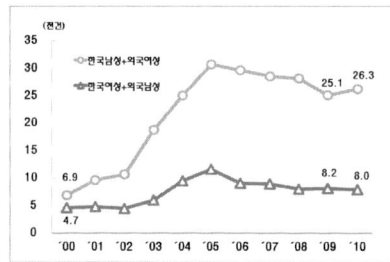 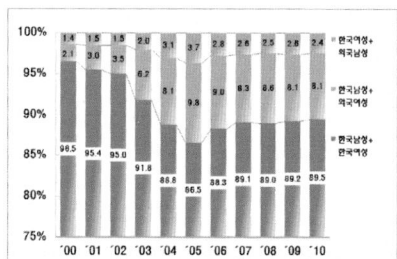

〈그림 1-3〉 외국인과의 혼인추이

2) 외국인의 국적

한국남성과 혼인한 외국여성의 국적은 중국(36.6%), 베트남(36.6%),
필리핀(7.3%) 순이며, 상위 2개국이 차지하는 비중이 73.2%를 차지하
였다. 즉, 중국여성과의 혼인은 감소하였고, 베트남·캄보디아 여성
과의 혼인은 크게 증가하였다. 한국여성과 혼인한 외국남성의 국적은
중국(28.8%), 일본(26.3%), 미국(19.0%) 순이며, 중국·일본 남성과의

혼인은 전년보다 감소, 미국남성과의 혼인은 증가하였다.

<표 1-7> 국적별 외국인과의 혼인

(단위: 건, %)

	2000	2001	2002	2003	2004	2005	2006	2007	2008	2009	2010	구성비	전년대비증감
한국男+외국女	6,945	9,684	10,698	18,751	25,105	30,719	29,665	28,580	28,163	25,142	26,274	100.0	1,132
중국	3,566	6,977	7,023	13,347	18,489	20,582	14,566	14,484	13,203	11,364	9,623	36.6	-1,741
베트남	77	134	474	1,402	2,461	5,822	10,128	6,610	8,282	7,249	9,623	36.6	2,374
필리핀	1,174	502	838	928	947	980	1,117	1,497	1,857	1,643	1,906	7.3	263
일본	819	701	690	844	809	883	1,045	1,206	1,162	1,140	1,193	4.5	53
캄보디아	1	2	2	19	72	157	394	1,804	659	851	1,205	4.6	354
태국	240	182	327	345	324	266	271	524	633	496	438	1.7	-58
미국	231	262	267	322	341	285	331	376	344	416	428	1.6	12
몽골	64	118	194	320	504	561	594	745	521	386	326	1.2	-60
우즈베키스탄	43	66	183	328	247	332	314	351	492	365	317	1.2	-48
네팔	2	2	21	22	32	16	33	82	159	316	202	0.8	-114
러시아	70	155	236	297	315	234	203	152	110	139	119	0.5	-20
기타	658	583	443	577	564	601	669	749	741	777	894	3.4	117
한국女+외국男	4,660	4,839	4,504	6,025	9,535	11,637	9,094	8,980	8,041	8,158	7,961	100.0	-197
중국	210	222	263	1,190	3,618	5,037	2,589	2,486	2,101	2,617	2,293	28.8	-324
일본	2,630	2,664	2,032	2,250	3,118	3,423	3,412	3,349	2,743	2,422	2,090	26.3	-332
미국	1,084	1,113	1,204	1,222	1,332	1,392	1,443	1,334	1,347	1,312	1,516	19.0	204
캐나다	150	164	172	219	227	283	307	374	371	332	403	5.1	71
영국	64	69	86	88	120	104	136	125	144	166	178	2.2	12
호주	78	78	90	109	132	101	137	158	164	159	194	2.4	35
독일	82	94	81	94	109	85	126	98	115	110	135	1.7	25
파키스탄	36	63	126	130	100	219	150	134	117	104	102	1.3	-2
기타	326	372	450	723	779	993	794	922	939	936	1050	13.2	114

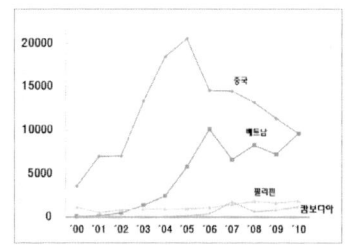
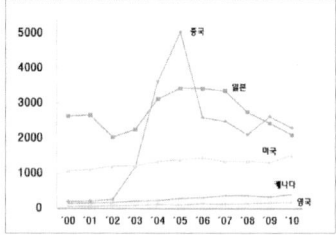

〈그림 1-4〉 한국남성과 혼인한 국적별 〈그림 1-5〉 한국여성과 혼인한 국적별
　　　　　　　외국여성　　　　　　　　　　　　　외국남성

3) 초 · 재혼별 혼인

　　외국여성과 혼인한 한국남성의 초혼 구성비는 65.3%로 2009년보
다 2.4%p 증가하였고, 재혼 구성비는 34.7%로 2.4%p 감소하였다. 외
국남성과 혼인한 한국여성의 초혼 구성비는 61.6%로 2009년보다
4.9%p 증가하였고, 재혼 구성비는 38.4%로 4.9%p 감소하였다.

〈표 1-8〉 외국인과 혼인한 한국인의 혼인종류별 구성비

(단위: %)

혼인종류		2000	2001	2002	2003	2004	2005	2006	2007	2008	2009	2010
한국남성+ 외국여성	초혼	75.3	66.8	65.5	58.3	53.5	55.7	63.6	62.8	64.7	62.9	65.3
	재혼	24.7	33.2	34.5	41.7	46.5	44.3	36.4	37.2	35.3	37.1	34.7
한국여성+ 외국남성	초혼	63.2	61.2	63.3	56.8	45.9	43.3	55.2	57.6	58.4	56.7	61.6
	재혼	36.8	38.8	36.7	43.2	54.1	56.7	44.8	42.4	41.6	43.3	38.4
한국남성+ 한국여성	남성초혼	87.4	86.1	85.4	85.3	84.9	84.7	85.7	85.8	84.8	85.0	85.9
	남성재혼	12.4	13.7	14.4	14.4	14.8	14.8	14.1	14.1	15.2	14.9	14.1
	여성초혼	85.8	84.2	83.5	83.5	82.8	82.5	83.7	83.6	82.1	82.6	83.7
	여성재혼	14.0	15.5	16.3	16.2	16.8	16.9	16.1	16.3	17.9	17.4	16.3

4) 부부의 평균 연령차

한국남성과 외국여성 부부의 평균 연령차는 12.1세로 2009년보다 1.0세 증가하였으며 한국인 부부의 평균 연령차보다 9.9세 많으며, 2000년에 비해 5.2세 증가하였다. 한국여성과 외국남성 부부의 평균 연령차는 3.4세로 2009년보다 0.3세 감소하였고 한국인 부부의 평균 연령차보다 1.2세 많으며, 2000년에 비해 3.2세 감소하였다.

〈표 1-9〉 부부의 평균 연령차

(단위: 세)

	2000	2001	2002	2003	2004	2005	2006	2007	2008	2009	2010
한국남성+외국여성	6.9	7.5	7.9	8.3	8.4	9.1	11.6	11.5	11.8	11.1	12.1
한국여성+외국남성	6.6	6.5	5.3	4.0	3.1	2.7	4.1	4.3	4.1	3.7	3.4
한국여성+한국남성	2.7	2.6	2.6	2.6	2.6	2.5	2.4	2.4	2.3	2.2	2.2

2. 외국인과 결혼한 부부의 이혼

1) 이혼건수

외국인과의 이혼은 1만 1천2백 건으로 2009년보다 5백 건 감소, 2000년 이후 최초로 감소로 전환하였다. 즉, 한국남성과 외국여성의 이혼은 7천9백 건으로 전년보다 4.8% 감소하였으며 한국여성과 외국남성의 이혼은 3천3백 건으로 전년보다 1.5% 감소하였다.

전체 이혼 중 외국인과의 이혼은 9.6%로 2009년보다 0.2%p 상승하였으며 외국인과의 이혼 중 외국여성과의 이혼은 70.3%, 외국남성과의 이혼은 29.7%이다.

<표 1-10> 외국인과의 이혼

(단위: 건, %)

	2000	2001	2002	2003	2004	2005	2006	2007	2008	2009	2010
총 이혼 건수	119,455	134,608	144,910	166,617	138,932	128,035	124,524	124,072	116,535	123,999	116,858
외국인과의 이혼	1,498	1,694	1,744	2,012	3,300	4,171	6,136	8,671	11,255	11,692	11,245
(총 이혼 중 비중)	(1.3)	(1.3)	(1.2)	(1.2)	(2.4)	(3.3)	(4.9)	(7.0)	(9.7)	(9.4)	(9.6)
증감	96	196	50	268	1,288	871	1,965	2,535	2,584	437	-447
증감률	6.8	13.1	3.0	15.4	64.0	26.4	47.1	41.3	29.8	3.9	-3.8
■ 한국남성+외국여성	247	387	380	547	1,567	2,382	3,933	5,707	7,962	8,300	7,904
증감률	24.7	56.7	-1.8	43.9	186.5	52	65.1	45.1	39.5	4.2	-4.8
■ 한국여성+외국남성	1,251	1,307	1,364	1,465	1,733	1,789	2,203	2,964	3,293	3,392	3,341
증감률	3.9	4.5	4.4	7.4	18.3	3.2	23.1	34.5	11.1	3.0	-1.5

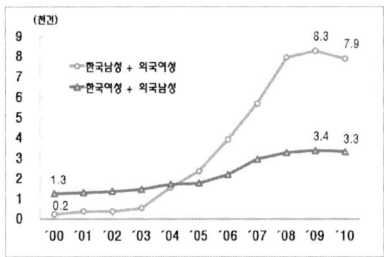 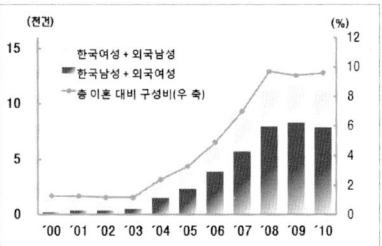

<그림 1-6> 외국인과의 이혼 추이

2) 외국인의 국적

한국남성과 이혼한 외국여성의 국적은 중국(59.5%), 베트남(19.6%), 필리핀(3.8%) 순이며, 상위 2개국이 차지하는 비중이 79.1%이며 한국여성과 이혼한 외국남성의 국적은 일본(49.0%), 중국(30.7%), 미국(8.3%) 순으로 나타났다.

<표 1-11> 국적별 외국인과의 이혼 건수 및 구성비

(단위: 건, %)

	2000	2001	2002	2003	2004	2005	2006	2007	2008	2009	2010	구성비	전년대비증감률
한국남성+외국여성	247	387	380	547	1,567	2,382	3,933	5,707	7,962	8,300	7,904	(100.0)	-4.8
중국	94	166	180	274	835	1,425	2,538	3,654	5,398	5,562	4,705	(59.5)	-15.4
베트남	1	5	7	28	147	289	610	895	1,078	1,292	1,552	(19.6)	20.1
필리핀	0	50	28	43	108	140	165	213	268	285	299	(3.8)	4.9
일본	112	80	78	89	114	116	147	157	205	227	259	(3.3)	14.1
몽골	1	4	10	6	83	116	132	173	213	176	154	(1.9)	-12.5
우즈베키스탄	1	2	3	16	67	75	105	112	160	174	174	(2.2)	0.0
캄보디아	0	1	0	4	4	6	19	99	178	109	167	(2.1)	53.2
기타	38	79	74	91	209	215	217	404	462	475	594	(7.5)	25.1
한국여성+외국남성	1,251	1,307	1,364	1,465	1,733	1,789	2,203	2,964	3,293	3,392	3,341	(100.0)	-1.5
일본	1,007	1,013	1,064	1,113	1,309	1,306	1,466	1,587	1,556	1,628	1,638	(49.0)	0.6
중국	29	43	51	34	43	123	319	647	1,041	1,064	1,025	(30.7)	-3.7
미국	192	186	179	219	260	217	235	257	238	263	277	(8.3)	5.3
파키스탄	0	3	3	9	15	25	33	35	32	35	38	(1.1)	8.6
방글라데시	0	2	6	5	9	11	17	32	33	31	32	(1.0)	3.2
캐나다	2	9	11	9	11	21	29	24	34	29	43	(1.3)	48.3
기타	21	51	54	66	86	86	104	382	359	342	288	(8.6)	-15.8

3) 동거기간

평균동거기간은 외국여성의 경우 3.2년, 외국남성의 경우 6.0년으로 2009년에 비해 증가하였으며 2000년에 비해서도 점진적으로 증가하고 있으나, 여전히 한국인 부부 평균 동거기간 14.0년에 비해 짧게 나타났다. 동거기간별로 볼 때 0~4년(5년 미만)의 비중이 가장 높은 72.7%이며, 2009년보다 6.3%p 감소하였다.

<표 1-12> 이혼부부의 평균 동거기간

(단위: 년)

	2000	2001	2002	2003	2004	2005	2006	2007	2008	2009	2010
전 체	10.9	11.1	11.3	11.9	12.0	12.0	12.1	12.3	12.8	12.9	13.0
한국남성+외국여성	2.9	2.7	2.2	2.3	2.1	2.1	2.2	2.5	2.7	3.1	3.2
한국여성+외국남성	5.5	5.3	5.3	5.3	6.0	5.7	5.3	5.9	5.6	5.7	6.0
한국남성+한국여성	11.0	11.2	11.4	12.0	12.2	12.3	12.5	13.0	13.8	13.8	14.0

<표 1-13> 동거기간이 0~4년인 한국인과 외국인 부부의 이혼 건수 및 구성비

(단위: 건, %)

	2000	2001	2002	2003	2004	2005	2006	2007	2008	2009	2010
총 이혼	119,455	134,608	144,910	166,617	138,932	128,035	124,524	124,072	116,535	123,999	116,858
외국인과의 총 이혼(A)	1,498	1,694	1,744	2,012	3,300	4,171	6,136	8,671	11,255	11,692	11,245
동거기간 0~4년(B)	899	1,095	1,166	1,385	2,406	3,217	4,952	6,987	9,308	9,232	8,177
구성비(B/A)	60.0	64.6	66.9	68.8	72.9	77.1	80.7	80.6	82.7	79.0	72.7
한국남성+외국여성(C)	247	387	380	547	1,567	2,382	3,933	5,707	7,962	8,300	7,904
동거기간 0~4년(D)	212	322	339	493	1,421	2,157	3,594	5,185	7,183	7,087	6,277
구성비(D/C)	85.8	83.2	89.2	90.1	90.7	90.6	91.4	90.9	90.2	85.4	79.4
한국여성+외국남성(E)	1,251	1,307	1,364	1,465	1,733	1,789	2,203	2,964	3,293	3,392	3,341
동거기간 0~4년(F)	687	773	827	892	985	1,060	1,358	1,802	2,125	2,145	1,900
구성비(F/E)	54.9	59.1	60.6	60.9	56.8	59.3	61.6	60.8	64.5	63.2	56.9
한국여성+한국남성(G)	117,957	132,914	143,166	164,605	135,632	123,864	118,388	115,401	105,280	112,307	105,613
동거기간 0~4년(H)	34,148	36,908	37,797	39,540	32,570	29,927	28,071	26,683	23,806	24,486	23,351
구성비(H/G)	28.9	27.8	26.4	24.0	24.0	24.2	23.7	23.1	22.6	21.8	22.1

4) 미성년 자녀 유무

이혼한 한국인과 외국인 부부 중 10.8%인 1천2백 건은 이혼 당시 미성년 자녀가 있으며 2009년에 비해 증가하였으며 그중 미성년 자녀가 1명인 경우는 78%, 3명 이상인 경우는 2.7%로 나타났다. 외국인과의 이혼 당시 미성년 자녀 총수는 1,513명으로 이 중 한국남성과 외국여성 부부의 미성년 총 자녀 수는 981명(64.8%)으로 지속적인 증가 추세에 있다.

〈표 1-14〉 이혼 당시 미성년 자녀 유무별 이혼 건수 및 구성비

(단위: 건, %)

	2000	2001	2002	2003	2004	2005	2006	2007	2008	2009	2010
외국인과의 이혼*	1,498	1,694	1,744	2,012	3,300	4,171	6,136	8,671	11,255	11,692	11,245
미성년 자녀 있음	195	223	215	265	362	406	504	736	1,058	1,074	1,209
1명	133	166	153	187	254	287	351	532	763	825	943
2명	51	49	50	69	95	103	126	188	251	216	233
3명 이상	11	8	12	9	13	16	27	16	44	33	33
미성년자녀 없음	1,227	1,379	1,445	1,643	2,807	3,617	5,503	7,800	9,785	10,326	9,823
구성비(%)											
외국인과의 이혼*	100.0	100.0	100.0	100.0	100.0	100.0	100.0	100.0	100.0	100.0	100.0
미성년 자녀 있음	13.0	13.2	12.3	13.2	11.0	9.7	8.2	8.5	9.4	9.2	10.8
1명	8.9	9.8	8.8	9.3	7.7	6.9	5.7	6.1	6.8	7.1	8.4
2명	3.4	2.9	2.9	3.4	2.9	2.5	2.1	2.2	2.2	1.8	2.1
3명 이상	0.7	0.5	0.7	0.4	0.4	0.4	0.4	0.2	0.4	0.3	0.3
미성년 자녀 없음	81.9	81.4	82.9	81.7	85.1	86.7	89.7	90.0	86.9	88.3	87.4

* 미상 포함.

02

아시아 국가의 이민자가족을
위한 사회통합 정책

# 제1절 일본의 사회통합 정책

오다기리 마사타케(2009)의 「다민족·다문화사회로의 이행을 위한 정책 패러다임 구축(Ⅲ), 아시아 지역의 이주와 사회통합 내 일본의 이주와 사회통합: Bottom-up 운동과 정책개발」을 참조하였다.

1. 개요

첫 번째로 '일본의 이주 역사'에서 일본의 독특한 이주 역사를 소개한다. 일본에서는 사회통합 정책을 '다문화공생(multicultural coliving, multicultural living-together, multicultural coexistence)정책'이라는 독특한 개념으로 추진해 왔다. 이 다문화공생정책이 형성된 계기가 된 1970년 히타치 취직차별재판투쟁과, '다문화공생'의 원형이 된 '공생' 개념을 제기한 1980년 지문날인거부투쟁 등 재일코리안(Korean)을 중심으로 한 인권운동을 소개하고자 한다.

두 번째로 '일본의 사회통합 정책'에서 일본에서 사회통합 정책이 형성된 과정을 소개한다. 특히 재일코리안을 중심으로 한 인권운동이 1970년대 혁신지자체 운동과 합류하면서 1980년대 지자체 국제정책 (내향적 국제화 정책)이 형성되었다. 일본정부가 '다문화공생'을 정책적 개념으로 인정한 것은 2006년이었지만 20~30년간의 정책의 축적이 기반이 된 것이다.

세 번째로 '파트너와의 협력관계'에서 사회통합 정책과 관련된 주체(actor)들의 협력관계를 소개한다. 일본의 정부영역은 중앙정부, 광역지자체, 기초지자체의 3층제이지만 정책분야에 따라 정부 내부의 네트워크에 차이가 많다는 점을 지적한다. 정부영역과 시민사회영역 간의 네트워크는 외향적 국제화정책분야에 비해 내향적 국제화정책 분야가 아직 미약하다.

네 번째로 '사회통합 정책 사례'에서는 이상과 같은 내용을 기초로 종합적인 관점에서 가와사키 시의 사례를 소개하고자 한다. 중요한 것은 이주민에게 단순히 서비스를 제공하는 게 아니라 정책을 개발, 결정, 실시하고 평가하는 모든 정책과정에 이주민이 참여할 수 있는 시스템을 구축하는 일이다.

일본에서는 식민지배와 냉전 배경에서 억압적인 법·정책 틀이 형성되었고, 올드커머들의 인권운동과 뉴커머들의 유입으로 인해 부분적으로 개선되었지만 출입국관리 정책만 선행하고 사회통합 정책이 미약한 상황이 계속되었다. 중앙정부가 종합적인 사회통합 정책을 처음으로 시도한 것이 2006년 12월에 발표한 "'생활자'로서의 외국인문제에 관한 종합적 대응책(이하 '대응책'이라 한다)"이다.

그 '대응책'이 나온 배경은 세 가지가 있다. 첫 번째는 중앙정부 내부에서 1988년부터 부처 간에 개별적인 논의가 많아진 점이다. 정치적 리더십이 부족해서 결국 방치되었지만 개별적인 논의가 기반이 되었다. 두 번째는 지자체들이 1970년대부터 자율적으로 추진한 '내향적 국제화정책'과 자치성이 1987년부터 추진한 '지역 국제화정책'을 바탕으로 2006년에 총무성이 '다문화공생연구회 보고서'를 발표한 점이다. 세 번째는 2005년 프랑스 이민폭동에 대한 치안적 위기감이다. 2006년 4월에 개최된 경제재정자문회의에서 다케나카 총무대신이 총무성 보고서를 보고했는데 그 자리에서 고이즈미 총리가 프랑스 이민폭동을 언급하면서 종합적 대책을 마련할 것을 지시한 것이다.

'대응책'의 특징을 살펴보면 첫 번째로 "'생활자'로서의 외국인"에 초점을 맞춘 점이다. '생활자' 개념을 사용한 이유에 대해 총무성 다문화공생연구회 좌장을 맡은 야마와키 교수는 "지금까지 일본정부는 '노동자', '범죄자'로서의 외국인에 대한 정책밖에 없었기 때문에 '생활자'라는 개념을 사용했다"고 해석한다. '생활자'라는 표현은 1996년에 와타도 교수(2008년~, 이민정책학회 공동대표)가 사용했는데 일본정부는 10년 후인 2006년이 되어서야 사용하게 된 것이다.

두 번째는 행정서비스, 교육, 고용, 재류관리의 4개 분야로 분류되어 있다는 점이다. 흥미로운 것은 여기서 '다문화공생'이라는 개념은 행정서비스 분야에서 지자체가 실시하는 정책에 한해서 나오고 있다는 점이다. 즉, 중앙정부가 실시하는 정책은 '다문화공생'이 아니라는 것이다. 실제로 4개 분야 중에서 재류관리 분야만 선행되고 있는데 지난 3월에 출입국관리법과 주민기본대장법 개정안이 상정되어 국회에서 심의하고 있다. 컴퓨터 시스템을 이용해서 출입국관리와 외국인의 이동, 고용 등의 정보를 국가가 일괄 관리하는 내용인데, 오버 스테이가 등록할 수 없게 되는 등 문제가 많아 시민단체들이 크게 반발하고 있다. 지난 4월에 내각부가 발표한 '정주외국인 지원대책'은 교육, 고용, 주택, 귀국지원, 방재·방범, 정보제공의 6개 분야를 제시했지만, 각 부처에서 추진하고 있는 기존사업을 나열하고 체계화하려는 의도는 보이지만 '행정서비스'라는 분야가 사라진 점을 봐도 아직까지는 복지, 의료, 사회참여 등을 포함한 종합적인 사회통합 정책으로 보기 어려운 수준이다.

세 번째는 '대응책'의 한계를 나타내며 '기본법'의 필요성을 부각시킨 점이다. 재류관리 분야가 선행하고 있는 것은 지금까지 중앙 정부가 실시해온 억압적이고 배타적인 출입국관리정책의 연장선에 있다고 할 수 있고, '다문화공생'을 지자체가 실시하는 정책에 한정하는 것과 관련되어 있다. 즉, 사회통합 정책과 출입국관리정책을 포함한 이민정책의 기본적 이념과 체계가 애매한 상황이 계속되어 왔다. 학회와 시민단체들은 한국의 '재한외국인처우기본법'을 소개하면서 일본에서도 '다문화공생사회기본법'이 필요하다고 제기하고 있지만 아직 중앙정부는 반영하지 않았다.

2. 내향적 국제화정책

중앙정부에서 겨우 2006년에 사회통합 정책으로 향한 첫걸음이라고 할 수 있는 '대응책'을 발표했는데, 사실 그 전 30년간 일본의 지자체들과 일부 중앙부처에서 사회통합 정책을 모색한 축적이 있었기 때문에 가능했던 것이다. 지방자치운동이 기초가 되어 정책을 개발해온 역사가 있다.

일본은 제2차 세계대전 이후 아주 짧은 기간을 제외하고 계속 자유민주당이라는 보수당이 정권을 장악해 왔지만, 1960년대부터 1990년대까지 사회당과 공산당이 지지한 지방자치단체장이 많이 선출되었으며 '혁신자치제(革新自治体)' 운동을 전개했다. 혁신지자체는 환경, 의료, 복지, 시민참여 등 중앙정부가 적극적이지 않았던 독자적인 정책을 실시했다. 예를 들면 환경정책은 상위법보다 규정이 엄격하고 규제범위를 확대한 조례를 제정하고 과소대책, 산업진흥 등 다양한 분야에서 직접적인 상위법이 없는 자주조례를 제정하기도 했다.

그런 독자적인 정책의 일환으로 1967년에 광역지자체인 도쿄도청이 외국인학교인 조선학교를 '각종학교'로 인정했다. '조선학교를 학교로 절대 인정하지 않는다'는 문부성의 압력에 저항한 것이었다. 1974년에는 기초지자체인 요코하마시청이 '야당(野黨)외교'를 표방하고 일본과 국교가 없던 남베트남에서 스포츠선수를 초청해서 스포츠대회를 개최했다. 1975년에 가나가와 현 지사로 당선된 나가스(長洲) 지사는 국가 간의 국제외교가 아닌 '민제(民際)외교(people to people diplomacy)'를 제기했다. 실제로 1976년에 현청에 국제교류과를 설치하고, 1977년에 외곽단체인 국제교류협회를 설립하고 인도차이나에 대한 국제협력 등에 나섰다. '외향적 국제화정책'의 성격이 강했지만 1980년에 '내향적 민제외교'를 제기하고 거주 외국인지원정책을 시작했다. 중요한 것은 NGO와 민관협력으로 추진했다는 점이다.

이런 정책들이 혁신지자체운동을 통해 전국적으로 확산되었다. 기초지자체에서도 NGO와 민관협력으로 정책을 추진하기 시작했다. 중앙정부에 대해서도 1978년부터 '지방의 시대'라는 슬로건 압력을 가했다. 『지자체 국제교류』(1983년), 『지자체 국제정책』(1988년)이라는 책도 발간되었다. 그런 아래로부터의 움직임에 대해 자치성은 1987년 '지자체 국제교류지침'을 발표했는데 각 지자체에 대해 국제교류대강(방침)을 책정하고, 국제교류협회를 설치할 것을 권장하는 내용이었다. 그 후 1995년에는 국제협력시침도 발표했는데, 그때까지는 자치성도 '외향적 국제화정책'에 중점을 두고 있었던 것이다.

히타치투쟁을 계기로 '정주지향적 운동'의 전국적 네트워크인 '민족차별과 투쟁하는 전국연락협의회(전국민투련)'가 결성되었는데 그 단체가 1988년에 발표한 '재일 한국조선인 보장 및 인권법(안)'은 종합적이고 체계적인 기본법을 요구한 획기적인 내용이었다. 물론 중앙정부는 받아들이지 않았지만 지자체 차원에서 처음으로 정책을 체계화한 것이 1991년에 가나가와현청이 책정한 '국제정책 추진 플랜'이었다.

그리고 전국민투련 법안에서 지방참정권 부여를 요구하면서 외국인의 '참여할 권리'에 대한 관심이 높아졌다. 중앙정부는 받아들이지 않았지만 지자체 차원에서 처음으로 외국인의 참여할 권리를 보장하려고 한 것이 1996년에 가와사키시청이 설치한 '외국인시민 대표자회의'이다. 이에 따라 가나가와현청도 1998년에 '외국적 현민 가나가와회의'를 설치했는데 동시에 그 동반자가 되는 'NGO 가나가와 국제협력회의'도 설치한 것이 큰 특징이다. 외국인이 스스로 참여하고 당사자로서 느끼는 생활문제를 해결하기 위해 필요한 정책을 논의하고 지자체에 대해 정책을 제안하는 기구인데, 가와사키시청은 제안사항을 기초로 1998년에 '외국인시민정책 기본방침'을 만들고 많은 보완작업과 입법예고 등을 거쳐 2005년에 '다문화공생사회 추진지침'을 일본에서 처음으로 제정하였다. 외국인시민대표자회의에서 논의한 축적이 없었으면 지침 제정도 불가능한 일이었다.

같은 시기에 주로 뉴커머들이 집중되고 있는 이른바 '국제형' 지자체들이 2001년에 '외국인 집주(集住)도시 회의'를 결성하고 가와사키시와 가나가와 현 등 '인권형' 지자체들이 함께 2005년에 총무성 다문화공생연구회에 참여했다. '국제형'과 '인권형'은 그 연구회에서 좌장을 맡은 야마와키 교수가 제기한 개념이다. 그 연구회는 2006년에 보고서를 발표하고 그 보고서를 기초로 총무성이 '다문화공생 추진 플랜'을 발표했다.

3. 다문화공생 추진 플랜

1970년대부터 축적된 '내향적 국제화정책'의 성과를 정리하고 '대응책' 책정을 촉진한 것이 바로 총무성 '다문화공생 추진 플랜'이다. '다문화공생 추진 플랜'은 당시 총무성 국제실장을 맡은 한 관료의 열정으로 성사된 것이라는 이야기도 있지만, 거기에 그치지 않은 획기적인 측면을 지니고 있다. 바로 '인권형 지자체'와 '국제형 지자체'가 한자리에 모여 논의할 기회를 마련했다는 점이다.

그 두 가지 유형을 이해하기 쉽게 네 가지로 정리하고자 한다. 첫 번째로 정책적 배경을 보면, 인권형은 올드커머 인권운동과 뉴커머 급증이 배경이 되고 있고, 국제형은 주로 뉴커머 급증이 배경이 되고 있다. 두 번째로 이주민 공동체를 보면, 인권형이 기존의 에스닉(민족별) 공동체는 물론이고 외국인시민대표자회의 등을 통해 에스닉 공동체 간의 소통이 활발한 다문화 공동체가 형성되어 가고 있는 데 비해, 국제형은 에스닉 공동체가 강하고 올드커머와 뉴커머 간의 소통도 노력하고 있지만 아직 약하다. 세 번째로 정책의 초점을 보면, 인권형은 오랜 다문화공생정책이 여성인권, 아동인권 등을 포함한 인권정책까지 확대되어 있고, 인권지침이나 인권옴부즈퍼슨제도 등이 마련되어 있는 데 비해, 국제형은 언어지원교육, 복지, 외국인등록, 외국인학교 등 다문화공생정책에 특화된 경향이 강하다. 네 번째로 지자체 간의 네트워크를 보면, 인권형은 그 전에 혁신지자체운동의 네트워크는 있었지만 혁신지자체가 퇴조하면서 실질적인 네트워크가 없는 상황이 되어 버리고 있지만, 국제형은 '외국인 집주도시 회의'를 결성하고 참여하는 지자체도 많아지고 있다.

총무성 다문화공생연구회는 2005년 6월 15일에 시작했는데, '인권형 지자체'에서 4명, '국제형 지자체'에서 5명, 중앙부처 관계자 등 3명으로 구성되었다. 다만 국제형 5명 중 '외국인 집주도시 회의'에 협력하고 있는 야마와키 교수는 원래 올드커머의 역사를 전공하는 연구자이며 1990년대는 가와사키시의 다문화공생정책 수립에 노력하신 분이기 때문에 역학관계까지 잘 고려한 연구회라는 것을 알 수 있다. 2006년 3월 7일에 보고서를 발표하고 3월 27일에 '다문화공생 추진 플랜'을 발표했다.

'다문화공생 추진 플랜'은 '다문화공생사회 추진'을 정책적 목표로 하고 그 포인트를 ① 지자체 주체, ② 인권보장, ③ 지역 활성화, ④ 이문화 이해력 향상, ⑤ 유니버설 디자인(universal design)으로 설정했다. ① 지자체 주체는 '보완성 원리(subsidiarity)'를 말한다. 중앙정부가 실시하는 정책의 이념으로 '다문화공생'이 채용되지 않았던 이유는 여기에 있을지도 모른다. ③, ④는 1987년 자치성 국제교류지침에도 이미 나온 것이지만 ①, ②, ⑤는 새로 제기되었다.

구체적인 정책분야를 보면 ① 커뮤니케이션 지원(다언어 정보, 다언어 상담, 일본어학습, 일본사회학습 등), ② 생활지원[입주지원, 교육지원(교육지원은 공립학교에 관한 불취학과 외국인학교지원), 노동, 의료, 보건, 복지, 방재 등], ③ 다문화공생 지역 만들기(일본인에 대한 의식계발, 학교와 도서관 등 지원 거점 시설 마련, 교류 행사 등), ④ 시책 추진체제 정비(담당조직 설치, 정책분야를 횡단하는 조직 설치, 전문인재 육성, 모델사업 실시 등)의 네 가지 분야로 나눠져 있다. 총무성 보고서는 각 지자체가 독자적으로 추진해 온 다양한 정책들의 사례집이라는 성격도 가지고 있다.

4. 중앙정부 정책논의

지자체들이 1970년대부터 추진해온 '내향적 국제화정책'과 그 정책들을 기초로 한 2006년 총무성 '다문화공생 추진플랜'이 '대응책'을 책정할 직접적인 계기를 마련했지만 사실 중앙정부에서 1980년대부터 부처 간의 개별적인 논의는 많이 있었다. 이런 논의들이 '대응책'의 간접적인 기반이 되었다.

이민정책(Immigration policy)은 출입국관리정책(Immigration control policy)과 사회통합 정책 혹은 다문화공생정책(Immigrant policy)으로 분류할 수 있는데 전자는 출입국관리법과 외국인등록법이 있지만 후자는 외국인기본법도 인권법조차 없다는 것이 일본의 현실이다. 엄밀한 정의가 아니지만 주로 전자에 관한 부처는 법무성, 경제산업성 등이 있고, 양쪽에 관한 부처는 외무성과 후생노동성이 있고, 주로 후자에 관한 부처는 총무성과 문부과학성, 문부과학성 산하에 위치한 문화청이 있다. 종합적인 정책을 담당하는 내각부와 전체를 총괄하는 내각관방이 있다.

중앙부처 간의 대표적인 정책논의를 소개하면, 1988년에 고용허가제 도입을 제안한 노동성(2001년에 노동후생성으로 통합)에 대해 법무성이 반발한 이른바 '법무·노동 논쟁'이 있었다. 거품경기 붕괴 이후 논의는 저조했으나 1999년에 경제기획청(2001년에 경제산업성으로 통합)이 외자유치를 목적으로 한 '대일투자회의 전문보회 보고'를 통해 노동성과 문부성(2001년에 문부과학성으로 통합)에 교육, 의료 등 외국인 투자가들을 중심으로 한 외국인 가족들에 대한 거주지원을 요청했다. 2004년에는 외무성이 '해외교류심의회 답신'을 통해 법무성, 후생노동성, 문부과학성에 대해 외국인 고용, 거주, 사회보장, 교육 등 광범위한 지원책을 요청했다. 외무성은 남미 브라질정부와의 외교관계를 중요시했기 때문에 브라질 사람을 비롯한 뉴커머에 대한 종합적인 지원에 관심이 많았던 것이다.

이런 상황에서 내각부가 사무국을 맡고 개최된 '경제재정자문회의'에서 2006년 4월에 다케나카 총무대신이 총무성 보고서를 보고했는데 그 자리에서 고이즈미 총리가 프랑스 이민폭동을 언급하면서 종합적 대책을 마련할 것을 지시한 것이다. 내각관방은 2006년 12월에 '대응책'을 발표하고, 2009년 1월에 내각부에 '정주외국인 시책 추진실'이 설치되었다.

중앙부처에서 1980년대부터 개별적 논의는 많았지만 '정치주도'를 슬로건으로 한 강성파인 고이즈미 총리가 나올 때까지는 사회통합과 관련된 법·정책 틀을 마련하려는 정치적 리더십이 부족했었던 것이다.

5. 파트너와의 협력관계

1) 사회통합 거버넌스 구조

다음은 일본에서 이런 이주 역사와 사회통합 정책 형성과정에서 거버넌스에 관한 논의가 어떻게 진행되었는지 간략하게 소개하고자 한다. 세 가지가 있다. ① Governance, ② Network, ③ Collaboration이다. Collaboration을 일본에서 '협동(協働)'이라고 하는데 한국에서 사용하지 않는 한자이기 때문에 여기서는 비슷한 개념인 '민관협력'으로 대신한다.

Governance에 관한 논의는 1988년에 가네코 이쿠요우 교수가 '네트워크 조직론'을 제기하면서 시작했다고 볼 수 있다. 그 후 가네코 교수는 네트워크 조직에서 볼런티어가 발휘하는 기능과 역할을 제기했는데, 바로 1995년 한신대지진에서 일반시민들의 자율적이고 활발한 볼런티어활동이 주목을 받았다. 1995년은 '볼런티어 원년'이라 불리는데 지자체에서는 가나가와현청이 『재난관리와 거버넌스』라는 책자를 발표하면서 본격적인 거버넌스 논의가 시작되었다. 그런 거버넌스 개념을 다문화공생으로 활용한 것은 가와사키시청이 2001년에 발표한 『거버먼트에서 거버넌스로』라는 책자이다.

이렇게 거버넌스 논의는 발전해 왔지만 정책적 실천에서는 아직 과제가 많다. 정부영역 내부의 Network와 정부영역과 시민사회영역 간의 Collaboration을 구별하여 살펴보면 중앙정부와 지자체 간의 '정부 내 네트워크'는 일정 정도 형성되어 있지만 아직 정책분야에 따라 큰 차이가 있다. 중앙정부보다 지자체는 정책분야를 초월한 종합성이 높기 때문에 지방분권을 추진하고자 지자체가 종합적인 사회통합 정책을 실시할 필요가 있다.

그러나 과제는 지자체와 그 외곽단체인 국제교류협회도 사회통합 정책을 추진하기에는 아직 조직의 전문화가 충분하지 않다는 점이다. 자치성·총무성은 지난 20년 동안 '외향적 국제화정책'에 중점을 두고 '지역 국제화정책'을 계속 추진해 왔다. 물론 문제의식을 가진 지자체는 '지역 국제화정책'의 기반을 이용해서 '내향적 국제화정책'을 추진해 왔지만, 아직 대부분의 지자체는 '외향적 국제화정책'이 오히려 굴레가 되어 다문화공생 전담조직조차 설치하지 못하고 있다.

그리고 정부영역과 시민사회영역 간의 Collaboration(민관협력)은 더욱 과제가 많다. NGO는 중앙정부와 광역지자체, 기초지자체를 연결하고 정책 분야별로 전문화된 행정조직을 연결하는 이른바 '정부의 한계'를 보완하는 역할을 해왔다. 그러나 과제는 NGO 내부에도 있다. 예를 들면 올드커머 NGO와 뉴커머 NGO는 당면과제의 우선순위에 차이가 있기 때문에 결합이 잘 안 되는 경향이 있다. 지자체와의 민관협력도 '인권형 지자체'에서는 1970년대부터 축적된 협력관계와 신뢰감이 있지만, '국제형 지자체'에서는 뉴커머 비영리 활동단체가 올드커머에 비해 아직 많지 않기 때문에 민관협력 자체가 어려운 측면이 있다.

2) 정부 내 네트워크 과제

정부 내부 네트워크를 살펴보면 정책분야에 따라 중앙정부와 지자체의 권한에 차이가 많다. 재류관리, 고용, 복지, 의료 등은 아직 지방분권이 부족해서 중앙정부에서 지원기준 결정이나 재정적 권한을 가지고 있다. 예를 들면 생활보호제도(한국의 기초생활에 해당한다)는 오버 스테이도 가입할 수 있도록 시도한 기초지자체도 있었지만, 지원기준 결정권을 지닌 중앙정부(후생성)가 1990년에 엄격한 기준을 마련해서 '원천봉쇄'해 버렸다.

한편 학교교육 분야에서 중앙정부(문부과학성)가 외국인학교 인정에 관한 광역지자체의 재량권을 2004년에 확대하면서 전에 인정되지 않던 브라질학교도 인정을 받기 쉽게 되었다. 사회교육·평생학습분야는 그전부터 일본어 교육사업을 중심으로 기초지자체가 독자적으로 다문화공생정책을 추진해온 분야지만 최근 들어 중앙정부(문화청)가 다언어 생활가이드를 발행하는 등 적극적인 자세를 보이고 있다.

그리고 중요한 것은 정책분야별로 중앙정부와 광역지자체, 기초지자체의 정책담당자들이 모여 정보를 공유하고 협의하는 '담당자회의'가 개최되고 있는 점이다. 정책이 중복되지 않도록 조정하고 중앙정부와 지자체가 협조적인 관계를 구축하기 위해 중요한 제도라고 할 수 있다. 그러나 가장 중요한 다문화공생정책을 총괄하는 조직의 담당자회의가 아직 제도화되어 있지 않아 과제로 남아 있다.

3) 정부 내 정책개발 과제

정책분야에 따라 중앙정부와 지자체의 권한의 차이가 크고, 담당자회의를 비롯한 정부 내부 네트워크가 있어도 다문화공생정책을 총괄하는 조직 간의 네트워크가 제도화되어 있지 않다. 그 결과 정부 내부에서 협조적인 관계를 구축하면서 다문화공생정책을 개발하는 추진력이 없었다. 예를 들면 가와사키 시 '다문화공생사회 추진지침(2005년)'과 총무성 '다문화공생 추진 플랜(2006년)'을 정책분야별로 자세히 살펴보면 정책을 조정하려는 중앙정부의 노력이 부족해서 내용에 큰 차이가 나타나 있는 것을 알 수 있다.

4) 정부-NGO 네트워크

민관협력을 추진하기 위해서는 정부영역과 시민사회영역 간의 네트워크를 제도화하는 것이 중요하다. 정부영역은 외향적 국제화를 담당하는 조직과 내향적 국제화를 담당하는 조직, 그리고 원래 외향적 국제화에 관한 사업을 실시하기 위해 설립되었지만 내향적 국제화에 관한 사업도 실시하게 된 정부외곽단체가 있다. 시민사회영역은 대중적인 에스닉NGO, 특정사업을 실시하는 복지·의료NGO, 정부를 견제하는 인권·노동NGO 등이 있다. 정부영역과 시민사회영역 사이를 조정하는 외국인심의회와 NGO심의회가 일부 제도화되어 있다.

먼저 수평적인 네트워크를 살펴보면 중앙정부, 광역지자체, 기초지자체는 계층별로 정부 내부 네트워크와 정부-NGO 네트워크를 구축하고 있고 NGO도 계층별로 네트워크를 구축하고 있다. 그러나 가장 큰 문제는 아직 중앙정부 차원에서 외국인심의회와 NGO 심의회가 제도화되어 있지 않는 점이다. 공식적·정기적으로 중앙정부와 교섭할 수 있는 NGO는 '이주노동자와 연대하는 전국 네트워크(이주련)' 밖에 없다. 그리고 인권·노동NGO는 정부영역과 제도화된 NGO 심의회 등에 참여하지 않는다는 측면도 있을 것이다.

다음으로 수직적인 네트워크를 살펴보면, 정부영역에서 내향적 국제화(다문화공생)를 담당하는 조직 간의 네트워크가 미약하다는 점 외에는 대부분이 제도화되어 있다. 가장 약한 부분 역시 NGO 심의회가 거의 제도화되어 있지 않다는 점이다. 다만 중앙정부의 외곽단체인 '재단법인 지자체국제화협회'가 월간 기관지 2009년 5월호에서 이주련 사무국차장의 원고를 게재하는 등 새로운 움직임도 보인다.

6. 사회통합 정책 사례

1) 가와사키 구 커뮤벌러(Communication Volunteer)

가와사키 구 커뮤벌러는 교육문화회관의 일본어교실(문해교실) 자원봉사자가 대표와 사무국장, 코디네이터가 되고 후레아이관 직원이 보완하는 체제로 활동하고 있는 단체이다. 재정은 후원금과 지원금이다. 지원금은 프로포절을 내고 '가와사키시민 공익활동조성금'을 받는데 떨어진 경우도 있어서 재정적으로 안정된 상황은 아니다. 참고로 2009년은 백만 엔을 신청했다.

가와사키 시에는 사회통합에 관한 다양한 사례들이 있다. 그중에서 '가와사키 구 커뮤벌러(Communication Volunteer)'를 소개하는 이유는 '사회통합 거버넌스 구조 구축'이라는 측면이 잘 나타나고 있는 사례이기 때문이다. 첫 번째로 이주민이 사회로 통합되기 위해서는 그 사회시스템으로 안내하고 유도해 주는 주체(actor)가 필요하다. 그러나 인원이 한정된 공무원들이 그런 역할을 충분히 할 수는 없고, 정부만으로는 어려운 일이다. 또 거버넌스의 시각에서 보면 권력을 지닌 정부가 나서는 것보다 오히려 권력이 분산된 다양한 주체들의 네트워크를 통해 정책을 실시하는 것이 이주민의 인권을 지키면서 정책을 추진할 수 있으며 바람직하다. 이것은 네트워크와 신뢰감이 결합한 Social Capital(사회적 자본)을 생산하고 사회를 다문화·다언어 공동체로 만들어 가는 일이기도 하기 때문이다.

그리고 가와사키 구 커뮤벌러가 지향하는 중요한 두 가지가 있다. 하나는 평생학습(Lifelong Learning)이다. 일본에서는 '생애학습(生涯學

習)’, 대만에서는 ‘종신학습(終身學習)’이라고 한다. 평생학습을 통해 당사자들을 임파워먼트(empowerment)하고 사회참여를 통해 사회통합으로 연결하는 것이다. 또 하나는 다문화 소셜 워커(multicultural social worker)이다. 당사자들의 생활에 밀착한 통역과 번역을 통해 다양한 생활권역을 해결할 수 있는 전문성을 지닌 인재를 육성하는 것이다.

먼저 평생학습이 중요한 이유는 세 가지가 있다. 첫 번째로 이주민의 거주지역과 그 출신지는 지역마다 큰 차이가 있기 때문에 일상생활권역 단위로 설치되어 있는 지역시설(community center)마다 그 지역의 특성에 맞는 지원책을 실시할 필요가 있기 때문이다. 또 지역시설이기 때문에 해당지역을 잘 알고 있다. 두 번째로 일본에서 가장 일반적인 지역시설이 평생학습시설(공민관, 시민관 등)이기 때문이다. 일본에 비하면 한국은 지역시설로서 평생학습시설(평생학습관, 평생학습센터)보다 복지시설(종합사회복지관, 복지관)이 많이 설치되어 있기 때문에 이주민에 대한 한국어교실 등이 복지시설에서 실시되고 사회통합 정책도 복지적인 시각이 강한 경향이 있다. 또 복지는 자혜로 서비스하는 시각이 강하지만 평생학습은 학습자가 스스로 배워 가는 임파워먼트와 자기해방이라는 시각이 강하다. 가와사키 시에서 외국인 비율이 가장 높은 사쿠라모토 지역에 있는 평생학습시설인 후레아이관(ふれあい館)은 직원이 한국, 중국, 필리핀, 브라질, 일본으로 다문화가 되어 있고, 일본어교실을 비롯한 다양한 프로그램을 실시하고 있다. 직원들이 다문화화되어 있기 때문에 자녀양육에서 재류자격까지 다양한 생활 상담을 받으며 같이 해결하고, 근처에 있는 초등학교로 파견되어 수업을 통역하기도 한다. 세 번째는 지역사회에 네트워크 기반을 형성하기 위해서는 ‘평생을 통한 학습’이라는 평생

학습의 이념이 중요하기 때문이다. 평생학습시설은 아이를 출산하기 전의 예비부모에서 고령자까지 모든 연령층이 이용한다. 어머니교실, 아이들의 방과 후 학습, 다문화아동 모임, 어른들의 인권교실, 한국어교실, 한국무용교실, 장애인을 위한 프로그램 등 다양한 프로그램을 통해 지역사회에서 인적 네트워크를 확산시킨다. 이주민도 어린이부터 어른, 고령자까지 평생학습시설을 이용하면서 그 지역사회의 일원으로 네트워크를 넓힐 수 있는 것이다. 대만에서도 지역시설인 '사구대학(社區大學)'에서 평생학습의 시작으로 이주민들을 지원하고 있다.

다음으로 다문화 소셜 워커가 중요한 이유는 두 가지가 있다. 첫 번째로 이주민에 대한 정보제공과 이주민 스스로 정보를 수집할 수 있는 기반 마련이 어려운 문제이기 때문이다. '필요한 정보를 필요할 때 알 수 없다'는 의견은 '외국인시민 대표자회의'에서 계속 나오고 있고 그런 제언에 따라 구청, 도서관, 시민관에 '다언어 정보 코너'를 설치하거나 '다언어정보 일람'을 매년 발간하는 등 개선해 가고 있지만 한계가 있다. 국제교류협회가 '통역자 등록·파견 제도'와 '다언어 상담'을 실시하고 있지만 재정적으로 한계가 있기 때문에 이용할 수 있는 범위가 아주 제한되어 있다. 그런 상황에서 이주민에게 다언어로 필요한 정보를 제공하기 위해서 다문화 소셜 워커가 필요한 것이다. 두 번째로 소셜 워커는 복지, 의료, 교육 등 분야별로 존재하고 있지만 관할분야, 관할지자체 등이 다르면 연결이 잘 안 되는 경향이 있어서 이주민의 생활을 종합적으로 지원할 수 있는 소셜 워커, 그것도 언어장벽을 넘어 지원할 수 있는 소셜 워커가 필요한 것이다.

이러한 다문화 소셜 워커의 필요성을 느끼고 시범적인 양성프로그램이 시작되어 있고, 가와사키구 커뮤벌러 멤버들이 참여하고 있다.

도쿄외국어대학교의 '다문화사회 코디네이터' 양성프로그램은 수강자로, 광역지자체인 가나가와 현의 시범적인 '다문화사회 소셜 워커' 양성프로그램은 강사로 참여하고 있다. 기초지자체인 가와사키 시에서는 '다문화 소셜 워커'가 있지만 '다문화 볼런티어' 프로그램이 실시되어 있어서 가와사키 구 커뮤벌러 멤버가 강사로 참여하고 있다.

지역시설과 다언어(多言語) 통역·번역 기능이 결합해야만 케이스 워크기능을 발휘할 수 있을 것이다. 가와사키 구 커뮤벌러는 다문화 소셜 워커를 실천을 통해 양성하고 있다고 할 수 있다.

2) 지역 특성 차이

앞에서 언급하였듯이, 이주민의 거주 지역과 그 출신지는 지역마다 큰 차이가 있다. 인구 140만 도시인 가와사키 시는 20만 명씩 7개 행정구로 나눠져 있는데 구마다 특징이 있다. 예를 들면 한국·조선인은 강제연행과 입주차별로 인해 남부 공장지대에 집중적으로 거주하고 있다. 중국인은 공장지대인 가와사키 구를 제외한 6개 행정구에서 한국·조선인보다 인원수가 많다. 인도인은 IBM 등 컴퓨터산업이 집중하는 남부에 거주하고, 미국인은 도쿄로 가는 접근성이 높은 북부에 거주하고 있다.

3) 생활밀착형 네트워크

가와사키구 커뮤벌러가 활동하는 네트워크를 살펴보면 이주민들의 생활에 얼마나 밀착하고 있는지 알 수 있다.

먼저 정부영역인 가와사키시청은 일반행정과 교육행정의 두 가지가 있다(일본은 한국과 달리 지방교육행정이 기초자치단체에 통합되어 있다). 시 전역에 관한 조직과 7개 행정구 단위로 설치된 구청, 그리고 일상생활권역에 설치된 조직이 있다. 일반행정을 보면, 시 전역을 소관하는 외국인시민시책담당('과'에 해당함)과 국제교류센터(국제교류협회가 운영)가 설치되어 있고, 행정구에는 보건복지센터(한국의 보건소에 해당함)가 설치되어 있고, 일상생활권역에 아동문화센터(한국의 지역아동센터과 해당함)와 보육원(한국의 어린이집에 해당함)이 설치되어 있다. 그리고 교육행정을 보면, 시 전역을 소관하는 인권공생교육담당('과'에 해당함)이 있고, 행정구에는 평생학습시설인 교육문화회관과 시민관, 분관이 설치되어 있다. 가와사키시청은 평생학습을 교육위원회가 소관하고 있다. 그리고 일상생활권역에 소학교(한국의 초등학교에 해당함)와 중학교가 설치되어 있다. 후레아이관과 아동꿈파크는 다문화공생과 아동인권이라는 특화된 목적을 가진 시설이지만 기본적인 기능은 일상생활권역의 평생학습시설이다.

다음으로 NGO, 즉 시민사회영역을 보면, 여러 에스닉 NGO가 결합한 다문화 NGO인 라이컴과 청구사(靑丘社)가 있고, 필리핀 출신자들의 에스닉 NGO로 규모가 큰 KALAKASAN과 규모가 작은 KAWAYAN이 있고, 브라질 출신자들의 에스닉 NGO인 GRUPO ABC가 있고, 조선총련 계통의 조선학교가 있다.

그리고 정부영역과 시민사회영역의 민관협력 기구로 시 차원의 '외국인시민 대표자회의'가 있고, 행정구 차원의 '구민회의'가 있다. 가와사키 구 커뮤벌러는 이름 그대로 가와사키 구라는 행정구를 거점으로 일상생활권역에서 지역사회에 존재하는 자원들을 연결하는 네트워크를 구축하고 있다.

4) 정책과정 참여 시스템

가와사키 구 커뮤벌러는 이주민 스스로 참여하고 민관협력으로 사업을 추진하고 있다. 그러나 단순히 시청에서 위탁을 받아 서비스를 제공하는 단체가 아니다. 정책과정은 (1) 의제 설정(agenda setting), (2) 정책작성(policy making), (3) 정책결정(policy decision), (4) 정책집행(policy implementation), (5) 정책평가(policy evaluation)의 다섯 가지 단계로 나눌 수 있다. 모든 정책과정에 이주민이 참여할 수 있는 시스템을 구축하려고 노력하고 있는 것이다. 다문화공생정책뿐만 아니라 새로운 정책과제를 해결하기 위해서는 당사자들이 참여할 수 있는 시민참여제도와 시민들의 자율적인 공익활동을 재정적으로 지원하는 제도가 마련되어야 한다. 다문화공생정책도 그런 제도들이 기초가 되어 발전해온 것이다.

(1) 의제 설정 단계는 일본어교실 등 일상적으로 받는 생활상담과 통역·번역 활동을 통해 제도적인 문제점을 파악한다.

(2) 정책 작성 단계는 시 차원의 '외국인시민 대표자회의'나 행정구 차원의 '구민회의'에 멤버들이 위원으로 참여하고 필요한 정책을 제안한다. 위원이 되고 문제를 제기하고 다른 위원들을 설득하는 과정이 있는 것이다. 심의회뿐만 아니라 보건복지센터, 의료, 재난관리 등 개별적으로 정책담당자를 직접 만나서 교섭할 때도 있다. '가와사키시민 공익활동 조성금'을 신청하는 일도 프로포절을 통해 정책에 대한 공감대를 형성하는 제도라고 할 수 있다.

(3) 정책결정단계는 '외국인시민 대표자회의'를 통해 시청 예산에

반영하거나 '구민회의'를 통한 구청 예산에 반영하는 방법이다.

(4) 정책집행단계는 시청에 노하우가 없는 부분을 민관협력으로 실시하고 있다. 민관협력으로 추진하면 지자체와 NGO가 하는 일이 충돌하거나 경합하는 것도 미리 예방할 수 있다.

① 일상적 활동: 영어, 중국어, 한국어, 포르투갈어, 스페인어, 타갈로그어, 러시아어 등 활동이 가능한 분들의 신청을 받아 언어별로 등록하고 정기적으로 교육한다(내용은 의료통역 등). 일반적인 통역·번역사업 외에 지금 실시하고 있는 사업은 가와사키시로 새로 이사해온 외국인시민에 대한 'Welcome pack'이다. 그전부터 가와사키시청은 새로 이사해온 일본인에게는 구청 주민등록창구에서 가와사키 시에 관한 자료와 가이드북, 지도 등을 모은 'Welcome bag'을 배포하고 있었는데 외국인 등록 창구에는 없었다. 가와사키구 커뮤벌러에서 자원봉사자들이 만들고 구청으로 제안한 것이다.

② 행사: 보건복지센터와 의료 NGO 등과 함께 외국인 무료건강진단, 다언어 방재훈련 등을 개최하고 있다.

③ 공공기관 통역·번역: 시청, 구청, 지역아동센터, 학교 등 공공기관에서 번역·통역 예산을 확보하고 가와사키 구 커뮤벌러로 위탁하는 사례가 많아지고 있다. 새로 위탁을 받게 된 사업은 매주 수요일의 문자메일이다. 가와사키 시는 구청마다 구민회의가 있고 시민들이 프로포절을 내고 지원금을 받는 '시민제안제도'가 있다. 시민제안제도에서 인정을 받아 시 행정정보 등을 번역하고 영어, 스페인어, 포르투갈어, 알기 쉬운 일본어로 보내고 있다. 일본의 휴대전화는 기술적인 문제가 있어서 한글이나 중국

의 약자, 태국의 글자 등은 표시하지 못하고 있다. 그리고 문자메일이 어려운 언어까지 보완하는 인터넷 다언어 사이트도 가와사키구청에 위탁을 받아 실시할 예정이다. 문자메일로 제공한 정보를 분야별로 정리하고 종합적으로 제공하려고 준비하고 있다.

④ 외국인 개인 통역·번역: 공공기관의 통역·번역은 유료이지만 외국인이 개인적으로 통역·번역을 신청하면 무료로 지원한다. 통역·번역에 관한 비용은 '가와사키시민 공익활동 조성금' 등으로 충당한다. 통역사업은 단순한 통역이 아니라 교육, 자녀양육, 의료 복지, 이사 등 다양한 분야에 걸쳐 관계기관과 연락하고 협조를 요청하는 다문화 소셜 워커라는 성격이 많아지고 있다. 병원 등 의료기관에서 통역 등 불편한 점을 설문조사한 결과를 번역하고 시청 병원국이나 시 의사회와 교섭하기도 한다. 행정기관과의 네트워크와 신뢰관계를 가지고 지역사회에 관한 다양한 정보를 잘 알고 있는 사람들이 결집하고 있기 때문에 언어별로 이런 케이스워크가 가능한 것이다.

⑤ 광역지자체 차원의 NGO 등과 협력: 가와사키 시 내의 NGO와 협력하는 것은 물론 광역지자체 차원의 NGO 등과 적극적으로 네트워크를 구축하고 있다. 의료분야라면 의료통역 전문 NGO인 '다문화사회 리소스(MIC) 가나가와', 노동분야라면 '가나가와 시티 유니온' 등이 있다.

(5) 정책평가단계는 '외국인시민 대표자회의'와 '구민회의'에서 평가하고 있다. 정책을 결정한 기구가 집행상황을 체크하는 것이다. '다언어 방재 맵(map)'처럼 가와사키 구 커뮤벌러가 시범적으로 작성한 것이 좋은 평가를 받아 시청에서 예산을 확보하고 다른 지역에서도

작성한 사례도 있다.

(1) 의제 설정단계에서 (5) 정책평가 단계까지 정책과정이 순환하고 있는데 형식만이 아닌 실질적인 민관협력이 순환하면서 이주민의 사회참여를 통한 진정한 사회통합을 도모하고 있는 것이다.

 제2절 대만

카오 슈칭(2009)의 「다민족·다문화사회로의 이행을 위한 정책 패러다임 구축(Ⅲ), 아시아 지역의 이주와 사회통합 내 대만에서의 이민과 사회통합에서 제시되고 있는 대만에서의 이민과 사회통합」을 참조하였다.

1. 대만의 이민 및 다원적 문화사조의 역사

대만은 예전부터 이민으로 이루어진 사회로서 원주민 교육문제에 대한 관심이 대두되면서 다원주의적 문화사조가 나타나게 되었고, 그 과정에서 전통적인 한족(漢族)문화 중심사상에 대한 반성과 사회문화 중의 성적 고정관념과 성차별 문제에 대한 재인식 움직임이 일어났으며, 이로부터 자유로운 사회적 분위기와 민주정당이 나타났다. 1987년 계엄령 해제 후 정치, 사회, 경제의 급속한 발전과 함께 객가(客家)문화운동의 일환인 '모국어회복운동'이 일어났고, 1990년에는 본토문화와 향토의식이 대두되면서 지역사회의 공동체통합건설이 추진되었다. 그리고 1999년 이후 동남아지역에서 유입된 신규 이민자가 급증하면서 종족 구성이 과거 원주민, 한족, 객가, 민남(閩南) 등 4대 그룹에서 5대 그룹으로 확대되었고 정부가 이에 대해 높은 관심을 가지면서 1999년 5월 21일 '입출국 및 이민서'(national immigration agency, 이하 '이민서')를 설치하도록 규정하였고, 이에 따라 2007년 1월 2일 정식으로 설립되어 이민에 관한 지도, 이민업무 기구의 관리, 난민보호, 외래인구(외국인, 중국본토민, 홍콩 및 마카오주민과 대만지역 내 무호적 국민)의 장단기체류관리, 불법체류자에 대한 단속과 이들의 수용 및 송환 등 업무가 통합되게 되었다. 그리고 입출국 및 이민법 제9장 제51조에는 정부가 이민자에 대해서 보호, 지원, 협조, 계획과 지도활동을 제공해야 하고, 주관부처는 기타 정부 기관(기구) 혹은 민간단체와 협조하여 이민자에게 상담, 강좌, 언어교육, 기능훈련 등의 서비스를 제공하도록 명시하고 있다.

2. 대만정부의 이민정책 구조, 목표 및 전략

대만 내 외국인 배우자는 이미 40만 명에 이르며, 출신 국가별로는 중국본토 265,989명, 베트남 80,953명, 인도네시아 26,815명, 홍콩·마카오 11,580명, 태국 8,206명, 필리핀 6,455명, 캄보디아 4,386명, 일본 2,812명, 한국 898명 및 기타 국가 10,285명이다. 이민서(移民署)는 외국인 배우자에 대해 지원과 지도를 실시함에 있어서, 신규 이민자의 융합, 조화로운 다원화 사회건설을 정책 기조로 하고 '사회적 지원과 보호'라는 적극적 태도와 종합적 관점에서 새로운 이민으로 인해 파생된 문제에 지속적으로 관심을 가지고 대응한다.

이민서는 이민자의 인권보장을 주요 설립취지의 하나로 하고, 다음 5가지 비전을 바탕으로 한다.

첫째, 외국어에 능통한 법률, 경찰행정, 사회학, 사회복지, 심리, 공

공행정, 관리 등의 전문인력 유치

　둘째, 정부와 민간 사회 자원의 통합

　셋째, 출입국 인원의 관리 강화

　넷째, 신규 이민자 지도시스템 통합

　다섯째, 배려와 서비스를 통한 신규 이민자의 대만사회 적응 촉진과 각종 이민 관련 정책 추진 시, 전문지식을 갖춘 전문가 및 학자, 민간단체 및 관련부처와 위원회의 폭넓은 참여 유도

　관심의 대상이 되고 있는 이민지도 업무에 있어 공적 부문 및 사적 부문의 역량을 통합하여 협력시스템을 구축하고, 신규 이민자의 성장, 권익 보호 및 선도 등 다양한 서비스를 성공적으로 추진하며, 외국인 배우자 서비스 시스템을 구축하여 신규이민자의 다양한 욕구충족과 권익을 보장한다.

　저출산·고령화 사회 및 세계 인구의 빈번한 이동에 대응하기 위해 대만 내정부는 관련 학자 및 전문가에게 위탁하여 '우리나라 이민자 관련 정책 및 대응책'을 연구하여 입안하도록 하였다. 또한 대만의 사회, 경제, 문화 발전 및 현 단계 국가발전의 필요성을 감안하여 신중한 개방, 전문직 및 투자이민 확대, 사회 및 문화 부문에 대한 투자 확대, 이민자 출신국가 다원화 등을 기본적 방향으로 하여, '국제적 인재 유치 경쟁, 전국 유입인구 생활현황 DB구축, 이민자 대상 지도네트워크 및 상담기관 확대, 불법입국자 단속강화 및 인신매매 방지, 대만국민의 다양한 문화에 대한 존중 및 포용심 강화' 등 구체적인 이민대책을 마련하도록 하였으며, 이민자 출신 국가 다양화와 전체사회의 문화적 내용을 풍부하게 하고, 국가 사회의 지속적 발전을 위하여 2007년 10월, 이민 관련 전문서적의 수집 및 이민 관련 사무의 연구에서 중심적 역

할을 담당할 '이민연구센터'의 시설을 완공하였다.

이민자 지도업무에 이어 민간역량 통합을 통한 협력시스템 구축 외에 외국인 배우자 대상 서비스시스템을 적극적으로 구축하여 신규 이민자 가정의 유지를 도와 사회안정 촉진, 국내 인력자원 양성, 국가 이미지 및 경쟁력 강화를 위해 노력하고 있다. 이를 위한 외국인 배우자 지도전략을 구체적으로 살펴보면 다음과 같다.

1) 외국인 배우자에 대한 지도조치를 시행함으로써 대만에서의
   생활권을 보장

생활적응지도, 의료보건, 취업권 보장, 교육문화 수준 향상, 자녀 양육 및 교육지원, 신체의 안전 보호, 법령제도 완비 및 올바른 관념 의 확산 등 8대 핵심 업무에 따라 40항의 구체적 조치를 제공했고 (<부록 1> 참조), 각 관련 기관 및 직할시, 현(시)정부가 이를 적극적 으로 시행하고 있다. 정부가 정기적으로 각 관련 기관의 시행현황을 점검하고 2009년 4월 말까지 총 16차례의 점검회의를 열었으며, 외국 인 배우자와 중국본토 출신 배우자의 생활현황에 관한 17개 항의 조 사 작업을 마쳤고, 생활적응지도과정 확대 등 39가지 상시 업무를 지 속적으로 강화해 왔다.

2) 외국인배우자에 대한 지원과 지도조치의 시행을 통해 대만에서의 생활
   적응력을 향상

신규 이민자가 대만의 생활환경에 순조롭게 적응하도록 지원하여

함께 다원화된 사회를 이루기 위해, 2008년 23개 지방정부(렌쟝 현, 타이둥 현 제외)에 총 976만 6,746NT$를 지원하여 생활적응지도과정, 핵심요원 연수과정, 다원화된 문화활동 모금 및 생활적응 홍보활동 등을 추진했다.

3) 외국인 배우자 및 자녀에 대한 종합 지원

내정부와 교육부 공동으로「외국인 배우자 생활지도, 언어학습 및 자녀 방과 후 학습 실시계획」을 수립하고 직할시, 현(시)정부가 2006년 6월부터 2007년 5월까지 이를 전면 시행했다. 생활지도과정에는 총인원 11,207명이 참가했고, 언어학습지도과정에는 총인원 11,530명이 초등학생 방과 후 학습과정에 6,542명의 외국인 배우자 자녀가 참가했다. 1차 사업기간 만료 후 2차 연도 계획을 추진했고, 총 8,279만 2,000NT$의 예산이 소요되었다.

4) 외국인 배우자 대상 상담네트워크 운영

'0800-088885 외국인 배우자 전용 사랑의 전화'를 설치하여 무료전화상담을 제공하고 있고, 서비스 내용에는 생활적응, 교육문화, 취업지원, 의료보건, 신체의 안전, 자녀교육, 체류 및 거주 등에 관한 법률상담이 포함된다. 2007년부터 2009년 4월 말까지 총 23,649건의 상담을 제공했다. 또한 외국인의 대만 내 생활 관련 상담전화 0800-024111(콜센터)와 웹사이트를 개설하여 실시간 온라인서비스를 제공하고 있다. 2007년부터 2009년 4월 말까지 총 103,597건의 상담을 제공했다(연도별 이민지도 성과 통계, <표 2-1> 참조).

<표 2-1> 연도별 이민지도서비스 성과 통계

일자	외국인 배우자 상담전화(건)	외국인의 대만 내 생활 관련 상담전화(건)
2007년	10,139	30,713
2008년	10,104	53,573
2008.04	911	4,527
2009년	3,406	19,311
2009.01	547	4,432
2009.02	917	5,398
2009.03	910	4,904
2009.04	1,032	4,577
합계	23,649	103,597

5) 이민서에 〈이민지원지도〉 웹사이트 개설

이민지도 관련 법률을 규정, 구체적 조치 및 처리현황 등의 정보를 정기적으로 업데이트하여 대중에게 최신정보를 제공한다. 또 <외국인 배우자 대만 생활 관련 안내 수첩>을 제작하여 관련 업무 담당자와 외국인 배우자에게 참고용으로 제공했고, 출입국 관련사항, 가정폭력 예방, 생활정보, 생활적응, 사회복지 등에 관한 전용 상담전화번호가 포함된 <생활도우미> 홍보전단 2만 장을 제작하여, 이민서 산하 각 지원센터 및 전담근무 인원들이 외국인 및 중국본토 출신 배우자에게 배포할 수 있도록 했다.

6) 이민서 산하 25개 지원센터에 이민자 지도담당자 배치

일선의 이민자 지도업무를 담당하고 외국인 배우자 관련 서비스를 제공하며 이민 관련 정보 제공, 상담, 통보, 중개 및 정부와 민간사회 자원 통합의 장이 되었다. 2007년부터 2009년 4월 말까지 총인원 16만 4,788명에게 상담서비스를 제공했고, 2,808명에게 중개서비스를 제공했으며, 16,183명이 방문했고, 관련법령 홍보활동 455회, 행사 참여 521회, 홍보전단 비치 2,519회, 지방의 공동보고회에 389회 참여했다(연도별 현 및 시 지원센터 이민지도서비스 통계, <표 2-2> 참조).

<표 2-2> 연도별 각 현 및 시 서비스센터 이민지도서비스 통계

분류	상담	중개 서비스	방문	법령 홍보	행사 참여	홍보 전단 비치	지방공동보고회 참여	자원 봉사 서비스	통역 서비스
	명	명	명	회	회	회	회	명	명
2007년	103,301	761	2,261	170	181	1,075	111	41,101	37,885
2008년	46,288	1,544	6,691	227	289	1,164	213	155,294	120,350
2008.04	4,698	103	442	22	15	71	18	11,765	9,787
2009년	15,199	503	7,231	58	51	280	65	59,397	46,136
2009.01	4,081	122	759	6	7	53	11	15,012	13,087
2009.02	3,860	131	1,935	8	7	66	16	18,065	11,690
2009.03	3,626	132	2,222	19	11	113	20	14,699	11,117
2009.04	3,632	188	2,315	25	26	48	18	11,621	10,242
합계	164,788	2,808	16,183	455	521	2,519	389	255,792	204,371

7) 지원센터 내에 '외국인 배우자 상담 자원봉사자' 배치 및 '외국인배우자 대상 통역서비스' 개설

각 현 및 시 지원센터의 지원 및 지도기능 발휘를 위해 자원봉사자 및 통역인원이 신규 이민자를 대상으로 이민자 본인과 밀접하게 관련된 권리 및 의무 등의 문제에 관한 상담 및 중개서비스를 제공하여 신규이민자들이 받는 심리적 스트레스와 불안함을 사전에 해소하고, 이들을 지원 및 격려하며, 함께 외국인 배우자 및 해당 가정에 예방적, 지지적, 발전적 서비스를 제공하고 있다. 2007년 말 현재, 자원봉사자 356명, 통역인원 231명을 모집 및 교육하여 업무를 시작했으며, 통역인원 데이터베이스에는 391명의 통역인원이 등록되어 있고, 언어별로 보면 베트남어 인원이 가장 많고, 그다음은 인도네시아어, 영어, 태국어, 캄보디아어, 필리핀어, 미얀마어, 일본어 및 기타 언어(말레이시아어, 독일어, 불어 및 아랍어 등)의 순이다. 2007년부터 2009년 4월까지 총인원 25만 5,792명에게 자원봉사서비스와 20만 4,371명에게 통역서비스를 제공했다(연도별 현 및 시 지원센터 이민지도서비스 통계, <표 2-2> 참조).

8) 외국인 배우자 지원지도기금의 사용효과 향상

전체 외국인 배우자를 대상으로 한 지원지도 서비스 추진, 신규 인력 자원 개발, 다원화된 사회의 공동 건설, 정부 및 민간자원의 효율적 통합을 위해, 2005년에 <외국인 배우자 지원지도기금>을 설립하고 총 10년간 매년 3억 NT$를 조달하여 외국인 배우자 대상 지원지도업무를 강화해 나가고자 한다.

9) 정부 및 민간단체에 대한 보조

보조대상에는 중앙정부, 직할시 및 현(시)정부와 등록된 재단법인 혹은 시민단체 등 비영리를 목적으로 하는 민간단체가 포함된다. 보조내용에는 '의료보조, 사회구제 및 법률서비스프로그램 수행', '외국인 배우자 대상 교육 및 홍보업무, 탁아서비스 제공, 다문화확산프로그램 수행', '가정서비스센터 및 사단설립프로그램 수행', '지도, 서비스 혹은 인재양성, 지역사회서비스 활성화 프로그램 수행' 등 4가지가 있다. 2007년 총 192건이 접수되었고, 91건이 허가되어 허가율이 47.4%에 달했으며 지급된 보조금은 1억 7,020만 800NT$에 달했다.

3. 통합정책과 협력기관

1) 정부기관통합

<외국 및 중국본토 출신 배우자 대상 지원지도조치 시행현황>을 예로 들면, 각종 주요사업의 세부조치에 있어 중앙정부가 각급 정부기관 및 부분의 관련 업무를 근거로 주무기관 및 협력기관을 상세하게 열거했다. 예를 들어, 첫 번째 주요 업무인 <생활적응지도>의 1, 2, 3, 5, 10항의 주무기관은 내정부이고, 각종 구체적 조치별로 관련서비스를 제공할 수 있는 부분을 협력기관으로 지정했다. 전술한 <생활적응지도>의 각 항별 구체적 조치는 다음과 같다.

제1항

생활적응지도과정 및 활동을 보급하고 강화하며, 지도내용, 교재 및 교육 방법을 보강하고, 핵심교사에 대한 국가 간 문화교육을 강화하고, 가족의 공동참여를 유도한다. 협력기관으로는 대륙위원회, 교육부, 위생서(衛生署), 노동자위원회, 국군퇴역장병지도위원회, 현(시) 지방정부 등이 있다.

제2항

외국인 및 중국본토 출신 배우자를 대상으로 생활적응지도 관련 상담과 자료 서비스 창구를 제공하며, 협력기관은 외교부, 교육부, 대륙위원회, 지방정부 등이다.

제3항

외국인 배우자 가정서비스센터 및 이민서 산하 각 현 및 시 지원센터의 기능을 강화하여 정보교류 및 서비스 전달의 장으로 역할하도록 한다. 협력기관은 각 현(시)지방정부이다.

제5항

민간단체의 자원을 통합하여 이민자지도 네트워크 및 커뮤니케이션 플랫폼을 강화하고, 외국 및 중국본토 출신 배우자에 대한 지역 차원의 서비스를 확대하며, 외국 및 중국본토 출신 배우자를 대상으로 지역사회 내 서비스거점 및 중개서비스를 제공하여 지역사회 서비스기능을 강화한다. 협력기관으로 대륙위원회와 지방정부가 있다.

제10항

전국적인 통역인원 DB를 구축하고, 모든 기관이 협력기관에 포함된다.

2) 각급 정부기관 및 민간기구 간 연계망 구축

출입국 및 이민 업무 정보시스템 관련 계획 및 조정업무를 처리하고 외래인구에 대한 관리, 지원, 지도 등 정보시스템을 통합하기 위해 전산화 및 네트워크화된 출입국 행정관리시스템을 구축했다. 또한 현실적 수요에 대응하기 위해 공공기관용 출입국전산정보 조회시스템을 추가하여 관련 기관과의 자료 공유 및 네트워크 연계를 가능하게 했다. 현재 구축된 주요 정보시스템으로 특수안건 DB시스템, 외국 및 중국본토 출신 배우자 DB통합시스템, 온라인 신청 서비스시스템, 전자정부 출입국 정보조회서비스시스템 등 14개 시스템이 있다.

이민서의 각종 업무를 추진하기 위해 이민정보팀이 이민서 산하 전국 각지의 지원센터, 전담팀, 수용소, 각 공항 및 항만 출입국사무소에 정보화 설비를 설치하여 네트워크연계망을 구축했다. 각 현 및 시 지원센터에서 내국인의 각종 민원 접수를 처리하기 위해서 신고접수, 등록 및 서류 작성, 심사, 증명서 발급 업무를 통합하여 수행함으로써 서류 송부의 불편함을 없애고 처리과정을 단축시켜서 신속 편리한 대민행정서비스를 제공하고, 관련민원심의 업무시스템을 구축했다.

이민서 조직 및 인력이 대규모로 확충됨에 따라 이들 인력의 정보처리기능과 업무효율을 향상시키고 전자정부 구축에 박차를 가하기 위해 2007년 정보교육훈련실시계획을 수립하고 정보기초교육, 이민서 정부시스템 및 업무소개, 외국인배우자지원센터 관련 정보시스템

교육 및 정보보안홍보교육 등 4개 과정을 실시했고, 총 1,252명의 인력이 2,654시간의 교육을 이수했다.

또한 정부도 24시간 개방형 이민서 글로벌정보망을 제공하여 일반 대중이 언제 어디서나 이민서의 정확하고 다양한 정보를 조회할 수 있도록 했고, 대중의 필요에 더욱 부합되는 서비스를 제공하기 위해 외국인, 호적의 유무, 중국본토 및 홍콩·마카오 등 다양한 그룹별 전용코너를 두었고, 또한 서비스 범위 확대를 위해 PDA, 어린이코너, 무장애 웹페이지를 제공하고 있다. 이에 힘입어 이민서는 내정부 웹사이트 평가에서 3년 연속 우수 웹사이트로 선정되었다.

이민업무의 방대성과 복잡성으로 인해 이민정보의 수집 및 신청절차 처리 등의 업무를 상당 부분 이민회사에 위탁하고 있다. 또한 이민회사의 전문능력 확보를 위해 이민공사에 대한 관리를 강화해 왔고, 이민수요자 권익보장을 위해 법률 위반 사건 및 이민광고를 적극적으로 단속하고 있다.

4. 학습과제: 통합전략 및 시사점

1) 사회자원망 구축: 3C 전략

신규이민자 관련 지도업무를 추진하기 위해 자원망이 구축되는 흐름에 주목하고 다양한 조직 간 협력을 중시한다. 정부와 민간 역량을 통합하고 공적 및 사적 부문의 사회자원을 활용하여 서비스 대상에게 육아 및 의료서비스, 폭력예방, 심리상담 및 배려 등의 지원을 제공함으로써 사회자원 통합을 통한 소외 가정과 사회와의 양호한 상호관계를 유지하고, 문제발생을 미연에 방지한다.

따라서 이민 관련 업무의 통합 정신을 발휘하기 위해서는 중앙정부와 지방정부 간 연계(connection)로부터 시작하여 중앙과 현 및 시 주관기관의 직권 및 협력(cooperation)관계를 고려하여 여유예산의 전용을 통해 전국 혹은 현(시) 차원의 이민지도 및 서비스를 확대하며, 지방과 중앙정부 자원을 통합하고, 전문인력 및 전용 경비의 재원을 건전화해야 한다. 그다음으로 필요한 것이 전문인력그룹 간의 협동(collaboration) 추진으로, 이렇게 될 경우 관련 전문인력의 편제와 충분한 인력지원이 가능해지고, 전국 각 현 및 시의 전문인력그룹 간 상호지원 아래 전국 차원의 이민지도방안을 수행할 수 있어 그룹 간의 협동역량을 발휘할 수 있다.

2) 다원화된 문화적 소양 함양: 3R 태도

대만은 다양한 종족이 어우러진 국제화된 사회로 변모했다. 따라서 향후 다양한 국가에서 유입된 종족의 우수한 문화가 대만의 전통문화에 융합되도록 하기 위해서는 모든 대만 국민들이 마음을 열고 이국적인 문화 풍속을 받아들이고, 신규 이민자가 기존 대만 전통문화에 적응하면서도 다문화교류 관련 활동을 통해 자신의 모국 문화를 소중히 여기고 또한 이를 선양할 수 있도록 협력해야 한다. 예를 들면 '다문화주간' 등의 행사를 통해 외국인 배우자의 모국 문화, 의상, 음식 및 음악예술 등을 소개하여 대만인들의 다양한 문화에 대한 이해를 증진해야 한다. 그 밖에 외국인 배우자를 대상으로 언어교육, 요리강습, 수공예, 위생보건 등 과정을 개설하여 외국인 배우자들이 대만에서 자신이 가진 지식과 기능을 발휘하도록 하고, 대만인들 또한 지역사회행사에 참여시켜 문화교류와 학습을 독려하여 다원적 문화에 대한 인식을 확대하고 문화적 경계를 넘어설 수 있는 능력을 강화한다. 이러한 과정을 통해 신규이민여성과 대만인이 문화 풍속 면에서 상호 교류하게 되고, 대만 내 각 종족이 서로 화합하고 상호 인정하게 되면서 다원적 문화에 대해 상호존중(respect), 화합공생(reconcile), 상호신뢰(rapport)하는 3R 태도가 배양되어 다원적 문화의 신기원을 이룩한다.

대만인들의 신규 이민자 유입에 대한 인식은 이들과의 상호작용형태에 영향을 미친다. 따라서 신규 이민자를 대함에 있어 필수적인 3R 태도를 배양하며, 이는 대만인의 다원화된 문화적 소양 함양에 중점을 두어야 한다. 그 구체적인 방법은 다음과 같다.

첫째, 대만인의 이국문화에 대한 호기심과 흥미를 증진시킨다.

둘째, 대만인들이 다양한 문화적 배경의 그룹들과 주동적으로 접촉하고 관심을 가지도록 유도한다.

셋째, 대만인들이 국제결혼으로 이루어진 가정을 이해할 수 있는 기회를 제공하고, 나아가 그들을 존중하고 이해할 수 있도록 한다.

넷째, 대중들이 사회자원이 어디에 있는지 파악하고 사회적 자원 시스템의 운영에 협조하도록 한다.

다섯째, 겸손한 자세로 주류 문화의 오만함과 편견을 버리도록 한다.

신규 이민 관련 전문인력들이 지금의 문화적 다원화 추세에서 더욱 다원화되고 개방적이며 유연한 태도와 함께 명확한 판단과 신속한 행동을 통해 신규 이민자 지도서비스에 모두 적극적으로 나설 것을 기대한다.

 제3절 싱가포르

장미혜 외(2008)의 「다민족·다문화사회로의 이행을 위한 정책패러다임 구축(Ⅱ): 다문화역량 증진을 위한 정책·사회적 실천현황과 발전방향」에 제시되고 있는 싱가포르 편을 참조하였다.

1. 싱가포르의 다문화 정책

1) 싱가포르 이주민 관련 정책의 일반적인 현황

태생적인 다문화국가인 싱가포르에도 서로가 융합되는 진정한 다문화사회로서는 현실적으로 여전히 한계를 지니고 있다. 예를 들어 말레이계와 중국계의 거주지역이 분리되고 있는 주거지 분리문제나 공공주택의 임대권을 둘러싼 갈등, 그리고 각 인종에 대한 문화적인 편견, 그리고 다문화가족 내에서의 갈등과 긴장 등은 여전히 다문화사회를 지향해 가는 싱가포르가 부담해야 할 짐으로 남아 있다. 뿐만 아니라 이주의 역사가 길기 때문에 오래된 이주민과 신규 이주민 사이의 새로운 갈등이 노출되고 있는 점도 다문화사회를 지향하는 싱가포르가 풀어야 할 숙제라고 볼 수 있다.

역사적으로 싱가포르 이민정책의 변화과정을 살펴보면, 싱가포르의 이주민에 대한 규제정책은 경제상황에 따라 변화해 왔다. 예를 들어 상대적으로 호황기이던 1968~1973년, 1981~1984년, 1990년대 초중반에는 이주민들에 대한 행정적 규제가 상대적으로 완화되었다.

　싱가포르의 이주민 관련정책의 특성을 한마디로 요약하면 외국인의 인력수급을 국가적인 차원에서 통제하고 있어 저숙련 노동자에게는 임시적 체류만을 허용하는 반면, 숙련 노동자에게는 영구적인 체류권한을 허용하고 있을 뿐만 아니라 사회적 서비스와 시민권도 숙련 노동자에게 보다 폭넓게 제공하고 있다는 점을 들 수 있다. 이른바 CMIO 체계라고 불리는 이러한 이주정책은 한편으로는 효율적이고 체계적인 이주정책이라는 평가를 받지만, 다른 한편으로는 차별적인 이주정책이 대다수 이주민의 사회부적응을 초래하고 있다는 비판을 받고 있다. 그러한 비판에도 불구하고 1999년 <21세기 인력 유치 계획>이 발표되면서 아이디어와 혁신과 지식과 교역의 핵심이 되기 위해서 재능 있는 인력(talent capital)을 유치하고자 하는 이주 정책은 보다 적극적으로 추진되었다. 정책의 골자는 싱가포르가 향후 장기적인 경제발전과 지식기반사회로 나아가기 위해서 숙련된 노동력의 유치가 무엇보다도 중요하다는 인식에서 향후 생명과학, 전자공학, 환경공학, 기계공학, 재정, 건강, 정보통신, 디지털미디어 사업, 해양산업 분야의 전문가를 유치하겠다는 것이다. 그러나 현실적으로 싱가포르의 1인당 국민소득이 높아질수록 소득수준이 높은 국민들의 의식, 쇼핑, 보다 큰 집에 대한 욕구는 커지고 이에 따라 이러한 소비수준을 유지시키는 데 필요한 운전사, 택배기사, 점원, 청소부 등의 직종으로 대표되는 저숙련 노동력에 대한 수요는 줄어들지 않고 있다.

2) 싱가포르의 이주 실태

2007년 말 기준으로 싱가포르에는 900,800명의 외국인 노동자가 체류하고 있는데, 전체 노동자 수가 273만 명이라는 점을 감안한다면, 싱가포르의 노동자 3명 중 1명은 외국인이라고 할 수 있다. 외국인 노동자들은 주로 조선, 건축, 항만, 서비스부문에 일하고 있는 사람들과 가사노동도우미로 일하고 있는 사람들을 구분해볼 수 있다. 인적자원부의 자료에 따르면 일이 힘들어서 싱가포르인들이 취업을 꺼리고 있는 몇몇 산업을 중심으로 외국인 노동자가 급속도로 확산되고 있어서 제조업 노동자의 45%, 건축업 노동자의 61%를 외국인이 차지하고 있는 것으로 나타났다. 싱가포르로 인력을 보내는 대표적인 송출국은 말레이시아이며, 그 외에도 인도, 스리랑카, 태국, 방글라데시, 미얀마, 필리핀, 파키스탄 등에서 싱가포르로 이주하고 있었다.

싱가포르 정부는 외국인 고용인들과의 갈등을 최소화하기 위해서 고용주와 피고용인 사이의 서로 다른 문화적 배경에 대한 이해와 열린 의사소통과 상호존중을 돕기 위한 안내책자를 발부하고 있다. 그러나 개별 가족 내에서 일하고 있는 외국인 노동자들에게는 어떠한 노동법도 적용되지 않는다는 점이 문제가 되고 있으며 최소한 이들에게 하루의 휴가를 주자는 캠페인(One Day Off Campaign)이 실시되기도 하였다.

3) 싱가포르의 이주정책의 쟁점 및 방향

신생독립국으로서 상대적으로 지역기업의 자본이 취약한 점을 만회하기 위해서 보다 적극적으로 다국적 기업을 유치하고 고부가가치산업에 대한 투자를 강화해서 아시아지역의 무역에 있어서 국제적 허브로 수행할 수 있도록 노력하고 있다.

이를 위해 남부아시아뿐만 아니라 영국, 오스트레일리아, 뉴질랜드, 독일, 프랑스, 스위스 등 다른 서구국가들로부터 유입되는 인력을 증가시켜 유입국을 다양화시키도록 시도하고 있다.

싱가포르 정부는 1999년부터 이주노동력을 체계적으로 관리하기 위해 소득수준별로 구분된 고용허가제와 영주권 및 가족초청권을 부여하고 있는 단계별 고용허가체제를 유지하고 있다.

이들에 대한 통제는 두 가지 정책적 목적을 가지고 이루어진 것이다. 첫 번째 목표는 유사한 기술을 가진 자국노동자가 노동시장에서 이주노동자들에게 일자리를 빼앗기지 않도록 하는 것이고, 두 번째 목표는 보다 많은 이윤을 창출할 수 있도록 재구조화할 수 있는 유인이 부족한 기업이나 산업 부문을 지원하기 위해서이다.

싱가포르의 이주민 관련 정책 중 핵심적인 쟁점으로 부각되고 있는 사항은 시민권의 제한적 허용의 문제와 관련되어 있다.

싱가포르의 경우에는 싱가포르 시민과 결혼하거나 동거 중인 외국인이나 영주권을 가진 사람에게만 이러한 권리를 허용하고 있다. 뿐만 아니라 홍콩의 경우 임신한 외국인 노동자에게 10주간의 모성보호휴가를 부여하고 있지만, 싱가포르의 경우는 6개월마다 임신진단테스트를 실시한 뒤 임신사실이 판명되면 추방해 버린다. 하지만

〈표 2-3〉 비자의 유형별 자격요건과 규제사항

비자의 유형	소득수준	규제	자격
P1	S\$ 7,000 미만	없음	* 가족의 즉각적인 이주 허용 * 고용주가 없어도 6개월간 싱가포르의 체류가 가능하며 5년간 유용한 개인별 고용허가(PEP) 인정 * 영주권과 시민권의 신청 허용
P2	S\$ 3,500 ~7,000	없음	* 가족의 즉각적인 이주허용 * 2년간 S\$ 30,000의 고정수입을 얻은 사람에 한하여 고용허가(PEP) 인정
Q1	S\$ 2,500 전후	없음	* 가족의 즉각적인 이주 허용 * 5년 동안 Q1 비자로 일하고 당해 연도 수입이 S\$30,000 이상일 것으로 예상되는 사람에 한하여 고용허가 (PEP) 인정
S	S\$ 1,800 ~2,500	* 고용주가 매월 S\$ 50의 세금부담 * 기업별 할당제	* S\$ 2,500의 소득을 가진 사람들에게는 가족의 이주허용 * 영주권과 시민권 신청 허용
R(노동 허가)	S\$ 1,800 미만	* 고용주가 매월 세금부담 * 국가별 인원제한 * 부문별 인원제한 * 가족의 즉각적인 이주는 불허 * 영주권 및 시민권 신청은 불허 * 결혼제약정책(MRP) 싱가포르 시민 및 영주권자와의 결혼허용정책(MOM)	없음

자료: 싱가포르 인적자원부.
출처: 장미혜 외(2008), 「다민족·다문화사회로의 이행을 위한 정책 패러다임 구축(Ⅱ): 다문화 역량 증진을 위한 정책·사회적 실천현황과 발전 방향」, 한국여성정책연구원.

싱가포르나 홍콩 모두 시민권의 일부로서 정치적인 권리를 외국인 노동자에게 인정하지 않는다는 점에서는 공통점을 보인다. 따라서 정치권을 포함한 보편적 시민권의 실현은 이주정책의 주요 의제로 부각되고 있다.

외국인 노동자와 그들의 고용주 사이에서 어느 정도의 권리와 책임을 부여의 문제와 기존의 외국인에 대한 고정관념에서 기인하는 긴장과 갈등을 어떻게 해소할 것인가는 싱가포르 정부가 이주정책과 관련하여 시급하게 방향을 결정하고 해결해 나가야 할 과제이다.

03

비아시아 국가의
이민자가족을 위한
사회통합 정책

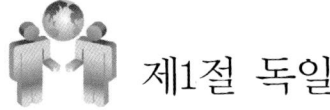 제1절 독일

1. 독일의 다문화 정책

장미혜 외(2008)의 「다민족·다문화사회로의 이행을 위한 정책패러다임 구축(Ⅱ): 다문화역량 증진을 위한 정책·사회적 실천현황과 발전방향」에 제시되고 있는 독일 편을 참조하였다.

독일은 제2차 세계대전 이후 부족한 노동력을 충당하기 위하여 외국 노동자를 유입하였다. 체류허가와 노동허가라는 정부주도의 규제정책을 통한 외국노동력 유입정책은 노동시장의 여건에 따라 필요한 만큼의 인력을 외국으로부터 유입하는 데 중점을 두었고, 외국인 노동자들은 시한부 체류허가에 따라 귀국을 전제로 일정기간 취업하고 귀향하는 보완적인 노동력으로 인식되었다. 그러나 1970년대에 이르러서는 오일쇼크에 따른 경기둔화로 인해 외국노동력의 유입이 제한되었음에도 불구하고 영구 정착하는 외국인의 수가 증가하였고 이와 함께 가족재결합이라는 새로운 형태의 이민이 전개됨에 따라 이들의 독일사회로의 통합문제는 정치적 쟁점으로 부각되기 시작하였다. 더욱이 1980년대 중반 이후에는 동유럽국가로부터의 난민과 이주 및 독일계 동유럽 귀환자가 급증하였다. 이러한 새로운 이민형태의 등장과 맞물려 냉전의 종식과 독일통일로 인한 외부환경의 변화는 궁극적으로 문화적 다양성과 이민으로 인해 발생하는 여러 사회문제를 해결하기 위한 방안으로 이민자들의 사회통합문제가 체계적으로 논의되기 시작하였다. 1990년대 초반 '이주국으로서 독일'에 대한 인정과 독일사회 내부에 존재하는, 급증하는 외국인에 대한 혐오감과 테러현상에 대한 자성의 목소리는 이민자들의 독일사회로의 통합문제에 대한 정책 전환의 필요성을 제기하였다.

이에 최근 이루어진 독일의 국적법 개정과 이민법 제정은 기존의 외국인정책 및 이민정책에 대한 획기적인 전환을 의미하는 것이며, 다문화사회의 이념에 근거한 인종적, 언어적, 문화적 다양성에 대한 인정과 존중의 측면에서 그리고 다양한 문화의 공존과 이해라는 측면에서 이민자들의 독일사회로의 통합문제가 사회정책의 틀 안에서 이루어지게 되었다.

1) 독일의 이주실태

독일은 높은 수준의 경제력과 사회복지정책으로 유럽 국가 중 외국인들이 선호하는 이민국가의 하나이며, 임금 및 복지수준이 상대적으로 높아 이주현상이 증가하고 있는 상황이다.

2005년 현재 독일에는 6,755,811명의 외국인이 거주하고 있어 전체 82,437,955명 독일 인구 중 비율은 8.2%로 유럽 여러 국가 중에서도 비교적 높은 편이다(<표 3-1> 1951년부터 2005년까지 독일의 외국인 현황 참조).

〈표 3-1〉 독일의 외국인 현황(1951~2005년)

연도	독일 전체인구	외국인 수	외국인비율(%)
1951	50.808.900	506,000	1.0
1961	56.174.800	· 686,200	1.2
1971	61.502.500	3,438,711	5.6
1981	61,719,200	4,629,729	7.5
1991	80,274,600	5,882,267	7.3
2001	82,440,400	7,318,628	8.9
2005	82,437,995	6,755,811	8.2

출처: Statistisches Bundesamt.

1991년부터 독일로 유입된 외국인 수와 독일에서 떠난 외국인의 수를 비교한 〈표 3-2〉를 보면, 많은 수의 외국인들이 독일에 유입되고 독일을 떠났음을 알 수 있다. 1991년에서 2004년까지 약 1,375만 명에 달하는 외국인들이 독일로 유입되었음을 알 수 있다. 1990년대 중반까지 외국인의 유입이 계속적으로 증대되었는데, 1991년에는 후기 동유럽 귀환자의 수가 증대하였기 때문이고, 1992년에서 1993년까지는 망명자와 유고전쟁으로 인한 난민의 수가 급격하게 증대하였기 때문이다.

〈표 3-2〉 독일 입·출국 외국인 수(1991~2004년)

연도	입국 외국인	출국 외국인	차이
1991	925,345	495,540	427,805
1992	1,211,348	614,956	+596,392
1993	989,847	710,659	+279,188
1994	777,516	629,275	+148,241
1995	792,701	567,441	+225,260
1996	707,954	559,064	+148,890
1997	615,298	637,066	-21,768
1998	605,500	638,955	-33,455
1999	673,873	555,638	+118,235

2000	649,249	562,794	+86,455
2001	685,259	496,987	+188,272
2002	658,341	505,572	+152,769
2003	601,759	499,063	+102,696
2004	602,182	546,965	+55,217

출처: Statistisches Bundesamt.

이와 같은 독일의 외국인 비율은 1990년 이후 8%를 유지하고 있고 큰 변화 없이 지속되고 있는데 이 중 20년 이상 독일에 체류하고 있는 외국인은 45%나 된다. 2005년을 기준으로 독일에 체류하고 있는 외국인의 평균 체류기간은 16.8년이며, 이들은 대부분 1950년대에서 1970년대 독일에 이주한 노동자와 그 가족들이다. 6,755,811명에 달하는 외국인 중 20.5%인 1,385,300명이 독일에서 태어난 소위 이민 2, 3세대로, 이 중 터키계는 603,906명으로 34.2%로 나타나 압도적인 비율을 차지하였고, 그다음으로는 이탈리아(161,500, 29.9%), 세르비아몬테네그로(123,446명, 25.0%), 그리고 그리스(85,474명, 27.6%) 순으로 나타났다.

2001년부터 독일 정부는 이민자들에 대한 정확한 정보와 현황을 위해 이주정책보고서를 발간하고 있는데, 이민자와 관련된 각종 통계뿐만 아니라 각각의 이민형태에 대한 최신 정보를 제공하고 있다. 현재 진행되고 있는 독일에서의 이민 형태는 첫째, 독일계 귀환자, 둘째, EU 시민권자, 셋째, 독일에 거주하는 외국인과 그들의 가족들, 넷째, 구소련으로부터 이민 온 유대인이민자들, 다섯째, 망명신청자 및 난민들, 여섯째, IT분야의 전문 인력 및 외국인 유학생들, 마지막으로 불법 체류자들로 구분해볼 수 있다(Bundesamt fur Migration und Gluchtlinge,

2005). 이민의 형태에 따른 체류 현황은 <표 3-3>을 통해 알 수 있다.

<표 3-3> 외국인 체류 현황(2006년 12월 31일 기준)

체류에 대한 법적 지위		외국인 수(명)
총 외국인 수		6,751,002
구법에 따른 체류지위의 분류(외국인 법 1990)		
외국인 수		2,877,623
체류분류		
- 단기체류		651,118
- 무기한 체류		2,226,505
- 신법에 따른 체류		2,279,738
체류허가(단기체류허가)		1,137,867
분류	교육목적	137,227
	취업목적	72,096
	국제조약, 인권, 정치적 목적	150,411
	가족동반	615,839
	특별 체류권	66,709
	정주허가(영구)	555,334
기타분류		
- 신청(Antrag auf AT befreit)		112,905
- 요구(von der Erfodernis AT befreit)		
유럽연합법, 유럽연합의 체류분류/이주권		
- 단기체류		347,724
- 무기한체류		1,008,818
- 비합법적인 묵인(Duldung)		165,084
- 체류허가(Arfenthaltsfestattung)		40,757
- 체류기준이 없는 허가 혹은 형태		445,070

출처: Statistisches Bundesamt.

유럽 대부분의 국가들과 마찬가지로 독일은 급증하는 이민의 증가와 이로 인해 발생하는 사회·안보적 상황에 보다 적극적으로 대응하기 위해서 이민과 관련된 규정을 강화하고 있다. 합법적인 이민을 관리·통제함과 동시에 불법 체류 및 인도주의적 차원에서 발생하는 난민문제에 유럽차원에서 공동으로 대처하고자 하는 움직임을 전개하고 있다. 또한 단일문화사회에서 다문화사회로 변화하는 가운데 문화적, 언어적, 인종적 다양성을 기반으로 하는 독일 사회의 변화에 대한 보다 적극적인 해결방안을 모색하는 과정에서 이민자의 사회통합정책은 이민정책의 근간이 되고 있다(Bade, 2006).

2) 독일의 이주민 관련 정책의 일반적 현황

독일은 유럽통합의 중추적 역할을 하는 국가이며, 비교적 관대한 이민정책을 수행하고 있는 국가로 평가될 수 있다. 그럼에도 불구하고 독일은 1980년대 후반에 들어서야 비로소 스스로를 이주국가로 규정하게 되었다(Bade, 2006).

독일은 1955년 경제발전을 위해 부족한 노동력을 확충하기 위해 외국인 노동자들의 유입을 허용하였는데, 외국인 노동자는 순환원칙(rotationsprinzip)에 따라 노동시장 정책의 대상자로서 1년 단위로 해당 사업장 또는 일자리의 제한고용이 허가되었다. 일부 외국인 노동자들은 독일의 이민자 귀환정책에 의해 본국으로 돌아갔으나, 많은 수는 독일에 남아 정주함에 따라 독일사회는 다문화사회로의 변화를 겪게 되었다. 1960년대와 1970년대 급격한 외국인의 유입에 따른 단일문화사회에서 다문화사회로의 이행과정에서 독일은 독일사회의 사회적 통합력을 제고하는 방향으로 외국인 정책을 수행하고자 하였다. '독일은 이민국가가 아니다'라는 전통적인 독일사회의 자의식에서 잘 나타나듯이 외국인 정책은 다문화가 아닌 자문화중심주의에 기초한 외국인들의 독일사회로의 동화를 궁극적인 목표로 설정하였고, 동화정책을 통한 통합이 추진되었다(장미혜 외, 2008).

이와 같은 초기의 외국인정책은 이민에 따른 문화적 다양성과 충돌 및 갈등 등에서 비롯된 이민과 관련된 여러 문제를 해결하지 못하였을 뿐만 아니라 대다수의 이민자들을 독일사회에 통합시키지 못하고 주류사회와 분리, 배제시키는 결과를 초래하였다. 다시 말해 통합은 규범적인 개념으로 새로운 부분을 기존의 부분과 서로 차이가 나지 않게 하는 방식을 수용하는 것을 의미하는 것으로, 이민자들이 이민국 사회를 구성하는 다수에 완전하게 동화되어 보이지 않을 정도로 녹아 있는 상황을 의미한다. 즉, 이와 같은 동화를 의미하는 통합은 결국 민족주의의 표상으로 언어적·문화적 동질성을 요구하는 것으로 소수인종이나 이민자들에게 하나의 민족이라는 개념과 그 언어와 문화를 받아들여야 하기 때문에 자신의 언어와 문화를 포기해야하는 결과를 초래하기도 한다(장미혜 외, 2008).

문화적 다양성을 인정하지 않는 동화를 전제로 한 통합정책은 1980년대 중반부터 변화하기 시작하였고, 1991년을 기점으로 외국인법이 개정되면서 바뀌게 된다. 그 배경으로는 외국인의 독일사회로의 통합을 어렵게 하는 원인과 배경에 대한 내부 논쟁이 격렬하게 진행되었고, 여기에 이민과 관련된 외부적 환경의 변화에 대한 적극적인 대응이 요구되었기 때문이다. 외국인법의 개정은 독일의 이민과 관련된 법적, 제도적 측면의 개선문제와 함께 다양한 언어적, 문화적, 인종적 차원의 존중과 문화적 가치의 동등성을 전제로 '다문화사회를 위한 문화권 상호 간의 이해'라는 발상의 전환을 가져오게 하는 계기로 작용하였다.

독일정부는 2007년 국가통합계획(Der Nationale Intefrationsplan)을 통해 통합을 사회적 과제로 제시하고 정부 차원뿐만 아니라 주정부, 이민단체 및 비정부기구가 통합적으로 사회통합을 추진하기 위한 400가지 조치를 규정하였다. 또한 이민자를 독일사회 및 문화에 대한 일방적인 사회적응의 대상이 아닌 독일사회의 주요 파트너로서 위상을 부여하고자 하였다. 이에 정부 차원에서는 이주자에 대한 사회통합을 적극적으로 추진하고, 상호이해 차원에서 서로의 문화를 함께 접할 수 있는 다양한 프로그램을 진행하고 있고, 이를 통해 서로에 대한 이해를 증진시키기 위해 노력하고 있다.

이와 같은 통합정책의 일환으로 2005년부터 매년 이슬람 문화와의 교류와 협력 증진을 위한 이슬람 콘퍼런스를 개최하여 상호이해의 증진을 도모하는 계기를 마련하고 있다. 한편 이주자에게 참정권이 부여되지는 않았지만, 주·연방 차원의 협의체를 통해 정책에 대한 자문권을 부여하고 있으며, 2,000명 이상이 거주하는 도시들의 경우 외국인들의 의견을 수렴하기 위한 도시대표기구를 구성할 수 있도록 하고 있는 정책은 문화권 상호 간의 이해를 위한 독일정부의 노력으로 볼 수 있다.

3) 독일의 사회통합 정책

선택적 이민, 즉 합법화된 이민은 독일의 이해관계를 대변하는 이민의 형태로, 이민과 국적에 대한 정확한 법적 근거를 마련함으로써 일관된 이민정책을 마련하고, 이민과 관련된 사회적 이질성과 사회적·정치적·경제적 문제를 사전에 예방하고 최소화할 수 있도록 한편으로는 합법적 이민을 통제하고 관리하고, 다른 한편으로는 이들을 독일사회로 적극적으로 통합하려는 정책을 수행하고 있다.

독일의 이민자 사회통합 정책은 '지원과 요구'라는 틀 속에서 체계적인 이민정책을 제도화하고 이를 통해 독일 경제와 고용시장에 긍정적으로 작용할 수 있는 수준 높은 노동력을 유입할 수 있도록 법적인 정비를 갖추는 것과 독일에 5년 이상 거주하면서도 독일사회에 통합되지 않은 외국인 독일시민과 이들 가족의 독일사회로의 통합을 목적으로 하고 있다. 이들 이민자의 통합과정에서 연방과 주정부의 상호 긴밀한 협력과 통합정책에 대한 합리적인 재정적 운영을 통하여 사회통합을 적극적으로 지원하는 정책과, 이민자들이 이와 같은 사회통합과정에 적극적으로 참여하는 것을 요구하는 정책을 동시에 추진함으로써 사회통합의 효과를 극대화하고자 하고 있다.

2005년 발효된 독일의 이민법에는 이민자들에게 통합교육과정을 이수할 것을 규정하고 있는데 이는 이민자의 독일 내 통합을 장려하기 위한 최초의 법적 조치라고 할 수 있다. 통합교육과정은 연방차원의 재정적 지원을 통해 이루어지고 있으나 참여자들의 책임과 의무를 강조하고 있다.

통합교육과정은 독일어 교육을 기반으로 한 600시간의 독일어 과정과 30시간의 독일 사회로의 통합을 위한 오리엔테이션과정을 내용으로 한다(이민법 제43조).

독일어 과정은 이민자의 구두 및 서술 시험을 통하여 교육수준과 독일어 능력에 따라 4단계로 나누어지는데, 1단계는 301시간에서 600시간, 기본 2단계는 201시간에서 300시간, 기본 3단계에서는 101시간에서 200시간, 기본 4단계에서는 100시간의 교육과정을 이수해야 한다(Bundesamt fur Mifration umd Fluchtlinge, 2006).

다음으로 어학과정을 마치면 독일의 법질서, 문화, 역사 등 30시간의 오리엔테이션 과정을 이수해야 한다. 이 과정은 600시간의 언어강좌와 연결되어 운영되고 있고 필기 또는 구술시험을 거치도록 하고 있다. 오리엔테이션 과정의 내용을 보면, (1) 독일 연방의 성립과 법체제, 사회보장국가의 원칙과 정치 사회구조, 기본법체계 등 독일 연방공화국의 성립 및 배경, (2) 독일통일과 유럽통합의 과정을 포괄하는 역사적 영역, (3) 문화적 이해와 시민으로서의 교육 등 다양한 영역을 통괄하고 있다.

통합강좌의 교재는 연방정부에서 통합과정의 교재로 인정한 20여 개 교재 중 하나를 선택하여 사용하고 있다. 교재의 내용과 구성은 연방정부의 지침에 의거하여 일정한 틀을 유지하도록 되어 있어 다양한 교재들 간의 통일성을 유지하고 있으며, 교재를 만드는 과정에 사회 각 방면으로 전문가들이 참여하고, 이들의 의견을 반영하여 체계적인 작업을 통해 만들어져 사용되고 있다는 점은 주목할 만한 사항이라고 할 수 있다. 통합강좌를 수행하는 과정에서 교사의 전문성은 매우 중요하다.

독일대학에서 교육받은 외국어로서의 독일어과정을 이수한 자, 혹은 연방정부 차원에서 통합교육을 목적으로 양성된 교사들을 통해 이루어지고 있다.

이민법을 통해 사회통합교육과정이 의무화됨에 따라 체류법과 연관하여 국적 취득을 위한 조건의 성격으로 강화되고 있는 상황에서 사회통합교육을 통해 진정한 통합이 이루어질 수 있을지, 이 과정에서 이민자의 통합요구의 파별성과 특수한 요구에 따른 적합한 방법이 고려되지 않은 상황에서 이루어지고 있는 사회통합 교육정책에 대한 문제점이 제시되고 있다.

독일은 사회통합의 일환으로 외국인의 노동시장으로의 진입을 용이하게 하기 위한 다양한 통합프로젝트를 운영하고 있고, 이를 위한 연방과 주 차원에서의 역할분담이 체계적으로 이루어지고 있다. 외국인들에게 직업의 기회를 증진하기 위하여 연방정부 차원에서 고용정책과 전문적인 직업교육을 연계하는 시스템을 운영하고 있으며, 취업과 관련된 지원 프로그램과 교육 및 재교육에 대한 재정적 지원이 이루어지고 있다. 또한 주 차원에서는 외국인들에게 노동시장에 대한 정보를 제공하고, 직업과 관련된 네트워크를 강화할 뿐만 아니라 노동청, 지방단체, 직업소개소, 고용센터 등과의 유기적인 협력을 통해 외국인에 대한 고용기회를 확대하기 위한 통합적인 시스템을 운영하고 있다.

이 밖에도 이민자의 직업 통합을 위한 독일 전역의 정보 및 상담 네트워크를 운영하고 있으며, 이민자들이 모국에서 획득한 직업과 관련 자격증의 인정을 위한 교육도 실시하고 있다. 또한 이민자를 위한 특별 고용프로그램(점프 플러스)이 운영되고 있으며, 이민자들의 취업을 지원하는 예산을 운영하고 있다. 다양한 고용지원 프로그램 외에 이민자 장기실업자들을 위한 일자리 제도를 실시하여 교육 및 고용과 관련 모든 사회영역에서 이민자들의 동등한 기회를 제공하여 독일사회로의 통합을 촉진할 수 있도록 하고 있다. 난민과 망명신청자를 위해서도 소득과 고용을 촉진할 수 있는 프로그램을 운영하고 있고, 유럽차원에서 지급되고 있는 유럽난민기금에 의한 난민지원을 통해 경제·사회적 통합을 적극적으로 추진하고 있다.

사회통합교육의 실행기관은 연방차원에서의 통합프로그램을 추진하는 데 중요한 역할을 수행하고 있는 '이민과 난민을 위한 연방청'과 실제적인 사회통합 정책을 추진하고 있는 주정부와 주정부의 이민상담소 운영, 독일어 과정 및 오리엔테이션 과정을 수행하는 통합교육담당기관, 그리고 이익집단, 교회 및 기타 지원단체가 주관하는 외국인 사회복지상담소와 난민상담소 등이다.

'이민과 난민을 위한 연방청'은 연방정부 차원에서 추진되는 이민자의 사회통합프로그램을 추진하는 주무부서로 연방내무부에 소속되어 있다. 독일정부는 이민자의 독일사회로의 통합을 촉진하고 외국인 정책을 독립적으로 담당하기 위한 전략으로 '이민과 난민을 위한 연방청'을 신설하여 사회통합교육과정을 총괄적으로 관할하게 하고 있다(Bundesamt fur Mifration umd Fluchtlinge, 2006). 이민정책을 포함한 외국인 정책과 관련된 업무는 내무부, 외무부, 노동부 등 여러 기관들에 분산되어 이들 여러 기관의 조정과 협력이 필요하였고, 연방정부, 주정부, 기초자치단체 등 각각의 행정단위와 연관되어 있어 체계적인 이주정책과 사회통합 정책을 수행하기 위해서는 이를 효과적으로 수행할 수 있는 기관이 필요하였다. 이러한 필요성을 바탕으로 독일정부는 연방 난민청을 '이민과 난민을 위한 연방청'으로 재편하고 외국인 정책과 관련되는 기관들 사이의 역할 관계를 재조정하였다.

또한 주정부는 다문화정책의 일환으로 문화권 상호 간의 소통 및 이해 증진을 위한 다양한 프로젝트와 프로그램을 운영하고 있다. 외국음식시식회, 각국 음악발표회, 미술전시회 등 다양한 프로그램을 통해 문화권 상호 간의 이해와 소통을 증진하고 지역사회의 참여를 적극적으로 도모하고 독일어 지원프로그램을 통하여 지역에 거주하고 있는 외국인 여성들을 대상으로 독일어 지원교육을 실시하고 있다.

독일어교육 외 외국인들을 독일인과의 실질적인 교류와 네트워크를 통한 지역사회의 일원으로서 독일인과 외국인 간의 '만남의 장소'를 제공하여 독일인과 외국인 간의 사회문화적 갈등을 최소화하고 상호 간 대화와 이해를 가능하게 하고 있다. 이 밖에도 독일에 거주하는 많은 외국인 2세들을 위하여 독일 전역에 '이주청소년 서비스'가 운영되고 있고, 이들 상담소 간, 지역 간 연계망을 구축하여 지역자원을 동원하고, 집단의 특성에 맞는 청소년 상담체계를 갖추고 있다.

사회통합과정에서 독일어 과정의 시행 주체는 사설어학원과 지역별로 분포된 약 2,393개의 시민대학에서 담당하고 있다. 사설 어학원은 연방정부의 지원을 받아 이민자를 위한 독일어 과정을 운영하고 있다.

4) 독일의 이주민 정책의 방향

이민자에 대한 사회통합 정책은 출산율의 급격한 하락에 따른 생산연령인구의 감소 혹은 경제활동인구의 고령화문제에 대한 인구통계적 문제를 해결하고자 하는 대응인 동시에, 지속가능한 발전을 위한 대안을 마련한다는 측면에서 전반적인 사회정책의 틀 속에서 추진하고 있다. 독일은 낮은 출산율과 고령화로 인한 인력부족을 해결하기 위하여 1차적으로 숙련된 전문기술 인력의 적극적인 유입과 활용에 정책적 우선순위를 두고 있다. 외국의 젊고 유능한 고급 전문인력의 유입확대를 통해 인력 수급을 원활히 함과 동시에 외국 인력이 국내 노동시장에 미치는 영향을 최소화하기 위해 외국 인력에 대한 수요를 적정수준에서 억제하는 것이 정책 시행에 있어 중요한 짐이라고 지적할 수 있다.

독일은 국제경쟁력 강화를 위한 외국 전문인력의 유입과 이들의 통합문제 외에 국내 일자리 창출에 기여할 외국인 고액투자가의 유치에도 적극적이다.

이렇듯 이민과 관련된 규제강화와 선택적 이민의 추진정책이 진행됨에 따라 합법적인 입국절차를 거치지 않고 비밀리에 혹은 이민알선단체라는 불법적인 경로를 통해 독일로 유입되는 불법 이민에 대하여는 강력한 조치를 취할 수 있도록 하였다. 불법적 이민과 관련 EU회원국 간 국경통제를 위한 협력과 제3국 정부와의 긴밀한 협조를 통해 이들의 귀환문제를 법적으로 제도화하고 있다. 이 밖에 인도주의적 차원에서의 망명 및 난민문제에 대해서는 유럽인권조약과 유럽공동체의 결정과 규칙에 근거한 통합적인 정책을 수행하고 있다. 독일의 이민자 사회통합은 독일의 경제·사회적 요구에 따라 이민의 규모와 형식을 규정하고, 정보통신·생명공학·의료 분야의 숙련된 이주노동자나 계절 계약에 의한 일시적 노동자들의 수용을 확대시키는 과정에서 이들의 독일사회로의 통합을 목적으로 하고 있다.

독일의 사회통합 정책이 독일사회가 제시하는 기준과 목적을 충족시킬 것을 일방적으로 요구하고 있다는 것이다. 다시 말해 독일에서 시행되고 있는 이민자들을 위한 사회통합 정책은 표면적으로는 이민자들의 다양한 문화와 차이를 인정한 정책임에도 불구하고 이민자들의 독일사회로의 통합정책에 중점을 두고 추진되고 있는 사회통합 정책은 이민으로 발생한 독일사회의 다양한 사회적 문제를 해결하려는 정치적인 해결방식에 무게를 두고 있다는 점에서 한계를 가지고 있다고 본다.

일관된 정책과 법적 정비에도 불구하고 이중적이고 양면적인 독일의 이주 정책은 '독일사회로의 통합'이라는 명목으로 배제와 분리를 병행하는 정책을 수행함으로써 독일사회의 이주와 관련된 문제점과 한계를 극복하는 데 충분하지 못한 것으로 평가할 수 있다. 그러나 다른 측면에서 보면, 독일로 유입되는 이민을 통제할 수 있는 강력한 조치를 마련하고, 합법적인 이민에 대한 효율적인 관리와 통제를 통해 이로부터 발생할 수 있는 여러 문제들에 대하여 사전에 준비하고 예방할 수 있도록 한 독일의 이민자 사회통합 정책은 선택된 이민자들을 제외한, 즉 독일이 제시하는 조건과 기준을 충족시키지 못하는, 혹은 그 기준을 충족시킬 수 없는 이주민은 여전히 배제시킨다는 점을 한계로 지적할 수 있다.

결국 독일의 이민정책은 효율성을 위한 배제의 딜레마를 해결하기에는 역부족이며, 현재 진행 중인 외국인 통합정책이 실효성을 얻기 위해서는 독일사회 전반의 인식의 전환이 선행되어야 할 것이다. 이 과정에서 이민자들을 사회적으로나 법적으로 더욱 차별받지 않도록 하기 위한 정책적인 배려와 이를 제도적으로 보장할 수 있는 법적 체계를 확보하는 문제, 즉 실제적인 정책과 제도 간의 괴리현상을 극복하기 위한 대안의 존재 여부에 대한 문제는 여전히 해결해야 할 과제로 남아 있다.

제2절 프랑스

1. 프랑스의 다문화정책

장미혜 외(2008)의 「다민족·다문화사회로의 이행을 위한 정책패러다임 구축(Ⅱ): 다문화역량 증진을 위한 정책·사회적 실천현황과 발전방향」에 제시되고 있는 프랑스 편을 참조하였다.

지난 2005년 프랑스는 무슬림 이민자들의 '소요'로 심한 몸살을 앓았다. 제5공화국 사상 처음으로 프랑스 본토에서 국가비상사태법을 선포해야 할 정도로 소요는 전국적 규모로 확대되었고, 소요 발생 12일 만에 차량 5,800여 대가 불타고 1,500여 명이 체포되었으며, 2명의 사망자가 발생하게 되었다. 이 소요사태를 계기로 프랑스에서는 기존의 이민정책은 물론 이민자들에 대한 동화정책과 사회통합 정책을 전면적으로 재검토해야 한다는 요구가 커졌다.

사실 이 소요사태의 이면에는 매우 복잡한 프랑스의 사회적 배경이 작용하고 있다. 18세기로 거슬러 올라가는 뿌리 깊은 이민의 역사를 가지고 있음에도 불구하고 프랑스의 무슬림 이민자들은 유럽계 이민자들과 달리 인종·문화·종교적 차이로 말미암아 프랑스 사회로 쉽게 통합되지 않았다. 무슬림 이민자 2, 3세대들에 의한 소요사태는 앞으로 여전히 재발의 여지가 많다. 그러므로 프랑스와 비슷한 상황에 처해 있는 유럽의 다른 국가들에도 이 문제는 '뜨거운 감자'가 아닐 수 없다. 15개국에서 25개국으로 유럽연합이 확대되면서 다양한 이민자 통합정책을 하나로 묶는 수렴현상이 나타나고 있는데, 프랑스의 경우도 2002년 이래 유럽연합의 이민자 통합정책이라는 큰 틀 속에서 자체 통합정책을 활성화시키는 방향으로 나아가고 있다. 그러므로 프랑스의 이민정책과 이민자 통합문제는 이민자에 대한 정책 수립에 여러 저항과 난점을 안고 있는 여타 유럽 국가 간 북미 국가들의 문제와 같은 맥락에 위치하고 있다고 볼 수 있다.

프랑스는 오랜 이민국가로서 2차 세계대전 이전에는 인근 후발 유럽국가들-벨기에, 이탈리아, 스페인, 폴란드-의 이민이 시작된 이래, 제2차 세계대전 이후에는 북아프리카로부터, 1990년부터는 동유럽으로부터 대량의 이민이 이루어져 왔다. 그 가운데서 특히 프랑스의 식민지인 알제리를 비롯해 마그레브(Maghreb: 알제리·튀니지·모로코를 포함하는 북아프리카 지역) 출신 무슬림들이 대거 프랑스에 유입되면서 프랑스혁명 이래 강조되어온 '하나의 공화국' 원리에 입각한 '장교분리원칙'이 심각한 도전을 받게 되었다.

2006년 기준으로 볼 때 프랑스는 730만 명의 외국인이 있는 독일에 이어 유럽에서 두 번째로 많은 외국인, 즉 전체 인구의 약 7%에 해당하는 430만 명의 이민자를 가진 나라이다. 그 가운데서 무슬림 이민자의 수가 약 400만 명을 차지하고 있는 현실에서 종교적·문화적으로 전혀 다른 무슬림 이민자들에 대한 통합정책의 성패 여부는 앞으로의 국가발전에 있어서 중요한 요인으로 작용할 수 있다.

1) 프랑스의 이주실태

　프랑스 사회에서 '이민(immigration)'은 매우 오랜 역사를 가지고 있다. 이미 18세기와 19세기에 출산율 저하로 노동력 부족 현상을 겪었던 프랑스는 국가 주도 아래 외국인 노동자들을 받아들이고, 속지주의와 속인주의를 결합한 독특한 국적법으로 이민자들을 유인하고자 노력하였다. 프랑스에서 '이민자'는 외국에서 태어나 프랑스에 입국한 자로서 국적을 취득하지 않은 자를 일컫는다. 이민의 형태도 취업, 유학, 난민, 망명, 경제적·개인적 동기에 따라 매우 다양한 편이다. 2004년도 기준 유럽연합 회원국의 이민자 수는 전체 인구의 약 5.5%에 해당하는 2천5백만 명에 이르렀다. <표 3-4>에서 볼 수 있듯이 제1차 세계대전 이후, 그리고 1960~1974년에 대량 이민국이었던 프랑스는 더 이상 대량 이민국이 아니다. 1년에 65,000명 정도인 이민자는 인구성장률에 있어서 1/4에서 1/5에 불과하다. 연간 13,000명의 불법 이민자들을 추가한다 해도 이 수준은 이민자가 프랑스 인구성장률의 40%를 차지했던 30년 전과 비교해 볼 때 주변국인 독일이나 남유럽보다 낮아진 수치이다. 현재 대부분의 이민은 아프리카와 아시아의 옛 식민지나라에서 온 정규이민의 대부분을 차지하고 있다. 따라서 프랑스의 이민자들은 크게 제2차 세계대전 이전의 유럽계 이민자와 1970년 이후의 무슬림 이민자 집단으로 구분할 수 있다.

국가	내국인 수	이민자 수	대표적 이민 송출국가
독일	75,190,000	7,342,000(8.9%)	터키
스페인	39,426,000	2,772,000(6.6%)	에콰도르
프랑스	55,258,000	3,263,000(5.6%)	마그레브
그리스	10,149,000	891,000(8.1%)	알바니아
이탈리아	55,898,000	1,990,000(3.4%)	알바니아
네덜란드	15,556,000	702,000(4.3%)	터키
폴란드	37,530,000	700,000(1.8%)	독일
포르투갈	10,169,000	239,000(2.3%)	세네갈(캅베르)
영국	55,636,000	2,760,000(4.7%)	아일랜드
체코	10,016,000	195,000(1.9%)	우크라이나

출처: Eurostat. 2006(mars). Note statistiques sur les populations non nationales dans les Etats membred 1'Union europeenne.

제1차 세계대전이 끝나고 심각한 노동력 부족에 허덕이던 프랑스 정부는 대규모의 이민노동자를 유치하기 위해 노력하였다. 국경을 맞대고 있는 인접 유럽 국가들과의 협약을 통해 다양한 이민자들을 유치하면서 이 시기 프랑스로 유입된 이민자 수는 미국에 이어 세계 2위를, 전체 인구 대비 이민노동자 비율로는 세계 1위를 기록하였다. 하지만 1930년대의 세계경제공황으로 잠시 주춤하던 이민율은 제2차 세계대전이 끝난 1945년을 기점으로 점차 증가해 1973년에는 정점에 달하였다. 이 시기에는 특히 기업주들의 요구에 따라 이민노동자들에게 국적을 부여하는 이민장려책이 대규모로 실시되었다. 하지만 제4차 중동전쟁으로 야기된 1973~1974년과 1978~1980년 석유 파동으로 성장세 감소와 세계경제 위기가 심화되자 프랑스의 실업률이 높아져 갔고, 반외국인 정서도 팽배해졌다.

1980년대 이래 '이민자 통합'은 중요한 사회적 이슈로 부각되었고 이민자 통합을 위한 정책적 노력이 적극적으로 취해지기 시작하였다. 2002년 이주민의 사회통합프로그램의 일종인 '유입통합계약(Contrats d'accueil et d'integration: CAI)'이 실시되면서 2003～2005년 사이에 112,000명의 외국인이 유입통합계약에 서명하였다. 서명비율은 국적에 따라 조금씩 다르지만 87～97%에 이르렀다. 2005년 '유입통합계약'의 서명자 수는 66,450명으로 그중 5,297명이 서명을 거부하였다. 서명자들의 다수가 아프리카 대륙(60% 이상), 마그레브(44%) 출신들이었으며, 56%의 서명자들이 프랑스인의 가족구성원들이었다(2004년에는 60% 차지). 서명자들의 70%는 프랑스어를 정확하게 구사했으며, 언어능력증명서를 취득하였다. 한편 2005년 프랑스 국적취득자들은 154,827명으로 2004년의 168,826명에 비해 8% 감소하였다. 이러한 변화는 주로 결혼을 이유로 국적을 취득한 외국인들이 37% 이상 감소한 데 기인한다. 2005년에 155,000명이 프랑스 국민이 되었는데, 국적취득자의 2/3가 아프리카대륙 출신이었고 마그레브 출신도 52%를 차지하였다. 그 결과 1995～2005년에 1,300,000명의 외국인이 프랑스 국적을 취득하였다.

2) 프랑스의 이주민 관련 정책의 일반적 현황

1974년에 선출된 지스카르 데스탱(Giscard' Esting) 대통령은 사회적으로 확산되는 반외국인 정서로 야기되는 사회문제를 해결하기 위해 엄격한 규제 대신, 합법 이민자들에게는 그들의 사회적 지위를 개선시켜 줌으로써 프랑스 사회에 통합시키는 정책을 취하였다. 지스카르 데스탱 대통령은 '이민노동자 사무국'을 신설하고, 이민자들의 사회·직업적 적응, 체류증 및 노동허가증에 의한 법적인 사회통합, 사회·경제적 권리의 평등을 담당토록 하였다. 뿐만 아니라 1975년 7월 11일 법을 통해 사회보험과 실업보상, 프랑스에서 5년간 체류한 외국인의 경우 노조의 집행부에 참여할 수 있게 되었다.

또한 1976년 4월 29일 시행령에 의해 '가족재결합'[2] 권리를 인정함으로써 기존의 이민자들이 가족과 합류할 수 있도록 지원해 주었다. 그동안 주로 독신으로 프랑스에 정착해 있던 마그레브 출신 이민자들은 가족재결합 차원에서 자신의 가족들을 프랑스로 불러들일 수 있게 되었다. 이에 따라 기존의 마그레브 출신 이민자들은 체류 기간이 연장되었을 뿐만 아니라 가족 구성이 독신에서 서서히 가정을 이루는 형태로 변화되었다. 이러한 통합정책의 방향은 기존의 '차별적 구조'를 벗어나 평등을 지향하는 것이었다. 하지만 1977년 4월 이민자들이 출신국가로 돌아가기를 원하는 경우, 1만 프랑의 보조금을 주는 정책을 채택함으로써 마그레브 출신 이민자들의 강제 귀국을 보조하는 것이라는 비판을 받게 되었다. 이 권위적인 정책은 '공공질서를 불안하게 하는 외국인'을 추방하고, 노동허가증과 체류증을 갱신하지 못하도록 함으로써, 이민자를 강제 귀국시킬 수 있도록 규정된 1980년 1월 10일 '본네 법(loi Bonnet)'에 의해 지속되었다. 비록 '민족 또는 인종을 표시하는 데이터 수집을 금지'하는 1978년 법에 따라 차별의 주요 대상이 되는 귀화자나 이민 2세에 대한 인종·민족적 정보와 통계수치를 금지했지만 말이다. 이같이 1970년대에 합법적 체류자로 비(非)무슬림 이민자들만을 프랑스 사회에 통합시키는 것을 목표로 한 듯한 인상을 풍기는 차별적인 이민정책은 좌파의 반대에 강하

---

2) 장기체류허가를 받은 이민노동자가 자기 가족을 프랑스로 부를 수 있도록 하는 규정.

게 부딪혔다(박단, 2006).

1981년 대통령 선거에서 사회당 후보인 프랑수아 미테랑(Francois Mitterrand)이 당선되면서 그동안 진행되어 왔던 차별적 이민정책에 변화가 일어나게 된다. 이러한 변화를 이끌어낸 것은 1980년대 초에 '이민자 통합'이 공적 담론의 주요 이슈로 떠올랐기 때문으로도 볼 수 있다. 우선 1981~1983년 좌파연합정부는 대선 공약대로 이민자에게 유리한 조치들을 시행하였다. 1981년 5월 말부터 체류증 없는 불법체류 외국인들에게 대규모 사면조치를 취했고, 1981년 10월 9일의 법으로 이민자의 생계를 향상시켰다. 그렇지만 1980년대 중반 이래 경제문제의 악화로 민족전선의 약진은 좌·우파에 관계없이 불법이민을 용납하지 않는 분위기를 증폭시켰고 그것은 이민자 통합을 더욱 어렵게 만들었다. 한편 1988년 프랑수아 미테랑 대통령이 재선되면서 사회당 정부는 1989년 12월 19일 시행령으로 1990년 '고위통합위원회(Hant Conseil a l'Integration:HCI)'를 신설하였다. 특히 무슬림 이민자 문제가 점차 정치적 쟁점이 되면서 이 위원회는 이민에 대하여 여러 가지 정책 제안을 할 목적으로 설립된 것이다. 이 위원회는 통합의 목적에 대해 "통합은 모든 사회분야에서 모든 사람이 활발히 참여할 수 있도록 해야 한다. 사회결속이 보장되도록 문화적 특수성이 여전히 지속될 수 있다는 것이 진정으로 받아들여져야 한다"라고 정의 내렸다. 사실 이러한 정의는 다문화주의보다는 '새로운 얼굴의 동화주의'를 정당화한 것으로 볼 수 있다. 이것 역시 '공화국 통합모델'을 다르게 해석할 여지를 남겨 놓았다는 점에서 궁극적인 해결책이 되지 못하였다.

이러한 입장은 1990년대에 들어와서 무슬림 이민자들과의 갈등 그리고 차별 현상이 가속화됨으로써 더욱 강화되었다. 프랑스 정부는 무슬림 이민자에 대한 지속적인 사회통합을 위해 차별에 대한 투쟁을 우선순위로 둘 수밖에 없었다. 1997년 사회당 정권이 다시 정권을 차지함으로써 좌파정권은 '차별에 맞선 투쟁'을 구호로 하는 통합정책을 펴기 시작하였다. 그런데 여기서 강조되어야 할 점은 이민정책에 있어 그 무게중심이 이민자 '통합'에서 이민자에 대한 '반(反)차별' 정책으로 넘어갔다는 것이다. 이것은 문제의 책임소재가 이민자에게서 이민자를 받아들이는 사회 혹은 국가로 옮겨갔다는 것을 의미한다. 즉, 그동안의 프랑스 정책은 통합이 되고 안 되고는 전적으로 개인에게 책임이 있으며, 이민자가 통합에 실패할 경우에 이들을 받아들인 사회는 거의 책임이 없음을 보여 주었다. 그러나 이 새로운 패러다임, 즉 '반(反)차별' 정책을 취하게 되면, 이는 프랑스의 제도와 개인이 이민자의 상황에 책임을 가지게 되는 것이었다. 얼핏 보기에 다문화주의에 가까운 '영국식 모델'이 사회당 정부에 의해 긍정적으로 받아들여짐으로써 이러한 경향이 지속되는 것처럼 보였지만, 이러한 정책은 근본적인 한계를 가질 수밖에 없었다.

2002년 장 피에르 라파랭(Jean Pierre Raffarin) 총리와 프랑수아 피용(Francois Fillon) 사회업무부 장관은 새로운 이민자들의 사회통합프로그램의 일종인 '유입통합계약(Contrats d'accueil et d'integration:CAI)'을 제시하였다. 공화주의에 입각한 이 '유입통합계약'은 1998년에 네덜란드가 프랑스식 통합모델을 본떠 실시한 형식을 다시 차용한 것으로 이민자의 권리와 의무를 강조하고 공화국 원리에 대해 설명하는 것이었다. 이 프로그램의 목적은 프랑스 공화국의 정체성 강화와 합법적 이민의 정비를 위한 사회통합을 실현하는 것으로, 프랑스 내

장기체류를 희망하는 외국인에게 능숙한 프랑스어 사용과 프랑스 공화국의 원칙에 대한 이해를 요건으로 제시하였다. 따라서 이 '유입통합계약'을 통해 합법적 외국인으로서의 위치를 보장받으려면 '자발적으로' 최대 500시간의 프랑스어 강좌를 듣고, 한나절의 시민교육과 사회·직업적 지원에 대한 통합교육을 받아야 한다고 규정하였다(Christian Joppke, 2006).

2003년 4월 10일 '부처간통합위원회'는 국가가 일부 부담금을 제공하는 '유입통합계약'을 시행하기로 결정했으며, 프랑스어 교육 및 시민 교육, 개인차를 고려한 사회적 지원, 프랑스 생활교육, 고용지원 등을 통해 새 이민자는 공화국의 가치와 제도들을 습득하도록 유도하였다. '입국통합계약'의 목적은 프랑스와 프랑스에 영구적으로 정착하려는 사람들 사이에 "신뢰와 상호의무관계"를 세우는 것으로, 모든 계약과 마찬가지로 1년씩 계약을 맺고 1년마다 갱신할 수 있다.

'유입통합계약'의 시행은 합법적 외국인들의 수용과 관련해 '유입통합계약'에 법적 토대를 제공한 2005년 1월 18일 '사회통합프로그램법(loi de Programmation pour la Cohesion Sociale)'에 의거해 설립된 '국립외국인유입이민청(Agence Nationale d'Accueil des Etrangers et des Migrations:ANAME)'에 위탁되었다. 2005년 4월부터 '국립외국인유입이민청'은 '유입통합계약'을 총괄 시행하고, '통합 및 차별반대투쟁을 지지하는 사회행동기금(Fonds d'action socile et de soutien pour l'intgration et la lutte contre les discrimination: FASILD)'이 언어 및 시민교육, 프랑스에서의 생활 소개 및 안내 등 사회통합에 대한 전반적인 활동에 책임을 졌다. '유입통합계약'은 2003년 7월 1일부터 매해 프랑스에 정착하기를 원하는 100,000명의 새 이민자들이 계약에 서명할 수 있도록 제안되었다.

이러한 시도에도 불구하고 2003년에 또다시 '히잡사건'이 발생하자 프랑스는 그해 '종교적 상징물 착용 금지법'을 통과시켜 공공장소에서 히잡 착용을 금지하였다. 게다가 자발성을 강조하던 통합교육이 '강제성'을 띠는 의무화 방향으로 나아가게 되는데, 그 계기를 마련한 것이 2003년 11월 당시 니콜라 사르코지(Nicolas Sarkozy) 내무부 장관이 제출했던 '사르코지 법(loi Sarkozy)'이었다. 이 법은 "프랑스 공화국을 구성하는 프랑스어와 공화국 원리들에 대한 지식"을 습득하도록 규정함으로써 공화주의 정신을 재차 강조하였다. 그러나 2005년 프랑스의 '소요' 때 불거진 무슬림 이민자 2세들의 대규모 폭동은 프랑스의 동화를 통한 통합과 차별금지정책의 한계를 여실히 드러낸 것으로 파악할 수 있다.

이 소요사태를 계기로 2006년 5월 25일 당시 내무부 장관이었던 니콜라 사르코지는 다시 '이민통합법안(Projet de loi relatif a l'immigration et a l'integration)'을 의회에 제출했으며, 마침내 하원과 상원을 통과해 확정되었다. 소위 '외국인 이민동화법'으로 불리는 이 법안은 프랑스 정부의 외국인정책에 대한 기본방향을 보여 주고 있다. 다음 <표 3-5>의 구체적 내용에서 볼 수 있듯이 첫째는 프랑스의 외국이민 수용능력 및 경제적 필요성을 감안한 선택적 이민 허용이고, 둘째는 사회통합차원에서 그동안 문제가 제기되었던 외국이민자의 프랑스 사회로의 성공적인 동화이다. 이 법은 이러한 정책의 이행을 위한 새로운 법제도적 장치를 정비한 것으로 평가되고 있으며, 국익에 도움이 되고 필요한 인력은 적극적으로 유치하고 프랑스 사회로의 융화정책을 펼치면서, 불법노동력의 유입은 철저히 통제하고 검증작업을 벌이겠다는 정책적 의지의 표현으로 볼 수 있다.

이와 같이 체계적이고 지속적인 이민자정책의 수립 및 이행·감독을 위해 2005년 5월 26일자 총리령으로 설치된 '정부합동이민감독위원회'에서 총리 주재 관련부처 장관회의를 정기적으로 개최하고 동 위원회에서 외국인 이민정책 연례보고서를 매년 작성하여 국회에 제출하였다. 이 연례보고서에는 불법이민 및 불법노동 적발 건수 통계와 함께 향후 수년간에 걸친 외국인 이민정책의 방향을 제시하고 있다. 특히 불법이민자를 색출하기 위해 이미 1996년에 총리령으로 불법이민 및 외국인 불법노동 억제와 관련 경찰청, 노동부, 관세청이 망라된 정부합동 중앙수사국을 설치해 운영해 오고 있다.

〈표 3–5〉 2006년 프랑스의 이민통합법안 내용

가. 외국국적 동포에 대한 출입국 취업 혜택. 이중국적 허용 또는 영주자격 부여 여부
* 프랑스 국적법은 원칙적으로 이중국적을 허용하고 있으므로 외국국적 동포에게 출입국 및 취업에 있어 내국인과 동등한 권리 부여(프랑스 민법 제22조)
나. 결혼 이민자, 외국인 여성에 대한 보호 및 정착 지원
* 국제결혼자의 프랑스 정착 및 동화를 위해, 별도의 노동허가 취득 절차 없이 프랑스 국적자의 배우자에게 발급되는 체류증만으로 노동 및 취업 허용 - 또한 외국인 배우자로서 3년이 경과하면 영주권을 부여하고 4년이 경과(국내거주의 경우)하면 프랑스 국적 취득 가능 - 동 영주권 및 국적취득 관련, 개정된 '외국인 이민동화법'은 프랑스 공민교육 및 언어교육 이수증명서의 제출을 의무화해 결혼이민자들의 프랑스 사회로의 동화를 적극 유도 * 취업지원 정책으로 '국립고용안전공단' 구직자 명단에 기재를 요청하고, 관할 도청 '노동고용직업훈련국에 항구적인 근로자로서 등록해 직업훈련 과정에 참여할 수 있는 자격 부여 * 기타 정착지원으로 지방자치단체별로 결혼이민자, 외국인 여성을 위한 프랑스어 교육, 프랑스 문화이해 등 다양한 강좌를 운영
다. 난민 인정자에 대한 실질적 지원정책
* 프랑스 정부의 난민심사는 '난민·무국적자 보호국'에서 이루어지며, 난민신청자의 경우에도 임시체류증이 발급되어 의료, 교육, 보조금 등 기초생활을 보장 - 난민자격이 인정되면, 난민 인정자 본인, 배우자, 미성년 자녀에게 장기체류증이 발급되어 선거권을 제외하고는 내국인과 거의 동일한 권리를 행사

라. 외국인 근로자

* 외국 우수인력 및 숙련기능인력 유치를 위한 정책
* 상기 '외국인 이민동화법'의 내용을 보면, 유효기간 3년의 체류증 범주를 신설해, 프랑스 경제에 필요한 IT기술 인력을 포함한 고급과학기술 인력, 예술인 및 특수 분야 종사자에게 적용되는 장기체류허가 제도를 운용
* 월수입이 5천 유로 이상인 간부사원 및 그 가족들에게는 비자 및 체류증 취득을 위한 창구를 '국립외국인유입이민청(ANAEM)'으로 일원화해, 비자 및 체류증 취득절차를 간소화하고 소요기간을 단축
- 동 간부사원의 배우자도 별도의 노동허가 없이 간단한 체류자격 변경절차를 통해 취업이 가능
* 단순 기능인력 취업 허가제도
* 농업, 농산물 가공업, 관광업, 제조업, 의약업 등 제한된 업종에 한해, 외국인 단순 노무인력의 국내 노동시장 유입을 제한적으로 허용하는 계절근로자(travailleur saisonnier)제도를 운용하고 있으며, 이 경우 계약기간이 6개월 초과 불가
- 2004년 동 제도를 통해 15,743명 단순 노무인력 유입
* 임시근로자(travailleur tempoaire)제도는 기존의 일반체류증 소지자(학생 및 동반 체류자격)에게 임시노동허가증을 취득하게 해 연수, 연구, 예술, 외국 모기업의 프랑스 자회사에 일시적으로 근무할 수 있게 하는 제도
- 2004년, 9,950명의 노동력 유입

마. 불법 체류자 인권보호

* 불법 체류 외국인 자녀에 대한 처우(교육, 의료혜택 등)
* 프랑스 사회보장법상 비유럽연합회원국 국민의 경우 체류증 소지자에게만 사회보장제도에의 가입을 허용하고 있어, 불법 체류자는 가입을 할 수 없으나, 국가의료지원제도 혜택을 통해 기초의료지원 수혜 가능
- 불법 체류 외국인의 자녀는 사회보장가입 시 체류증 제출 의무 없음
- 프랑스의 의무교육 연령은 만 16세이며 초·중·고등학교 입학의 경우 비자 및 체류증 제출 의무가 없어 불법체류자의 자녀에게도 동등한 교육 기회 제공

또한 2006년 프랑스는 외국인 이민관리와 이민자 통합정책을 총괄하는 '국립외국인유입이민청'을 신설해 운영하고 있으며 같은 해 7월 24일 '외국인이민동화법'을 개정한 '이민통합법'은 사회통합프로그램의 일환인 언어 및 시민교육을 자발적 선택이 아닌 의무로 규정하였다. 마침내 2007년 5월 6일 '외국인이민동화법'을 제출했던 전 내무부 장관이자 대중운동연합의 당수였던 사르코지 후보가 대통령에 당선되었다. 프랑스의 새 대통령은 '선택적 이민정책'에 대한 강력한 의지를

재차 밝히면서 자신의 공약대로 새로이 '이민·통합·국가정체성·공동발전부'를 신설하였다.

이 '이민·통합·국가정체성·공동발전부'는 2007년 5월 16일 사르코지 대통령 당선 이틀 후인 5월 18일 법령에 의거해 6월 1일 신설되었으며, 초대 장관에는 브리스 오르트푀(Brice Hortefeux)가 임명되었다. 그 이전까지 외국인 관련 업무는 다음의 4개 부서에 분산되어 있었다. 즉, 난민문제는 비자발급을 맡고 있는 내무부 산하의 '만민무국적자보호국(Office francais des refugies et apatrides)', 이민자 유입과 국제문제는 노동·사회연대부 산하의 '인구이민국(Direction des populations et des migrations)', 체류자격문제는 내무부 산하의 '공적자유국(Direction des libertes publiques)', 외국인가의 결혼문제는 '법무부 중앙행정처(Chancellerie)' 관할에 속해 있었다. 그러나 '이민·통합·국가정체성·공동발전부'의 신설로 4개 부에 분산되어 있던 업무들이 단일화되면서 이민의 흐름을 억제하고, 통합을 촉진하며, 프랑스의 정체성을 확립하고, 공동발전을 장려한다는 4대 목표를 기치로 내세워 적극적 통합정책을 펼치고 있다. 또 2007년 5월 31일 '이민·통합·국가정체성·공동발전부'의 권한에 관한 법에 따라 이민부장관은 내무부·외무부·노동부와의 긴밀한 협력 아래 '부처 간 이민관리위원회'의 사무총장에 대해 권한을 가지며, '전국이민자통합심의회'와 '부처 간 이민자주거위원회'를 주재하도록 되어 있다. 그럼에도 출범한 지 겨우 6개월밖에 되지 않은 탓에 '이민·통합·국가정체성·공동발전부'의 조직은 아직 체계적으로 정비되지 않은 상태로 남아 있다.

3) 프랑스 사회통합 정책

유럽의 다른 나라인, 독일, 덴마크, 네덜란드의 경우 사회통합교육
의 효율성을 위해 의무제, 우대조치, 처벌 등의 조치를 취하고 있는
데, 규정된 의무를 따르지 않을 경우 사회수당을 줄이거나 벌금을 부
과하고 있다. 다시 말해 통합교육을 이수하고 통합시험에 합격해야만
영주권을 부여하고 있는 것이다. 프랑스도 2003년부터 통합조건으로
영주권을 발부하고 있다. 프랑스에서 이민자들을 위한 언어교육은
200~400시간으로 규정하고 있는데, 이러한 시간은 2,000시간을 할애
하고 있는 캐나다와 덴마크, 혹인, 적어도 600시간 정도로 정해져 있
는 유럽연합국가 가운데서도 평균 이하에 속한다. 시민교육시간의 경
우도 24시간인 프랑스보다 독일이 30시간으로 훨씬 길다. 또 프랑스
의 경우 시민교육 참가비를 받고 있지 않는 반면, 독일은 시간당 1유
로의 참가비를 받고 있다.

'국립외국인유입이민청'에 의한 사회통합프로그램에 의해 신규입
국 외국인은 프랑스 입국 후 통상 약 3주 내에 유입플랫폼으로 소환
되어 반나절간 교육 및 프랑스어 테스트를 받아야 한다. 만약 교육
및 프랑스어 테스트에 불합격한 외국인의 경우 언어교육의 수강료는
전액 무료로 제공되었으나, 사회통합프로그램 불참자에 대해서는 체
류허가 최초 갱신 불허, 10년 장기체류허가가 발급 거부라는 제재조치
가 취해졌다. 또 '국립외국인유입이민청'은 2007년 1월 1일부터 '유입
통합계약'의 범주 안에서 여러 교육에 대한 조사와 교육들에 제공되
는 부담금을 관리하고, 재정지원을 하고 있다.

이후 시민교육은 '유입통합계약'에 서명한 모든 사람들에게 의무

적이지만 무료로 제공되었으며, 원칙적으로 도청이나 가까운 지역에서 하루 동안 진행된다. 프랑스어 소통에 어려움이 있거나 불가능한 경우 통역사의 참여가 가능하다. 특히 하루 동안에 진행된 시민교육에서는 이민자들에게 '프랑스에서 함께 살기(Vivre ensemble en France)'라는 16분짜리 필름을 보여 주고, 프랑스의 여러 제도와 양성평등, 정·교 분리원칙, 인권, 인간의 존엄성 등과 같은 공화국의 가치들과 국가와 지역공동체들의 조직 및 기능에 대한 정보를 제공해 주었다. 또 프랑스에서 일상생활에 대한 정보교육은 1시간 내지 6시간가량 진행된다(<그림 3-1> 참조).

프랑스어 교육은 '국립외국인유입이민청'의 직원이 개인면담을 통해 프랑스어로 일반지식에 대한 구술 및 필기테스트를 하면서 외국인의 프랑스어 지식수준을 평가한다. 만약 이민자의 프랑스어 구사능력이 충분하다면 '언어교육면제증명서(Attestation de Dispense de Formation Linguistuque:AMDFL)'를 발급하고 이민자의 프랑스어 구사능력이 충분하지 않다면 최대 400시간의 언어교육을 의무적으로 받아야 한다. 언어교육차원에서 이민자의 프랑스어 구사능력은 '프랑스어기초자격증(DILF)'을 획득함으로써 그 법적 유효성을 인정받는다. 언어교육은 도의 여러 코뮌들에게 무료로 이루어지고, 교육시간과 진도는 강좌를 담당하는 전문가들에 의해 결정된다.

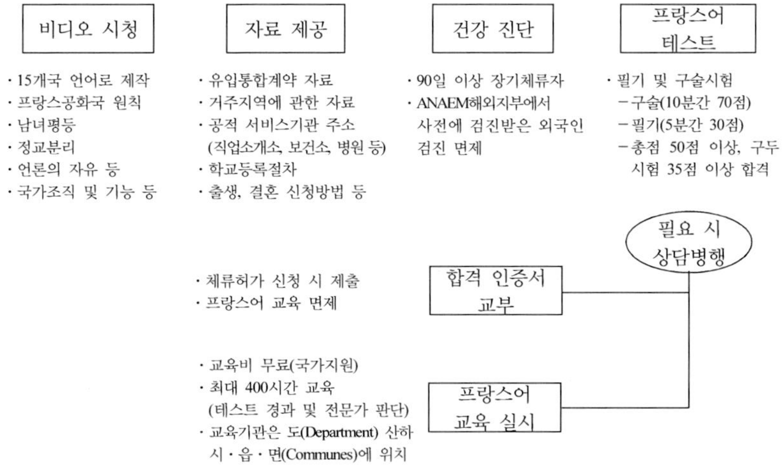

비디오 시청	자료 제공	건강 진단	프랑스어 테스트
·15개국 언어로 제작 ·프랑스공화국 원칙 ·남녀평등 ·정교분리 ·언론의 자유 등 ·국가조직 및 기능 등	·유입통합계약 자료 ·거주지역에 관한 자료 ·공적 서비스기관 주소 (직업소개소, 보건소, 병원 등) ·학교등록절차 ·출생, 결혼 신청방법 등	·90일 이상 장기체류자 ·ANAEM해외지부에서 사전에 검진받은 외국인 검진 면제	·필기 및 구술시험 -구술(10분간 70점) -필기(5분간 30점) -총점 50점 이상, 구두 시험 35점 이상 합격

·체류허가 신청 시 제출
·프랑스어 교육 면제

합격 인증서 교부

필요 시 상담병행

·교육비 무료(국가지원)
·최대 400시간 교육
 (테스트 경과 및 전문가 판단)
·교육기관은 도(Department) 산하
 시·읍·면(Communes)에 위치

프랑스어 교육 실시

〈그림 3-1〉 사회통합프로그램 시행절차

〈표 3-6〉 프랑스식 구술테스트 내용

시험	시험시간(분)	합격점수
구술이해 - 공고(公告) 이해하기 - 간단한 고지(告知) 이해하기 - 간단한 통지서 이해하기 **구술설명** - 제기된 질문 이해하기 - 생년월일, 가격 등을 제시하기 - 필요한 것을 설명하기 또는 약속 정하기 - 건강상태 설명하기	10	35/70

〈표 3-7〉 프랑스식 필기테스트 내용

시험	시험시간(분)	합격점수
문서이해 - 신원 확인하기 - 간단한 고지 이해하기 - 기초정보 이해하기 - 수치정보 이해하기 - 간단한 문건의 기능 인식하기	10	15/30

| 문서작성
- 주소, 전화번호 쓰기, 베껴 쓰기
- 번호, 가격, 날짜 적기
- 양식 채우기, 간단한 메시지 남기기 | 10 | 15/30 |

출처: Journal Officiel de la Repubique Francaise, 2007.

프랑스어 지식 구술 및 필기테스트와 관련해 외국인이 프랑스어로 말하고, 쓸 수 있는 지식수준은 '국립외국인유입이민청'이 주관하는 개인면담을 통한 테스트에 기반을 두고 있다. 이 테스트의 목적은 일상생활을 하는 데 있어서 프랑스어로 얼마나 잘 표현하고 이해할 수 있는지를 구술 및 필기능력을 평가하는 것이다. 위의 <표 3-6>, <표 3-7>에서 볼 수 있듯이 구술 및 필기테스트 시간은 총 20분, 총 합격점수는 50/100, 구술테스트의 합격점수는 35/70점이고 필기테스트의 합격점수는 15/30점이다. 그러나 유럽연합이 정한 언어평가지표(A1, A2, B1, B2, C1, C2)에 따르면 프랑스는 A2, 즉 미흡한 상태에 놓여 있는 것으로 평가받았다(Mariani, 2006). 2007년 초 프랑스에 입국한 이민자들 가운데 27%에 해당하는 25,000명이 프랑스어 소통에 어려움을 겪는 것으로 나타났다. 따라서 프랑스어 교육의 강화는 여전히 해결해야 할 숙제로 남았다고 볼 수 있다.

4) 프랑스의 이주정책의 방향

2007년 10월 23일 프랑스 하원은 오르트푀(Brice Hortefeux) '이민·통합·국민정체성·상호발전부' 장관이 발의한 새 이민통합법안을 통과시켰다. 이 법안은 향후 가족, 친척과 합류하기 위해 이민을 신청한 외국인의 혈연관계를 검증하기 위한 DNA검사를 실시하겠다는 내용을 골자로 하고 있다. 이에 사회당, 공산당, 녹색당 등 좌파정당은 새 법안의 내용이 나치정권과 비시정부에서 이미 시행했었던 정책과 다를 바 없다는 점을 내세워 반대하였다. 그럼에도 집권정당인 대중운동연합을 중심으로 하는 하원은 외국인들의 가족재결합조건을 더욱 강화시키려는 새 이민법안에 찬성 282표, 반대 235표를 던져서 가결했으며, 상원도 찬성 185표, 반대 136표로 이를 승인하였다. 이에 대해 현 프랑스 정부의 이민정책에 반대하는 인권단체, 이민자보호단체, 노조 등이 귀화신청자에 대한 DNA 검사 계획을 백지화할 것을 요구하는 시위를 벌이고 있는 중이다. 이 새 이민통합법은 11월 20일 법으로 마침내 확정되었다.

1970년대 이후 지속적으로 시행되어온 프랑스의 이민자 통합정책은 2007년 현재 500만 명의 합법이민자들을 대상으로 시행되고 있으며, 그중 외국에서 출생한 200만 명의 이민자들이 프랑스 국적을 취득하였다. 그러나 전체적으로 볼 때 2005년 이래 합법적 이민자의 수도 점차 감소 추세에 있지만, 불법이민자들의 수도 2006년 9월에서 2007년 9월 사이에 4%에 해당하는 175,000명에서 168,000명으로 감소하고 있음을 알 수 있다. 이러한 현상은 2003년 이래 시행되어온 '동화주의'에 입각한 사회통합 정책, 즉 한편으로는 '반(反)차별' 정책, 또 한편으로는 '유입통합계약'이라는 두 얼굴의 정책이 서서히 결실을 거두고 있음을 나타내는 징표로 간주할 수 있다.

 제3절 스웨덴

1. 스웨덴의 다문화 정책

장미혜 외(2008)의 「다민족·다문화사회로의 이행을 위한 정책패러다임 구축(Ⅱ): 다문화역량 증진을 위한 정책·사회적 실천현황과 발전방향」에 제시되고 있는 스웨덴 편을 참조하였다.

스웨덴 사회는 1990년대에 이주 노동자의 실업률이 높고 사회복지체계 의존율이 높은 문제를 해결하려고 노력하였다. 1990년대에 도입된 다양한 정책은 뚜렷한 성과를 보이지 못했다. 정부는 결국 2001년에 이주노동자문제에 대한 위원회를 설치하였다. 2003년에는 구조적 차별과 관계된 통합문제를 연구하는 새로운 위원회를 설치하여 활동하고 있다.

1) 스웨덴의 이주 실태

〈표 3-8〉 연도별 스웨덴으로 유입된 추이

(단위: 천 명)

구분	1995년	2000년	2004년
덴마크	1.8	2.0	3.8
이라크	2.3	6.6	2.8
핀란드	2.8	3.6	2.8

노르웨이	1.7	2.9	2.6
폴란드	0.9	0.6	2.5
태국	0.6	-	2.1
독일	0.8	-	1.8
중국	0.5	-	1.5
이란	1.1	1.1	1.5
러시아	1.0	-	1.3
영국	0.8	1.3	1.2
터키	1.1	0.7	1.1
소말리아	0.5	0.6	1.1
아프가니스탄	0.2	-	1.0
미국	1.1	1.1	0.9
기타	18.9	22.1	19.6
전체	36.1	42.6	47.6

출처: OECD(2006).

1950년대와 1960대에 진행된 스웨덴으로의 이주는 대부분 이웃국가들인 북유럽국가(노르웨이, 덴마크, 핀란드, 아이슬란드)로부터 이루어져 왔고, 1970년에는 주로 정치적 이유로 인한 피란민의 유입과 비유럽국가(남미와 중동)에 가족재결합이 많은 비중을 차지하였다. 1990년대에는 유고슬라비아로부터 수천 명의 난민이 스웨덴으로 유입된 바 있다.

2) 스웨덴의 이주관련 정책의 일반적 현황

스웨덴의 이주노동의 역사는 크게 보아 네 시기로 구분된다. 첫째는 1938년부터 1948년으로 이웃 북유럽국가로부터의 정치적 이민이 있었던 시기이고, 둘째는 1949년부터 1971년으로 핀란드와 남부유럽으로부터 노동이민이 일어났던 시기이고, 셋째는 1972년부터 1989년으로 개발도상국가로부터 가족 재결합 및 정치적 이민이 이루어졌던 시기이며, 넷째는 1990년부터 현재까지 남동유럽 및 동유럽으로부터 피란민과 유럽인들의 사회이동이 일어난 시기이다. 스웨덴의 사회통합 정책도 이주노동의 역사와 밀접히 관련되어 이루어져 왔다.

1950년대와 1960년대에 스웨덴에는 이주노동자에 대한 공식적인 정책이 없었다. 스웨덴과 문화적으로 유사하다고 생각되는 스칸디나비아국가 출신 이주노동자들에 대해서는 특별한 정책이 없어도 별 문제가 없을 것으로 생각되었기 때문이다. 1970년대 들어서 남부유럽 출신 이주노동자 문제를 다룰 필요가 생기자 스웨덴회의는 1975년에 통합정책(integration policy)을 승인하면서 1960년대까지의 자유방임주의 정책에서 중요한 변화가 일어났다.

1975년 통합정책은 크게 세 가지 목표로 축약할 수 있다. 통합정책의 세 가지는 평등(equality), 선택의 자유(freedom of choice), 파트너십(partnership)이다.

스웨덴이 1975년에 선택한 것은 다문화주의였다. 다문화사회는 문화적 다양성, 상호이해, 민족 집단에 대한 존중을 주 내용으로 하고 있으며, 계층마다 문화적 다양성은 인정하면서 사회적 지위에 있어서는 이주노동자나 스웨덴 노동자나 동일한 권리를 누리는 것을 핵심으로 하고 있다. 이것은 1980년대에 이민국의 통합정책으로 구체화되었다.

통합정책은 제2차 세계대전부터 1984년까지 노동위원회(Board of Labor)에서 책임을 맡다가 1985년부터는 이민국(Board of Immigration)이 담당하게 되었다. 이민국은 언어교육 및 직업훈련, 주택제공, 지자체의 책임부여 등 야심찬 통합프로그램을 개발하였다. 지자체는 해당 지역에서 받아들이기로 한 이주노동자의 수에 따라 중앙정부로부터 보조금을 받았다.

이러한 통합 프로그램은 결과적으로 성공적이지 못하였다. 지자체는 이주 노동자에게 제공할 일자리를 창출하지 못하고 스웨덴 노동자의 실업률도 높았기 때문에 이주노동자는 사회복지체계에 의존하는 비중이 높았기 때문이다.

1990년대에는 난민통합프로그램 운영에 있어서 많은 유연성을 허용하는 방향으로 변화되었다. 하지만 이것은 상대적으로 많은 일자리를 가지고 있던 대도시에 커다란 압력으로 작용하였다. 1975년 통합정책 원리가 현재까지 적용되고 있다고 할 수 있다. 1990년에는 통합정책에 다양성 개념이 도입되면서 이주노동자 문화와 스웨덴 문화의 상호 조정 및 적용이 필요하다는 생각이 확산되었다.

1990년대에 이주노동자의 실업률이 높고 사회복지체계 의존율이 높은 문제를 해결하기 위하여 다양한 정책이 도입되었지만 뚜렷한 성과를 못 보자 정부는 결국 2001년에 이주노동자문제에 대한 위원회를 설치하였다. 2003년에는 구조적 차별과 관계된 통합문제를 연구하는 위원회를 설치하여 활동하고 있다. 위원회에는 많은 독립적 연구자들이 참여하였는데, 이 연구자들의 대부분은 이민 배경이 있는 사람들로 구성되었다.

위원회는 2005년 보고서를 제출하면서 구조적 차별에 반대하는 적극적 활동을 할 것을 제안하였다. 위원회는 적극적 활동에는 민족적 소수민이나 이민노동자뿐만 아니라 스웨덴 사람 중에서도 사회·경제적으로 열악한 지위에 있는 계층에 대해서도 적용되어야 한다고 주장하였다. 그러나 정작 구조적 차별이 무엇인가에 대한 정확한 원인규명을 하지 못함으로써 주요 노조와 사용자단체는 위원회의 정책

제안을 받아들이지 않았다. 보수 야당도 실현가능한 전략을 개발하지 못했다고 비판을 가하였다.

3) 스웨덴의 이주노동정책: 노동허가제

스웨덴은 다른 나라에 비해 이주노동자와 스웨덴 노동자 간에 공식적이고 법률적인 차별은 거의 없다. 이주노동자가 노동조합에 가입하여 단체협약의 적용을 받는 경우에는 스웨덴 노동자와 동일한 대우를 받게 되어 있고, 법적으로도 '노동생활의 인종차별금지법'에 의해 일자리, 고용, 노동조건에 있어서 어떤 차별도 받지 않을 권리가 있다.

이주노동자가 노동조합에 가입하는 것은 일반적인 현상으로 스웨덴 노동자의 노조가입들과 거의 비슷한 상태이다. 1999년 이주 노동자의 노조가입률은 79.3%이고 스웨덴 노동자의 노조가입률은 80.8%로 거의 유사하며, 여성노동자의 경우는 이주노동자와 스웨덴 노동자 모두 82%를 기록하고 있다. 스웨덴에서 이주노동자는 실업률은 높지만 일반적인 다른 조건에서는 스웨덴 노동자와 거의 동일한 대우를 받고 있다.

이주노동자는 스웨덴 노동자보다 실업률이 높은 것이 일반적이다. 2001년 현재 이주노동자의 취업률은 58.1%인 데 비해 스웨덴 노동자의 취업률은 75.8%로 약 15.7% 정도 낮은 수준에 있다. 실업률은 이주노동자가 10.2%인 데 비해 스웨덴 노동자는 3.2%로 3배 이상 차이가 난다.

스웨덴에서 노동하기 위해서는 노동허가(work permit)를 받아야 한다. 일단 노동허가를 받으면 스웨덴에 입국하기 전에 여권에 노동허가가 들어가야 한다. 3개월 이상 일하는 경우에는 체류허가도 받아야 한다. 스웨덴 시민, 스웨덴 거주 외국인, 유럽연합 시민들이 다른 누구보다 일자리를 얻는 데 우선권을 지니도록 되어 있다. 일시적인 노동력 부족이 있거나 국제교환 프로그램의 일환으로 고용되는 경우에도 노동허가를 받을 수 있다.

노동허가는 일반적으로 한 번에 1년이 인정된다. 이주노동자의 고용기간이 종료되면 이주노동자와 가족들은 스웨덴을 떠나도록 되어 있다. 노동허가는 최대한 연장하면 18개월까지 인정될 수 있다. 국제 교환프로그램으로 스웨덴에서 일하는 경우에는 최대 4년까지 연장될 수 있다. 또한 노동허가는 원래 사용자가 고용하기로 제안한 직종으로 제한된다.

스웨덴의 이주노동정책은 한마디로 '다문화주의'로 표현할 수 있다. 다문화주의는 이주노동자에 대해 자국의 문화를 일방적으로 강요하거나 구조적인 차별을 당연시하는 관행과는 다르다. 스웨덴은 일단 이주노동자가 노동하게 되면 국내 노동자들과 동일한 임금, 노동조건, 사회복지체계를 누릴 수 있도록 하고 있으며, 이주노동자의 언어 및 문화를 인정하는 '다양성' 원칙을 기본 원리로 채택하고 있다.

최근 들어 스웨덴 인구의 고령화로 인해 이주노동자 유입에 대한 논의가 이루어지고 있다. 특히 유럽 이외의 국가로부터 유입되는 이주노동자를 허용하는 문제에 대해 지자체, 정부, 노조, 사용자단체들 사이에서 다양한 논의들이 전개되고 있다. 기업 측에서는 경제성장을 위해 이주노동자의 유입이 필수적이라고 주장하고 있는 상황이다. 이주노동자의 유입을 찬성하는 노조들은 전통적인 다문화주의적 이주노동정책 즉, 이주노동자가 스웨덴 노동자와 동일한 대우를 받아야 한다고 주장한다. 앞으로 스웨덴이 유럽 바깥의 이주 노동자들을 받아들일 경우에도 다문화주의적 이주노동정책이 그대로 유지될 수 있을지는 정치·경제적 환경과 사회적 논의과정 속에서 결정될 것이다.

 제4절 호주

1. 호주 다문화주의 역사와 정책 및 담론

호주는 지리적으로 아시아권에 속하나 인종, 이주역사 특성상 비아시아 국가에 포함시켰다.

김이선 외(2007)의 「다민족·다문화사회로의 이행을 위한 정책 패러다임 구축(Ⅰ): 한국 사회의 수용 현실과 정책과제」를 참조하였다.

1) 인종적 위계사회에서 이민국가로의 전환

1970년대 이후부터의 움직임에 기반을 둔 것으로 그 이전 호주사회는 가장 인종차별적이고 배타적이며, 외국인에 대한 혐오가 강력하게 지속되었던 사회였다는 점에서 극적인 전환을 통해 이루어진 것이다.

1788년 호주 원주민 사회에 백인들이 최초로 이주하기 시작한 이래로 백인들은 원주민들인 에보리진을 동등한 민족으로 취급하지 않았으며 잔혹한 학살과 격리, 배제, 동화 정책을 통해 원주민에 대한 반인권적 식민지 정책을 고수하였다. 그리고 1901년 영국으로부터 독립하여 연방정부를 구성할 때부터 호주는 중국인들에 대한 이른바 '황색 공포'를 드러내며 이민 제한법을 통해 백호주의(White Australia)를 강력히 추진한 바 있다. 이러한 기조는 1972년 노동당 정부가 공식적으로 이를 폐기하기까지 호주 이민정책의 근간으로 계속되었다고 볼 수 있는 것이다.

제2차 세계대전 이전까지 호주에는 비교적 동질적인 영국인들로 구성된 사회라고 하는 '동질성의 신화'가 작동하고 있었으며 동화(assimilation)가 정부의 공식적인 이민 정책을 대표하는 개념이었다. 이러한 지배 관념은 1891년에 호주 최초의 노동당이 창립되면서 주로 유색인종의 이민자들인 노동자들의 열악한 근로조건을 개선하기 위한 노동운동이 확산되면서 다소 완화되었으나 인종차별 정책을 중단시킬 정도는 아니었다. 다행히 호주의 인종차별주의는 원주민들을 제외하면 미국에서와 같이 폭력적으로 진행되지는 않았지만, 중국인과 백인 간에 크고 작은 갈등이 일었던 것은 사실이다.

그런데 호주의 백호주의는 양차 세계대전을 거치면서 결정적인 도전에 직면하게 되었다. 양차 대전 중에 많은 희생자가 생겼을 뿐 아니라 보다 결정적인 것은 1942년 일본의 호주 침공을 영국이 막아 내지 못했다는 데 있었다. 양차 대전으로 인해 호주는 국가 안보와 지속적인 경제성장을 위해 '인구증가 아니면 멸망'이라는 절박한 이민 정책을 선택해야 했던 것이다.

이와 함께 아시아계 이민자들도 급증하기 시작한 반면 상대적으로 영국과 유럽인들의 이주가 줄어들면서 호주의 정체성에 대한 논란은 본격화되었다. 백호주의 이후 호주가 비유럽인을 받아들이기 시작한 것은 1949년 비유럽인 난민을 받아들이면서부터였으며, 비유럽인들에게 시민권을 부여하는 것은 1957년에 이르러서야 그 문호가 열렸다. 이어 1958년에는 이민제한법을 개정하여 구술시험을 폐지하였으며 1966년부터는 이민 문호를 개방하고 시민권 부여기간도 정주 15년에서 5년으로 대폭 단축함으로써 호주 이민정책의 분기점이 되는 해가 되었고 비유럽 이민이 증가하는 계기가 되었다. 이러한 기조는 계속되어 영국인을 선호했던 차별적 이민정책은 결국 폐기되었고 적어도 공식적으로는 인종과 피부색, 신념과 종교의 차이를 무시한 대규모 이민정책이 시작되었다. 전체인구 2천만 명 중 43%는 해외에서 태어난 자이거나, 적어도 부모 중 한 명은 해외에서 출생한 자인 '이민국가' 호주의 모습은 이러한 전환의 산물인 것이다.

2) 다문화주의 정책의 전개

'이민국가' 호주의 모습은 다면적이며 어떤 부분에서는 상호 모순적이기도 하다. 한편으로 성공가능성이 높은 다문화 국가로 꼽히는가 하면 다른 한편에서는 다문화주의의 저변에 여전히 뿌리 깊은 백인 우월주의가 자리 잡고 있다. 이러한 모순은 호주의 역사적 상황에 기인하는 것이다.

1937년까지는 강력한 동화주의와 백호주의가 작동하였는데 당시에 유색인종과 비유럽인은 근본적으로 호주사회에 동화될 수 없었으며, 1960년대까지도 영어와 주류문화를 받아들이는 조건으로 이민자의 호주 입국이 허용되었다. 차별적인 이민정책과 이주자들을 백인사회에 동화시키려는 계획적 시도는 호주의 적극적인 인구증대 정책에 역행할 뿐 아니라 이민자 집단과 백인들 간의 갈등을 초래하기도 하였다.

1972년 휘틀람(Whitlam) 노동당 정부에 의해 백호주의가 공식 폐기된 것은 이러한 상황에서였다. 휘틀람 정부의 앨 그래스비(Al Grassby) 이민부 장관은 다문화주의에 대한 신념이 가장 강했지만 1974년 선거에서 패배하였고 인종주의자들의 정공격 대상이 되었다. 1974년에 휘틀람은 이민부를 폐지하였으며, 이민부 업무는 사회 안전부, 교육부, 노동부 등으로 분산되었다.

결국 1978년 갈벌리 보고서(The Glabally Report)를 토대로 공식적으로 '하나의 다문화 호주 사회'로의 정책 전환이 이루어지게 되었다. 프레이저 연립정부는 이민민족부(Dept. of Immigration and Ethnic Affairs)를 다시 설립하였으며, 호주 내에 정착한 다민족 집단을 위한 지원 프로그램을 본격적으로 실시하고 다문화주의를 구체화시킨 제도를 구축하였다. 이후 10년 동안 이주민 정착지원은 정부의 주된 관심사로서 연방정부와 주정부 차원에서 통합적인 복지, 교육, 다문화 정책이 입안되었다. 이어 1988년부터 1996년까지는 호주 경제가 필요로 하는 인적 자본 유입의 필요성이 강조되면서 다문화주의가 다소 퇴조하는 경향이 있었으나 그 근간은 유지되었다.

이와 같이 연방정부와 주정부 차원의 법·제도를 기반으로 공식적 기구를 통해 추진되는 호주 다문화주의는 공식적 차원에서 다음과 같은 주요 원칙에 기반을 두고 있다. 첫째, 모든 호주인은 자유와 평등을 구현하고 다양성이 꽃필 수 있는 호주 사회의 기본구조와 원칙을 지지할 책임이 있다. 둘째, 모든 호주인은 자신의 문화와 믿음을 표현할 권리가 있으며 타인의 권리 역시 존중해야 할 호혜적 의무가 있다. 셋째, 모든 국민은 인종, 문화, 종교, 언어, 거주지역, 성, 출생지 등에 기초한 차별 없이 평등한 처우와 기회를 제공받을 권리가 있다. 넷째, 모든 호주인은 인구의 다양성에서 유래하는 문화적·사회적·경제적 혜택, 즉 생산적 다양성의 혜택을 누릴 수 있다(Commonwealth of Australia, 2003).

이러한 원칙에 의거해 호주정부는 다음과 같은 핵심전략을 채택하고 있다. 첫 번째 전략은 공동체적 화합(Community Harmony)으로 호주인들이 문화적 다양성을 존중하고 다양한 문화, 민족성과 종교의 차이 속에서 공동체적 화합과 사회적 결속을 증진하는 것이다. 이를 위해 매년 3월 21일을 '화합의 날(Harmony Day)'로 지정(1999년 제정)하는 것을 포함해 '화합을 이루는 삶(Living in Harmony)' 프로그램을 중심으로 시민단체들이 지역차원의 민족차별금지 및 다양한 민족 집단 간 교류 증진을 목표로 한 사업을 진행하도록 지원하고 있다. 이와 함께 취약한 집단을 집중 지원함으로써 출신 민족집단에 관계없이 정부 정책을 포함한 사회 각 영역에 공평한 접근권을 갖도록 하는 것 역시 핵심전략에 통합되어 있다. 또한 생산적인 다양성(Productive Diversity)을 전략으로 채택하여 호주 사회의 다양한 문화적·언어적 능력의 자산을 호주 경제의 경쟁력에 접목시키는 노력을 기울이고 있으며 이를 위해 다양성을 기초로 한 혁신과 창조성을 강조하는 '생산적 다양성 프로그램(Productive Diversity Program)'을 추진하고 있다(Commonwealth of Australia, 2003).

〈표 3-9〉 호주 다문화주의의 원칙과 전략

다문화적 호주: 다양성 속에서의 통합	
4대 원칙	·시민적 책무성 ·문화적 존중 ·사회적 형평성 ·혜택의 공유
전략방향	▷공동체의 화합 ▷접근과 형평성 ▷생산적 다양성

자료: Commonwealth of Australia(2003). 2003 Multicultural Australia: United in diversity: Updating the 1999 New Agenda for multicultural Australia: Strategic directions for 2003~2006.

3) '위로부터 아래로' 정책의 한계와 시민적 통합의 필요성

현실에서 다문화주의 정책이 전개되어 가는 상황을 보면 호주사회에서 다문화주의 정책은 결코 완성된 견고한 결론이 아니다. 사실 다문화주의는 출발 당시부터 지속적으로 논쟁의 대상이었다. 1984년 다문화주의가 창조적 공존이 아니라 사회적 분열을 조장하고 호주문화를 손상시킨다는 역사학자 블레이니(Geoffrey Blainey)의 지적은 다문화사회에 대한 일반적인 비판을 대변한다. 특히 1980년대 이후 다문화주의는 보수주의자와 우파 인종주의자들로부터 심각한 도전을 받아 왔다. 이들은 다문화주의 정책 예산을 '낭비적인 도박'이라고 비난하는가 하면 다문화주의는 호주사회를 심각한 갈등과 위기 상황으로 빠뜨리고 있다고 경고하기도 한다. 때로는 아시아화와 이슬람의 위협이 제기되기도 한다.

이러한 상황에서 다문화주의 정책은 부침을 거듭하고 있다. 1986년 호크(Hawke) 정부는 다문화정책 예산을 삭감하고 호주 다문화연구소(AIMA, Australian Institute of Multicultural Affairs) 등의 제도를 폐지한 바 있다. 또한 1996년 이후 인적 자원으로서의 가치에 따른 이주민 선별에 대한 관심이 고조되고 다문화주의 정책이 다소 축소되면서 서비스에 대해 사용자가 비용을 부담하도록 하거나 소수 이주민 집단 의제가 주변화되는 양상도 나타나고 있다(Jupp, 2002).

심지어 2007년 1월에는 다문화주의를 폐기한 것으로까지 평가되는 제도적 변화가 단행되기도 했다. 그간 다문화주의를 불편하게 생각하는 것으로 알려진 존 하워드 호주 총리가 부분 개각을 단행하면서 이민부의 공식 명칭을 '이민·다문화부(Dept. of Immigration and Multicultural Affairs, DIMA)'에서 '이민·시민권부(Dept. of Immigration and Citizenship, DIAC)'로 바꾼 것이다. 새로 개편된 이민·시민권부의 2007~2008년 계획에 의하면, 새로운 시민권시험(citizenship test)의 시행과 일시적

기술이민의 확대, 인도주의적 정착지원 사업의 시행을 핵심적 사업으로 제시하고 있다. 부처의 명칭 변경과 시민권 취득 대기 기간을 2년에서 4년으로 연장한 것, 영어와 호주 역사 시험 등 필기시험이 추가된 것 등의 조치는 그간 하워드 총리가 주장해온 "모든 이민자들은 호주 땅에 왔으면 호주인이 되어야 한다"는 통합주의로의 회귀를 반영하는 것으로까지 해석되고 있다. 물론 이것으로 다문화주의의 폐지를 속단하는 것은 무리이지만, 한편으로 다문화주의와 다른 한편으로 전통적 호주의 가치와 이를 기초로 한 시민권 부여 사이에서 또 한 번의 전환이 모색되고 있는 시점으로 보인다.

호주사회에서 이주민과 관련해 일고 있는 사건과 논쟁을 통해 다문화주의 정책의 논쟁적 성격을 다시 한 번 확인할 수 있다. 그리고 여기에는 이러한 정책을 다루는 데 있어 호주 정부가 취한 접근도 일정 부분 관련되어 있다. 호주의 다문화주의는 '위로부터 아래로의 이념과 정책'을 특징으로 한다. 즉, 국가가 이민을 통제, 관리하고 이주자 집단을 지원하고 다문화주의 공공정책을 주도하면서 강력한 다문화주의 이념을 형성, 선포하고 정책을 효율적으로 추진하는 성과를 일구어냈다. 그러나 다른 한편으로 국가중심의 접근 속에서 논쟁적인 의제를 다루어 나가면서 사회적 합의를 이루어갈 수 있는 시민적 역량을 증진하는 데에는 상대적으로 높은 우선순위를 부여하지 못했던 것이다.

국가중심의 다문화주의 정책이 정착되어 가는 상황에서도 호주 사회 저변에서는 뿌리 깊은 백인 우월주의가 유지되고, 이민자들은 지역적으로 게토화되고 경제적·정치적으로 소외되며 백인 집단의 끊임없는 편견에 직면해야 했던 것은 다문화주의 국가의 모순적 현실을 단적으로 보여 주고 있다.

<표 3-10> 호주 정부의 이민자 통합 정책

구분	주요정책과 사업
연방정책	이민시민권부 이민·다문화에 관한 장관급위원회 국가행동계획(NAP) 지역사회관계위원회(CRC) 화합을 이루는 삶(Living in harmony) 공동체 지원 프로그램 파트너십 프로그램 화합의 날

주정부 정책(NSW 사례)	에스닉공동체위원회
	지역사회정착서비스
	고령자와 장애자 가족 및 지역사회 보호
	언어서비스
	교육
	  - ESL
	  - 다문화이해교육
	  - 난민지원 프로그램
	  - 통·번역 서비스
	보건
	고용서비스
	  - 공공기관의 다인종고용정책
	  언론과 정보서비스
	  - MediaLink
	  - CommuniLink

물론 일련의 사건을 가지고 호주의 다문화주의 정책을 완전히 무기력한 것으로 폄하하기는 힘들다. 화합의 날을 지정하고 화합을 이루는 삶 프로그램을 시행하는 등 시민적 차원의 통합을 증진하기 위한 정책이 전무했던 것은 아니다.

그러나 기존의 정책만으로 이주민과 사회 구성에 대한 정부 정책을 둘러싼 사회적 합의를 진척시키고 민족 집단 간 갈등을 예방해낼 수 있는 수준의 성과를 거두기에는 한계가 있었던 점 역시 분명해지고 있다. 이러한 경험은 호주 사회로 하여금 정책이념이나 이주민에 대한 지원과 동시에 다문화적 현실을 살아가는 일반시민들의 실천적 역량을 배양하고 실제 삶 속에서 관계의 밀도를 높이며 사회적 합의를 모아갈 수 있는 시민적 통합(civic integration)의 중요성을 재차 확인하는 계기가 되고 있다.

〈표 3-11〉 호주 정부의 다문화 정책수단과 서비스

구분	주요정책과 수단
이민정책	이민정책 - 가족이민 - 특수자격이민 - 인도주의이민 - 기술이민 이민서비스 - 커뮤니티정착서비스(CSSS) - 이민지원센터(MRC) - 이민서비스기구(MSA) - 정착지원프로그램(SGP) - 정책데이터베이스 - 이민신청지원서비스(IAAAS) - 호주문화적응프로그램(AUSCO)
노동정책	기술이민 - 이민수요직종리스트(MODL) - 지역스폰서이민(RSMS) - 독립기술이민(SIR) - 주정부지정기술 독립이민(STNI) - 사업비자 - 사업주비자 - 임시투자이민 - 기술독립지역투자 - 은퇴투자비자 - 자격검증온라인시스템(EVO) 임시노동이민정책 - 워킹홀리데이비자 - 임시사업비자
교육정책	다문화교육지원 국제학생비자 유학생영어집중코스(ELICOS) 유학생교육서비스법 성인다문화교육서비스(AMES)

언어정책	성인이민자영어프로그램(AMEP) 전화통역서비스(TIS) 문서번역서비스(DTS) 언어다양성 다양성촉진정책
언론정책	다문화언론정책 지역방송시행법 인종차별철폐규약 방송서비스법 특별방송서비스(SBS) 호주방송회사(ABC)법 호주커뮤니케이션-미디어위원회
시민권정책	호주시민권법 반테러주의 시민권취득시험
차별금지	인종차별금지(1975) 인권 및 기회평등법(1986) 인권 및 기회평등위원회(HREOC) 인종혐오금지법(1995)
보건의료	의료보험 노인간호법
복지정책	실업대책 노인연금 장애연금 Centerlink

04
다문화가족의
사회통합

 # 제1절 다문화사회의 지역 거버넌스

1. 욕구 충돌과 시민적 자질의 육성 필요성

　다문화사회에서의 기존 시민이나 이주자들은 각각 동화요구와 보존욕구를 가지고 있다. 기존 주류사회의 시민들과 새로운 이주자들이 공존하면서 이러한 욕구의 상충으로 인하여 발생할 수 있는 욕구의 충돌 유형은 4가지로 분류될 수 있다(김남국, 2005). 사회적 주류를 형성하고 있는 기존 시민들의 입장에서 두 가지 욕구를 생각해 볼 수 있다. 기존 시민들은 자연적으로 이주자 자신들이 선택한 새로운 사회의 규칙과 관습, 생활양식 등을 존중하고 적응해줄 것을 기대하는 보존욕구와 동시에 그들이 주류사회에 잘 동화되기를 바라는 동화욕구를 가지고 있다.

　이주자들 역시 그들 나름의 두 가지 욕구를 가지고 있다. 이주자들은 자신들의 인종과 문화에 관계없이, 능력으로 평가받고 그 결과에 따라 새로운 사회에 참여하고 성취하기를 원하는 동화욕구와 동시에 새로운 사회에서도 소수집단의 일원으로서 자신들의 문화적 정체성이 인정받기를 원하고, 자신들의 문화와 전통을 유지하려는 보존욕구를 가지고 있다. 이러한 욕구들은 다음 <표 4-1>과 같이 요약된다.

	기존 시민	새로운 이주자
동화욕구	이주자들이 주류사회에 신속히 동화되어 정착하기를 원함	기존 시민과 동등한 한 개인으로 주류 집단사회에 참여하고 성취하기를 원함
보존욕구	이주자들이 주류사회의 규칙, 관습, 생활양식의 존중과 적응을 기대	자신들의 문화적 정체성을 인정받고, 자신의 문화와 전통의 유지를 기대

하나의 국가 또는 사회는 가시적 또는 비가시적 경계를 기준으로 외부에 대해 배타적인 하나의 공동체를 구성하게 되는데, 이 공동체 안에서 시민이라는 개념 아래 구성원에게 요구되는 권리와 의무를 규정한다. 이 시민적 개념은 〈표 4-1〉에서 보는 바와 같은 대립적이고 갈등하는 사회적 다수와 사회적 소수, 주류사회와 소수민족 사이의 서로 다른 욕구들을 조정하는 과정에서 매우 중요한 매개체의 역할을 하고 있다. 이 시민의 개념 속에는 국가와 같은 정치공동체에서 구성원으로서의 의무와 권리, 구성원 간 및 공동체와 구성원과의 관계를 규정하는 기준을 함축하고 있어, 이 기준에 따라 공동체의 시민이 될 수 있는 자격을 부여받을 수 있는 것이다(김남국, 2005).

그런데 우리 사회는 이미 다양한 이민족에 의한 다문화적 생활에 접어들고 있으며, 향후 이러한 경향은 가속화될 것이며 단순히 정치적·경제적인 차원에서뿐만 아니라 사회적·문화적인 측면에서도 심각한 문제를 제기하게 될 것이다. 특히 일차적인 교육 기능을 담당하는 가정에서의 가족원의 구성변화는 앞으로 우리 사회의 다문화적 특징이 사회적으로 내면화될 것을 의미한다(김세훈, 2006). 한 사회를 구성하고 있는 다양한 문화 간의 단절은 사회의 안정을 저해하는 요소로 작용한다. 그리고 이러한 다문화 사회에로의 변화과정에 있음에도 현행 제도와 정책, 교육은 다양한 문화적인 시야나 관점에서 사건이나 상황에 대한 비판적 음미를 통하여 다원주의적 가치나 태도를 형성하게 하는 데 미흡한 실정이다.

따라서 다양한 문화가 공존하는 생활세계에 대한 이해를 깊게 하고 다원적인 시야와 편견 없는 자세로 보려는 태도의 육성이란 관점에서 적절한 제도적 장치의 마련과 소수민족들에 대한 시민적 교육이 필요하다. 그러나 동시에 함께 고려해야 할 중요한 점은 이러한 시민적 자질의 육성이 이민족 소수집단에게만 필요한 것이 아니라, 주류적으로 이러한 환경에 대한 우리 국민들의 인식, 태도, 가치 등과 밀접히 관련되어 있기 때문이다. 이러한 것은 다문화사회의 정책이 이민족 소수집단만을 대상으로 하는 정책이 아니라 주류사회에 대한 정책변화도 요구하기 때문이다.

2. 지방정부 정책 결정과 집행의 장애요인

지방정부가 다문화 문제와 관련되는 정도는 다양한 요소에 의하여 제약을 받을 수 있는데, 이 요인들은 대개 입법적, 조직적, 재정적, 정치적 요인으로 분류될 수 있다.

1) 입법적 요인

우리나라의 지방정부는 헌법과 중앙정부 법률에 의하여 제약을 받는다. 이 지방자치제도가 헌법적으로 보장된 제도이기는 하지만(헌법 제117~118조), 중앙정부는 법률을 통하여 지방정부의 역할을 통제하며 그들의 재정적 및 제도적 능력에 중요한 영향을 미친다. 지방정부의 전통적인 행정기능을 넘어서는 서비스의 확대는 상위정부에 의하여 제약된다. 지방자치단체는 "…… 법령의 범위 안에서 자치에 관한 규정을 제정할 수 있다"(헌법 제117조 제1항)고 규정하고 있는데, 중앙정부는 지방정부에 정책을 수립하고 집행하는 모든 과정을 스스로 행사하도록 충분한 자치권을 부여하였는가에 대해서는 지방자치제도의 실시 이래로 기능배분에 관한 문제를 포함하여 부정적인 견해로 일관되어 왔다.

현재 우리나라의 지방정부에 다문화사회에 대응하여 행동할 수 있는 권한들이 법적으로 보장되어 있는가 하는 점에서는 의문을 가진다. 실례로, 호주의 New South Wales(NSW) 주에서는 1993년 지방정부법(the Local Government Act)을 통하여 관내 지방정부에 다문화주의와 관련하여 충분한 자치권을 부여하고 있다. 이 법의 제8조 (1)항은 지방정부가 문화적 다양성 원칙과 일관되게 이를 실제적으로 촉진할 수 있는 방법으로 기능을 행사하는 것을 요구한다. 제428조 2(j)에서는 다양한 문화적 및 언어적 배경을 가진 사람들을 위한 서비스를 증진하고, 이러한 서비스에의 접근을 증진하기 위해 1년 동안 취한 다문화 프로그램들을 연차 보고서에서 자세히 보고하도록 하는 법적 책임이 요구된다(Thompson, et. al., 1998: 74~75).

현행법상 외국인 정책을 집중적으로 다루고 있는 법안은 「국적법」, 「출입국관리법」, 「다문화가족지원법」, 「재한외국인등의처우기본법」, 「재외동포의 출입국과 법적 지위에 관한법률(재외동포법)」, 「외국인근로자의 고용등에 관한 법률(외국인고용법)」 등이 있다. 국가인권위원회는 출신국가, 출신민족, 인종, 피부색, 가족형태 등에 의한 처벌을 금지하는 「차별금지법」 제정을 추진하고 있다. "국회 인권정책연

구회-다문화가족지원법 제정 입법공청회"≪인터넷 오마이뉴스≫
(Ohmynews)(2007.1.29.).

한편 정부는 2006년 4월 탈법적인 결혼중개 방지 및 당사자 보호,
안정적인 체류지원, 조기적응 및 정착 지원, 이주민 아동의 학교생활
적응 지원, 안정적인 생활환경 조성 등을 골자로 '여성결혼이민자 가
족의 사회통합 지원 대책'을 마련하였지만, 관련 법안이 제정되어 있
지 않아 조직구성이나 예산확보 등의 정책 추진이 미흡한 상태에 있
다. 2008년 다문화가족지원법이 통과되어 시행되고 있으며 2007년 3
월 7일에는 「이주민가족의 보호 및 지원 등에 관한 법률안」이 발의되
었다(http://www.wmigrant.org/bbs/data/data1/070307이주민가족의보호
와지원에관한법률.hwp). 이 법안은 국가 및 지방자치단체로 하여금
이주민가족이 우리 사회에 신속히 적응하고 사회통합에 기여하기 위
한 각종 정책을 지속적으로 수립·시행하도록 하고(안 제5조), 이주
민가족의 입국 시 조기적응, 생활 및 귀환을 위한 상담, 사회적 차별
및 편견을 예방하기 위한 다문화교육 등을 실시할 수 있도록(안 제9
조),하고 있으며 이외에도 동 법률안 제11조와 제13조 등을 통해서도
지방자치단체에 권한을 부여하고 있다. 또한 2008년 다문화가족지원
법이 통과되어 시행되고 있다.

요컨대, 이러한 입법적 준거의 미비는 지방정부가 다문화사회를 대
비하는 데 장애가 되고 있다. 지방정부가 충분한 권한을 가지고 대응
할 수 있도록 법제도의 마련이 시급하다. 그리고 각 지방정부 조직들
이 소수집단에 대한 차별을 금지하고 이들이 평등하게 그리고 쉽게
서비스에 접속하는 것을 보장할 수 있는 '문화 다양성 원칙(principles
of cultural diversity)'을 정립하는 것이 필요하다.

2) 조직적 요인

(1) 조직 전통·기능적 측면

지방정부 내의 전통적인 기존 내부조직들은 소수집단에 대한 서비스 확대와 다문화 정책의 채택을 반기지 않을 것이다. 이러한 경향은 다문화 서비스의 공급확대가 지방정부의 전통적 '핵심 기능(core functions)'으로부터 자원 이동을 수반하게 될 때에 더욱 강화될 수 있다. 지방정부 업무에 대한 기존 부서들의 통합된(corporate) 태도나 일체감의 부족은 각각 자신들을 별개의 독립된 조직으로 간주하게 된다. 이에 대한 일례로, 다문화와 관련된 '사회적 요소(social factors)'에 대한 고려는 지역서비스(Community Services) 부서만의 관할 영역으로 간주하는 경향은, 도시계획(Town Planning) 부서가 다문화주의를 수용할 수 있는 방법에 반작용 역할을 해왔다고 주장한다(McGillivray & Watson, 1995). 사실 우리나라의 지방정부들은 세방화(glocalization)와 관련된 외향적 국제화를 위한 조직들은 잘 정비되어 있으나, 외국인 대책, 특히 소수집단을 위한 조직에 대해서는 관심이 적거나 인식이 부족한 상황이라고 할 수 있다.

(2) 조직 행태적 측면

공무원들이 가지고 있는 행정편의주의와 무사안일주의 역시 다문화사회에 대한 대응에 있어서 중요한 장애요인이다. 즉, 이것은 관행의 문제라 할 수 있는데, 소수인종들의 출입국 관리나 수용소 관리(2007년 2월 11에 발생한 '여수출입국관리소 외국인 수용소 화재' 사건에 대한 내용 참조. http://news.hankooki.com/1page/society/200702/

h2007021119353921980.htm) 등에 중점을 둔 이주노동자 문제나 난민 문제는 소홀히 다룬다고 해서 이에 저항하지 못하기 때문이다. 그들 대부분은 힘없는 이방인들이며, 한국 국민들도 이러한 문제에 대해서 무관심하다. 따라서 조직 내 공무원들의 조직 행태 측면에서 행정편의주의적이고 관습적인 업무처리에서 벗어나지 못하고 있는 부분들이 많이 존재한다(송종호, 2005).

3) 재정적 요인

지방정부가 다문화 서비스를 제공하는 데 가장 보편적인 제약요인은 재정문제라는 것을 내세우고 있다. 지방정부는 지속적으로 다문화 문제들의 다양한 이슈들을 해결하는 것이 요청되고 있지만 이를 충당할 수 있는 재정자원을 가지고 있지 못하다.

사실 기초자치단체는 전통적 업무인 주민의 삶의 질, 안전, 환경, 평등 고용 기회 등과 같은 고유사무 및 광역자치단체와 중앙정부의 위임사무를 수행하기에도 인력과 재정 측면에서 어려움을 겪고 있다. 기존 조직의 부서들은 전통적인 업무 외에 다른 것에 사용할 재원은 거의 가지고 있지 못하며, 상위정부의 보조금이 감소함에도 불구하고 담당해야 할 업무들이다. 따라서 문화적 다양성의 조정이 인적 서비스(human services)의 확대를 요구하는 것은 지방정부의 재정 충당 방법과 그들의 재정 능력의 한계에 대한 이해를 요구한다.

특히 인구가 급속히 증가하고 평균 이하의 소득계층으로 구성되어 있는 지방정부의 재정능력은 더욱 압박을 받는다. 인구가 희박한 농촌지역이나 소도시는 거의 예외 없이 지방정부의 재정능력이 극히 한정되어 있다. 이에 더하여 다문화 정책과 프로그램 또는 새로운 유형의 인적 서비스에 대한 수요의 증가는 전형적으로 조세 능력이 가장 적은 지역에서 더 크게 나타난다. 이러한 불균형을 해결하기 위한 재정은 광역단체나 중앙정부에 의하여 기초자치단체에 배분되는 체계를 통하여 시정하도록 해야 할 것이다.

4) 정치적 요인

지역 차원의 정치적 지원(support)은 지방정부의 효과적인 다문화 정책 집행에 중요한 영향을 미치는 요인이다. 일반적으로, 3가지 요인이 소수집단을 위한 다문화 서비스에서 지방정부의 정치적 환경에 영향을 미친다(Thompson, 1998).

첫째, 가장 명백한 것은 분명한 수요(need) 수준으로, 인구 통계학적 자료들은 이러한 수요를 개략적이지만 중요한 서비스 공급의 기준이 된다. 둘째, 지방정치에 특정 문화적 배경을 가진 사람들의 응집력의 정도이다. 다양한 소수집단들이 분리된 주체로서 역할을 한다면, 응집된 정치력을 보여 주기 어렵다. 따라서 특정 지역 내의 다문화 배경을 가진 집단들이 하나의 공동체로 인식되어 행사하는 영향력은 그 공동체의 크기에 비례할 것이다. 이것은 다문화 서비스 수요에 대한 인식 및 다문화 정책과 프로그램을 위한 정치적 지지의 형성에 명백한 영향을 미친다. 셋째, 소수집단을 위한 다문화 서비스 제공에 대한 지방의회의 의원 또는 집행부 공무원들의 태도 문제이다.

사실, 다문화 서비스의 공급에서 지방정부의 개입 책임(commitment)은 다문화적 민감성에 얼마나 적절히 대응하는지에 관한 의원들의 태도에 의존한다. 지역 차원에서 의원들이나 공무원들의 다문화 서비스 확대를 억제하는 첫째 요인은 지방의 조세 능력에 따른 지방세 수입이 지역의 빈민층에 대한 보조로 전환되기보다는 조세를 부담하는 납세자에게 사용되어야 한다는 인식이다. 이러한 태도는 전통적 지방정부의 역할을 지지한다. 둘째 요인은 중앙정부가 다문화 서비스 비용을 제공하여야 하고, 지방정부의 주 수입은 기존 주민의 삶의 질 향상과 같은 전통적 기능에 활용되어야 한다는 논리이다. 이러한 입장을 지지하는 것은 문화적 다양성에 대하여 정치적으로 부수적인 태도를 가지고 있기 때문이다.

3. 인종주의와 외국인 혐오

인종주의와 외국인 혐오는 황정미 외(2007)의 「한국 사회의 다민족·다문화 지향성에 대한 조사연구」를 참조하였다. 인종주의(racism)나 제노포비아(xenophobia)는 미국, 유럽 학계에서 폭넓게 연구되어 왔으며, 특히 인종 간 갈등을 심각한 사회문제로 경험한 사회일수록 인종차별 개념에 관한 연구와 논쟁의 역사도 같다. 미국의 인종차별주의에 대한 연구에서는 시대의 흐름과 제도의 변화에 따라 분석의 개념이나 도구도 변화하는 것을 볼 수 있다. 예를 들어 유색인종을 일상생활에서 분리하고 차별하던 노골적 인종주의는 1970년대부터 흑인민권운동과 차별해소입법이 진전됨에 따라 보다 근대화된 형태 혹은 상징적 인종주의(symbolic racism)로 변화하였다.

상징적 인종차별주의는 미국 국민(백인)들이 평등, 자유라는 민주적 가치를 지지함에도 불구하고 그러한 가치를 실현하기 위해 소수

인종을 지원하는 정책에는 반대한다는 점을 설명하기 위해 고안된 개념이다. 흑인에 대한 적나라한 차별, 흑인은 동등한 인간으로 존중할 필요도 없다는 인종차별적 태도는 민주주의의 발전에 의해 점차 퇴색하지만, 여전히 상징적 인종주의는 소수인종에 대한 편견으로 작동하고 있다는 것이다. 상징적 인종주의는 소수인종집단이 실제로 기득권을 갖고 있는 집단의 지위를 위협하고 있다고 보는 것이라기보다는, 소수인종의 속성이나 성향에 대한 가정에 입각하여 만들어진다 (Hyerm, 2005).

인종주의나 제노포비아가 나타나는 역사적 배경이나 차별적 편견의 내용도 시대에 따라 변화해 왔기 때문에, 인종차별주의를 몇 가지로 유형화해서 구분해볼 필요가 있다. Wimmer(1997)에 따르면 인종차별주의나 외국인 혐오의 배후에는 서로 다른 네 가지 논리가 나타난다.

첫 번째는 인종차별이 이주민 집단과 원주민 집단 간의 경쟁과 현실적인 이익의 충돌로 인해 발생한다는 설명이다. 이에 따르면 인종차별은 자신의 이익을 극대화하기 위한 합리적 선택으로 볼 수 있다 (합리적 선택 이론). 이주민의 증대는 실제로 원주민의 일자리를 빼앗아 가고 경제적 상황을 악화시키므로, 원주민의 입장에서는 이주민을 내보내거나 그들의 이익을 축소시켜야 자신의 이익을 극대화할 수 있다고 생각한다는 것이다. 그러나 실제로 노동시장 분리로 인해 원주민과 이주민이 같은 일자리를 놓고 경쟁하는 경우는 그다지 많지 않으며, 실제로 이러한 이익의 경쟁이 발생하는 것을 입증하는 연구도 별로 없다. 결국 인종 간 갈등의 강도는 현실적인 취업시장에서의 경쟁에 의해 좌우되는 것이 아니라 인종 간의 평등과 차이, 경쟁의 정당성을 어떻게 인지(perception)하는가에 따라 영향을 받는다. 외국인 혐오는 구체적인 정책이나 외국인 노동자와의 취업 경쟁 또는 이익갈등보다는 사회적 지위나 정체성의 상실에 대한 일반적인 두려움으로 인해 더 많이 확산되는 것으로 알려져 있다.

둘째, 이주자나 소수자는 본질적으로 원주민과는 다른 이질적 존재이기 때문에 사회통합을 저해한다는 주장이 있다(기능주의). 이주자들은 문화적 이질성, 혹은 문화적 후진성(봉건적 관념, 씨족 관념 등)으로 인해 '근대화·민주화'된 내국인들의 사회질서에 섞이기 어렵고, 나아가 전체적인 사회 통합을 저해하기 때문에 사회가 원활하게 기능하지 못할 것이라는 설명이다. 이런 식의 설명은 인종적·민족적 차이를 본질화하는 사회생물학적 주장과 쉽게 결합된다. 이주자 집단을 민족적인 '우리'에 소속된 사람들로, 그리하여 국가에 의해 보호받을 권리가 있는 국민으로 수용하기 위해서는 상당한 정도의 '객관적·문화적 거리'와 '인종적 특수성(차이, distinctiveness)'을 극복해야 한다. 이런 입장에 따르면 사회통합을 이루기 위해 소수인종에 대한 적응교육 및 인적자본의 향상이 반드시 필요하다. 그러나 실제로 이민자에 대한 문화적 거리와 사회구조적 거리가 반드시 비례하는 것은 아니며, 통합과 분리의 기제도 교육수준에만 의존하지 않는다. 이주자의 '이질성'은 이들을 배제하기 위한 구실로 과장되기 쉬우며, 기존의 원주민이나 내국인들이 아니라 이주자들이 변해야 사회통합을 달성할 수 있다면서 이들에게 부담을 전가하기도 한다.

셋째, 이주민 정책은 공식적 또는 준공식적 지배집단이 사회적 위기에 대응하기 위해 만들어 내는 이주에 대한 담론(discourse)에 근거하고 있으며, 이러한 담론들은 다수 시민들의 인식에 영향을 줌으로써 인종차별주의를 형성한다는 주장이 있다(담론 이론). 이러한 입장의 연구자들은 동화주의뿐 아니라 다문화주의 사회정책도 엘리트들의 권력을 위해 고안되는 것으로 비판한다. 그러나 다수 시민이 사회문제를 바라보는 시각은 엘리트가 제공하는 담론과는 독립적으로 형성될 수 있다는 점을 간과하는 약점이 있다.

네 번째 입장은 인종차별주의의 근거를 이주자나 소수인종의 특성에서 찾는 것이 아니라 차별적 태도를 내면화하는 집단의 특성으로 설명하는 입장이다. 외국인 혐오나 인종차별주의는 민족적 자아와 그 경계를 재정의 하는 방식이며, 위기에 대응하기 위한 특정한 방식으로 세계에 대한 설명을 만들어 낸다고 본다. 특히 인종차별주의는 모든 기득권 집단, 다수 인종이 공유하는 것이 아니라 집단에 따라 매우 불균등하게 확산되어 있으며, 특히 위기를 느끼거나 지위가 불안정한 집단들은 소수인종에 대해 더 차별적인 태도를 취한다.

이러한 논의를 살펴보면 결국 인종차별주의나 외국인 혐오는 '정체성 정치'와 '이익의 정치'가 어떻게 연관되는가와 관련이 있다. 근대 민족국가의 형성 과정을 보면 19세기 후반 무렵 베네딕트 앤더슨이 말했던 '상상적 공동체'로서의 민족이 나타난다. 20세기에 이르면 상상적 공동체는 한걸음 더 나아가 실질적인 이익의 공동체가 되는데, 시민권이 제도화되어 국적을 가진 시민에게는 일정한 권리, 특히 국가에 의한 안전보장, 복지권 등이 제공됨으로써 시민권 자체가 하나의 집합체가 되었다. 시민권의 획득 자체가 한 묶음의 이익을 가져다주는 셈이 되었고 그러한 이익의 경계선을 정한다는 의미에서 사회적 폐쇄(social closure)가 형성된 것이라 볼 수 있다. 셋째, 민족국가의 이익을 실현하는 같은 민족으로 구성된 관료제(national bureaucracy)를 등장시켰고, 한 민족이 한 국가를 소유한다는 의미가 생겨났다. 즉, 이익을 공유하는 단위를 '민족 정체성'의 경계로 설정함으로써 소수 인종과 소수 민족을 배제하는 관념이 나타난 것이다(Marshall, 1950).

다양한 인종과 민족이 공존하는 사회를 경험한 적이 없는 한국인들에게 인종주의는 매우 추상적인 개념으로 느껴질 것이다. 엄한진(2006)에 따르면 외국인 혐오증과 인종주의를 구분하는 하나의 용법으로서, 외국인 혐오증은 다른 민족과의 접촉 경험의 부족에서 오는 원초적인 차원의 거부감 내지 두려움으로, 인종주의는 다른 민족과의 공존 경험이 충분히 길고 이 공존이 일시적인 것에서 영구적인 것이 된 상황에서 나타나는 체계적이고 구조적인 거부로 구분할 수 있다. 이런 기준에 따른다면 한국인의 태도는 인종주의라기보다는 접촉경험의 절대적 부족에서 오는 외국인 혐오증에 가까운 것으로 볼 수 있다. 그러나 최근에는 외국인 혐오증과는 다른 인종주의가 외국인과의 일상적 접촉이 이루어지는 곳, 그리고 이들을 경쟁상대로 여기는 계층을 중심으로 서서히 등장하고 있다고 볼 수 있다.

 제2절 한국의 사회통합 정책의 추진
체계 현황

1. 외국인정책의 법적근거 및 기본방향

1) 법적 근거

우리나라 다문화정책 수행의 법적 기반으로는 2007년에 제정된 '재한외국인처우기본법'과 2008년에 제정된 '다문화가족지원법'이 있다.[3] '재한외국인처우기본법'은 다른 다문화정책 관련법의 상위법적 성격을 갖고 중앙부처 간, 중앙-지자체 간 업무 심의와 조정을 한다. 2007년 이후 이주외국인, 특히 다문화가정에 대한 다문화정책의 법적 기반은 비교적 공고해졌다고 판단된다. '재한외국인처우기본법'이나 '다문화가족지원법'과 더불어 지자체 차원에서 다문화정책을 지원할 수 있는 법적 근거로는 '거주외국인 지원 관련 조례'가 있다. 행정자치부가 2006년에 제시한 '거주외국인 지원 표준조례안'에 의해, 지자체는 해당 지역에 거주하고 있는 외국인을 주민과 동일하게 대우할

---

[3] 그 외에도 외국인에 관련한 법률로는 '출입국관리법', '국적법', '외국인근로자의 고용 등에 관한 법률' 등이 있다.

수 있는 법적 토대를 마련하였다.

〈표 4-2〉 '다문화' 정책 계획 현황

	여성결혼이민자 가족 및 혼혈인·이주자 사회통합 지원방안	다문화가정 교육지원대책	외국인정책 기본방향 및 추진체계	사회비전 2030
발표 시기	2006. 4.	2006. 5.	2006. 5.	2006. 8.
관련 부처	14개 부처 및 위원회	교육인적자원부	외국인정책위원회	대통령자문정책기획 위원회
비전과 목표	여성결혼이민자의 사회통합과 **열린다 문화사회** 실현 - 차별 및 복지사 각지대 해소	문화 민주적 통합(Cultural Democratic Integration)으로 한국을 **문화적 용 해의 장(Cultural Melting Pot)**으로 전환	외국인과 더불어 사는 열린사회 구현 - 외국인 인권존중과 사회통합 - 우수 외국인력 유치 지원	세계와 교류하는 **다 문화사회** - 차별과 배제가 없는 **다문화사회**
주요 내용	- 탈법적 국제결혼 중개방지 및 결 혼당사자 보호 - 가정폭력 피해자 의 안정적 체류 지원 - 한국 사회 조기 정착 지원 - 아동의 학교생활 적응 지원 - 생활안정 지원 강화 - 사회적 인식 개선 - 추진체계 구축	- 다문화가정 지원을 위한 부처 간 협력체계 구축, 우리 국민의 **다 문화주의 의식** 제고 - 지역사회의 다문화가정 지원 협 력체계 구축 지원 - 다문화가정 자녀교육을 위한 교 사 역량 강화 - 교육과정 및 교과서에 **다문화교 육요소** 반영 - 대학생 멘토링 사업을 다문화가 정 자녀에게 확대 - 국제결혼가정 자녀의 이중 언어 학습 지원, 불법체류자 자녀의 신분 안정을 위한 부처 협의 추진	- 외국적 동포 포용 - 결혼이민자, 외국인 여성, 외국인의 자 녀 권익 향상 - 난민에 대한 실질적 인 지원 - 외국인근로자 처우 개선 - 불법체류 외국인 인 권보호 - **다문화사회**로의 통 합기반 구축	- 결혼이민자와 이 주노동자 등 새롭 게 등장하는 사회 적 배제 집단의 기본적 인권 보호 와 사회 통합 촉 진을 위한 기본법 제정, 정부 내 전 담 기구 설치 - 국제결혼이주여성 기초생활보장, 다 문화가족지원센터

2) 기본방향

'재한외국인처우기본법'에 의거해 2008년에 수립된 <제1차 외국인 정책기본계획(2008~2012)>에서는 그동안 소관부처별로 개별적으로 추진해온 정책들을 중장기적 관점에서 종합적·체계적으로 추진하 고자 하고 있다(외국인정책위원회, 2008a).

<표 4-3> 결혼이민자 통합정책의 분류

정책과제의 내용		정책의 대상집단				
		결혼이민자	결혼이민자 자녀	한국인 배우자	한국인 배우자 부모	일반 국민
제도 정비	사회복지제도	국민과 동등한 복지혜택	-	-	-	-
	체류·시민권 제도	안정적 체류 국적 취득요건	-	-	-	-
	국제결혼중개 규제	국제결혼 당사자 보호	-	국제결혼 당사자 보호	-	탈법적 결혼중개 방지
제도 운영	상담과 재발 방지 서비스	가정폭력상담	집단따돌림 학교생활	-	-	-
	한국어, 적응 교육	언어·적응 교육 의무화	-	-	-	-
	인식개선을 위한 교육홍보	-	자긍심 고취 교육	결혼이민자 출신국 사회 이해고취를 위한 교육홍보		인식개선 홍보
접근 방법	쌍방적 적응	이민자와 그 자녀		배우자를 비롯한 한국인		
	민관협력 파트너십	이민자 자체 네트워킹		결혼이민자가족		시민사회 민간복지기관

출처: 설동훈 외(2006), 「결혼이민자 가족실태조사 및 보건복지지원 정책방안」, 보건복지부.

2. 다문화정책 추진체계 현황분석

1) 주요행위자와 사업 현황

(1) 주요행위자

<제1차 외국인정책기본계획>의 주요 정책과제별 주관부처를 분석해 보면 중앙부처 중 외국인정책의 소관부처로는 법무부, 지식경제부, 외교부, 노동부, 교육과학기술부, 행정안전부, 문화체육관광부, 국토해양부, 보건복지가족부, 농림수산식품부, 경찰청, 해양경찰청, 중소기업청, 식품의약품안전청이 있다. 다만 예산을 투입하지 않는 중

앙부처들을 제외할 경우에는 2009년을 기준으로 법무부(103.31억 원), 지식경제부(26억 원), 노동부(157.12억 원), 교육과학기술부(329.80억 원), 행정안전부(24.29억 원), 문화체육관광부(58.65억 원), 보건복지가족부(345.50억 원), 여성부(40.87억 원), 농림수산식품부(4억 원), 중소기업청(21.30억 원)이 중앙 차원의 주요 행위자라 할 수 있다. 광역자치단체의 경우 다문화정책 주무부서로는 여성가족 관련 부서가 있다. 거주 외국인 집단의 특성에 따라 광역자치단체 중 광역시와 수도권의 경우 국제협력 부서와 경제노동 관련 부서가 다문화 관련 업무를 담당한다. 기초자치단체의 경우 기본적으로 자치행정, 사회복지, 주민지원 부서에서 다문화 업무를 담당한다. 그 외에는 지역의 특성에 따라 보건소, 여성정책, 농업 관련 부서에서 다문화 관련 업무를 담당하는 것으로 나타났다(행정안전부, 2008). 그 외에도 매우 다양한 공공기관들과 민간기관들이 다문화사업과 프로그램에 참여하고 있다.

〈표 4-4〉 외국인정책의 주요행위자

행위자 분류		부처(부서) 및 기관
중앙정부		법무부/지식경제부/노동부/교육과학기술부/행정안전부/문화체육관광부/보건복지가족부/여성부/중소기업청
지자체	광역자치단체	가족여성정책/복지정책/국제협력/문화정책/보건위생정책/노동정책/투자진흥/외국인지원/농어촌정책
	기초자치단체	자치행정/사회복지/민원봉사/문화체육/의약·보건/여성·아동
공공 기관		건강가정지원센터/외국인근로자지원센터/결혼이민자(다문화)가족지원센터/사회복지관/글로벌빌리지센터/외국인지원센터/여성회관/고용지원센터/국제교류재단/교육청/출입국관리사무소/지방경찰청/공공연구소/국공립대학
민간 기관		이주여성인권센터/외국인노동자지원센터/사회복지관/민간학교/종교단체/교육센터/민간사회복지법인/이주민여성상담소/외국인노동자상담소/쉼터/이주민센터/국제교류센터/YMCA/외국인노동자의집/민간연구소/사립대학

출처: 외국인정책위원회, 2008a 및 행정안전부, 2008 자료분석정리.

(2) 사업예산 및 특성

향후 외국인정책의 예산과 사업을 살펴보면 우리나라 외국인정책의 몇 가지 특징을 파악할 수 있다. 첫째, 지자체 역할의 강화이다. 외국인정책의 투자규모를 보면 연도별 예상총액이 점차 증가하고 있는데, 국비 대비 지방비의 비중은 평균 18% 수준에 머물고 있다. 이는 현재 우리나라의 외국인정책이 주로 중앙정부가 중심이 되어 수행하는 체계임을 보여 준다. 다만 연도별 예산을 보면, 지방비의 비중이 조금씩 높아지는 것으로 분석되기 때문에 외국인 정책에 대한 지자체들의 참여가 증가할 것으로 예상된다. 또한 그동안 중앙정부가 수행해 왔던 서비스 전달기관의 지자체 이양이 가속화되고 있다. 그동안 부처별로 구축한 기존 서비스 전달기관들에 대한 지자체의 권한과 책임을 강화하기 위해서 광역자치단체의 지역 내 전달기관 지정권 이양과 지역 내 전달기관 간 차등적 예산배분권을 인정하고 있다.

둘째, 사회통합 및 인권옹호 분야의 강화이다. 분야별로 살펴보면 총 투자액의 35.4%는 개방적 이민허용 분야, 55.6%는 질 높은 사회통합 분야, 5.6%는 질서 있는 이민행정 분야, 3.4%는 외국인 인권옹호 분야에 투자될 계획이다. 즉, 개방적 이민허용과 질 높은 사회통합 분야가 전체 투자규모의 91.0%를 차지하고 있다. 분야별 투자증가율을 살펴보면, 2008년 대비 2012년 증가율은 개방적 이민허용 122.5%, 질 높은 사회통합 228.3%, 질서 있는 이민행정 126.7%, 외국인 인권옹호 654.0%로 외국인의 사회통합과 인권옹호 분야의 비중이 점차 높아지는 추세이다. 이는 우리나라 외국인 정책의 강조점이 점차 사회통합과 인권보호에 주어지는 것으로, 다문화사회의 내적 통합과 국제적 위상 강화를 위해 매우 긍정적인 변화라 판단된다.

<표 4-5> 2008~2012년 외국인정책 투자규모

(단위: 억 원)

구분		계	'08	'09	'10	'11	'12
계		6,126,93	828,29	1,007,54	1,285,98	1,466,73	1,538,39
국비	일반회계	2,635,58	343,12	467,72	536,19	621,50	667,05
	특별회계	185,00	185,00	-	-	-	-
	기금	2,331,58	161,72	398,33	538,51	606,94	626,08
	소계	1,152,16	689,84	866,05	1,074,70	1,228,44	1,293,13
지방비		947,77	111,45	141,49	211,28	238,29	245,26
기타(민자 등)		27,00	373,24	431,45	436,24	457,57	469,59
분야별	개방적 이민허용	2,168,09	373,24	431,45	436,24	457,57	469,59
	질 높은 사회통합	3,405,29	385,52	490,25	743,01	879,10	907,41
	질서 있는 이민행정	340,50	60,50	44,00	58,00	76,00	102,00
	외국인 인권옹호	213,05	9,03	41,84	48,73	54,06	59,39

출처: 외국인정책위원회(2008b). 2009년도 중앙부처시행계획: 제1차 외국인정채기본계획(2008~2012). 법무부 출입국·외국인정책본부.

셋째, 사회통합분야에서 지자체의 중요성이다. 지역의 정착 외국인이 증가하면서 지자체별로 이주민들의 사회통합 필요성이 증가하게 되었다. 따라서 지자체들은 주로 사회통합 분야 사업들을 중요시하고 있다. 2009년도 전체 지자체 사업 586개 중 질 높은 사회통합 분야 사업이 523개를 차지하고 있으며, 지자체들은 지역의 특성에 맞는 특색 있는 사업들을 개발하고 있다(외국인정책위원회, 2008b).

2) 추진체계 유형 분석

(1) 중앙부처 추진체계 유형

다문화정책은 기존의 어떤 정책보다 다양한 행위자들이 관련되어 있다. 중앙부처들, 광역과 기초 지자체, 특별지방행정기관, 공공기관,

유관기관, 대학, 연구소, 민간단체, 각종 센터 등이 연계되어 있으며, 이들 간에는 여러 가지 형태의 상호작용이 발생한다. 따라서 다문화 정책은 중앙정부 부처 간, 지자체 간, 중앙-지자체 간, 정부-민간 간에 상호의존적 관계가 있으며 이들이 각자가 지닌 경험이나 자원을 공동으로 활용함으로써 사회통합이라는 다문화사회의 목표를 달성할 수 있다. <제1차 외국인정책기본계획>에서는 2009년도 중앙부처별 외국인 정책 시행계획을 개방적 이민허용, 질 높은 사회통합, 질서 있는 이민행정, 외국인 인권옹호의 4대 분야로 분류하여 사업별 추진체계를 제시하고 있다. 본 연구에서는 우리나라 중앙부처 다문화정책 추진체계를 제시하고 있다. 유형을 파악하기 위해서 전체 사업들에 대한 분석을 실시하였다. 그 결과 매우 다양한 유형의 추진체계가 있는 것으로 파악되었다. 보다 체계적인 유형화 작업을 위해서 여기에서는 '서비스전달의 계층'을 기준으로 삼아 <그림 4-1>와 같이 4가지 유형으로 구분하였다.

첫째, 1단계 유형은 사업이 중앙부처 차원에서만 이루어지는데, 하나의 중앙부처가 추진하는 경우와 관련 부처들이 협력해서 추진하는 경우로 구분할 수 있다. 이민 혹은 외국인 인권과 관련한 사업들은 대부분 여기에 속한다. 몇 개의 중앙부처가 협력해서 공동으로 사업을 추진하는 경우도 있는데, 예를 들어, 노동부와 법무부는 전산의 연계로 '외국인근로자 고용절차 간소화 사업'을 추진하고 있다.

둘째, 2단계 유형은 주로 중앙부처가 사업 및 예산을 결정하고, 다양한 형태의 기관들이 사업을 집행하는 추진체계를 갖는다. '외국인환자 의료코디네이터 양성 사업'의 경우 보건복지가족부가 사업을 총괄하고 한국보건복지인력개발원+한국보건산업진흥원+한국관광공사(공공기관)가 사업을 집행하며, '다문화 교재개발 사업'의 경우 교육과학기술부와 중앙다문화교육센터(센터)의 추진체계를 지니고 있다. '취업실태 파악 사업'의 경우 법무부와 각 지방 출입국관리사무소의 추진체계(특별지방행정기관)를 갖추고 있으며, '사회보장수급권 사업'의 경우 보건복지가족부가 주관하고, 사업시행 주체는 시군구청장(지자체)이 된다. 그 외에도 '외국인 장애인 복지서비스'의 경우 아래 <그림 4-1>과 같이 보건복지가족부와 법무부가 기본제도 및 운영을 총괄하고 시군구가 협력하는 보다 복잡한 형태를 지니기도 한다.

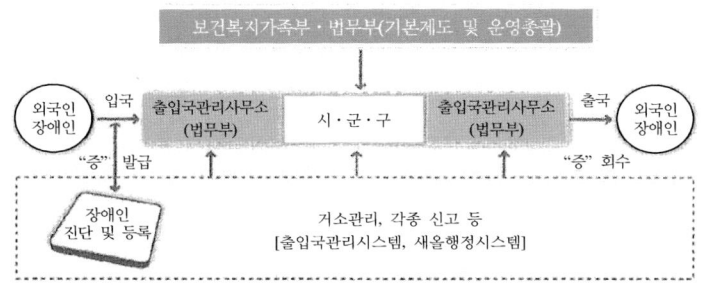

출처: 외국인 정책위원회. 2008b. 2009년도 중앙부처시행계획: 제1차 외국인정책기본계획(2008~2012). 법무부 출입국ㆍ외국인정책본부.

〈그림 4-1〉 보건복지가족부ㆍ법무무 외국인 장애인 복지서비스 사업 추진체계

셋째, 3단계 유형은 지자체가 개입하는 형태와 개입하지 않는 형태로 구분할 수 있다. 지자체가 개입하는 형태의 예로는 행정안전부-광역-기초의 추진체계가 갖는 '외국인주민 거주 실태조사 사업'과 여성부(지침마련 및 평가)-지자체(선정ㆍ운영, 사업계획 및 결과보고)-민간단체(사업수행 및 결과보고)의 추진체계를 갖는 '국제결혼 정보제

공 프로그램 운영사업'이 있다. 지자체가 개입하지 않는 형태의 예로
는 교육과학기술부(주관)-한국과학재단(위탁)-대학(협력체결)의 추진
체계를 갖는 '해외학자 유치지원 사업'과 보건복지가족부(사업총괄)-
중앙관리기관(한국외대, 프로그램 개발, 사업관리)-다문화가족지원센
터(사업진행)의 추진체계를 갖는 '결혼이민자 통·번역 서비스 사업'
이 있다.

넷째, 4단계 유형은 최종적인 사업집행기관의 성격에 따라 두 가지
로 구분된다. 예를 들어, '찾아가는 임신·출산지원 사업'의 경우 보건
복지가족부(사업총괄)-시·도(사업지도·감독)-시·군·구(사업지도
·감독)-다문화가족지원센터(사업집행)의 추진체계를 갖추고 있으며,
'교육과학기술부 관련 사업들'은 주로 교육과학기술부-시도교육청-지
역교육청-학교의 추진체계를 갖는다. 그 외에도 '사회취약계층 대상
문화예술 교육 활성화 지원사업'의 경우 4단계의 추진체계를 지니고
있지만 문화예술진흥원과 지자체의 관계가 수직적인 것은 아니다.

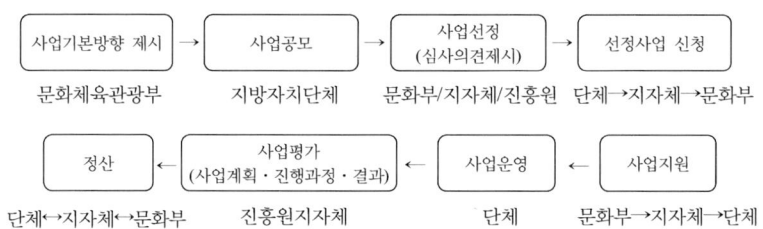

출처: 외국인정책위원회. 2008b. 2009년도 중앙부처시행계획: 제1차 외국인정책기본계획(2008~2012). 법무
부 출입국·외국인정책본부.

〈그림 4-2〉 사회취약계층 대상 문화예술교육 활성화 지원사업 추진체계

(2) 지자체 추진체계유형: 경기도를 중심으로

경기도는 관내 외국인주민이 2008년 5월 현재 277,991명으로 우리나라 전체 외국인주민의 31.2%가 거주하는 최다거주지역이다. 외국인주민의 유형을 보면 외국인근로자(173,230명), 국제결혼이주자(27,770명), 혼인귀화자(11,625명), 이주민가정자녀(11,131명), 유학생(5,721명) 등의 순으로 나타나며, 국적별로는 중국(조선족), 베트남, 필리핀, 태국, 몽골, 인도네시아, 미국 등의 순이다. 시·군별로 살펴보면 외국인주민이 1만 명 이상인 시로는 안산, 수원, 화성, 성남, 시흥, 부천, 용인, 고양, 김포의 9개 시가 있다.

경기도는 2009년도에 총 36개의 외국인 정책 관련 사업(<표 4-6> 참조)을 수립·추진하고 있는데, 적극적 개방 관련 사업 13개, 질 높은 사회통합 관련 사업 18개, 질서 있는 이민행정 관련 사업 1개, 외국인 인권옹호 관련 사업이 4개이다. 경기도 외국인 정책의 추진 주체를 보면 광역자치단체인 경기도의 경우에는 가족여성정책, 투자진흥, 방호예방, 복지정책, 보건위생정책 부서가 사업을 담당하고 있으며, 기초자치단체의 경우에는 가족여성, 복지, 국제, 기업지원, 지역경제, 자치행정, 총무, 보건소 등의 부서가 주로 사업을 담당하고 있는 것으로 나타났다(행정안전부, 2008). 그 외에도 사회복지관·노동자쉼터·다문화가정지원센터·종교단체시설 등의 민간단체와 건강가정지원센터·다문화가족지원센터·고용지원센터·복지센터·교육청 등의 공공기관이 지역의 다문화사업이나 프로그램에 관여하고 있는 것으로 나타났다. 2009년도 경기도 시행계획을 보면, 전체 36개 사업 중 광역자치단체가 추진하는 사업은 14개인 것으로 파악되었다. 광역자치단체인 경기도가 관여하는 22개 사업 중에서 가족여성정책과가 담당하는 사업의 숫자가 총 15개로 도의 부서들 중에서 가족여성정책과의 비중이 매우 높은 것으로 분석되었다. 특히 사회통합 사업의 경우 광역자치단체 관여 사업 10개 중에서 소관부서가 가족여성정책과인 사업이 9개로 파악되었다.

예산을 기준으로 사업유형을 분류하면 크게 광역 혹은 기초의 예산이 100%인 사업, 광역과 기초의 예산이 각 50%인 사업, 국가예산이 70%, 지자체 예산이 30% 수준인 사업으로 유형화할 수 있다. 경기도가 100%의 예산을 투입하는 사업으로는 외투기업 어학프로그램 운영, 명예소방관, 24시간 진료시스템 운영, 생활 안내책자 발간, 결혼이민자 사회적응지원, 세계인의 날 기념행사, 다문화가족 소식지 발간, 외국인근로자 의료지원 사업이 있다. 이 중에서 24시간 진료시스템 운영 사업, 외국인근로자 의료지원사업은 규모의 경제 측면이나 조직망 구축에 있어 기초가 수행하기 어려운 매우 적절한 사업이라 판단된다. 그리고 외투기업 어학프로그램 운영은 현재 경기도가 주력하고 있는 외국인투자와 관련된 사업이므로 향후 외국인투자기업과 관련한 보다 다양한 프로그램을 개발할 필요가 있다. 반면 생활 안내책자 발간, 결혼이민자 사회적응지원, 다문화가족 소식지발간 사업들은 기초자치단체의 사업과 중복되는 측면이 있으므로 기초자치단체로의 사업 이양이 바람직한 것으로 판단된다. 기초자치단체가 100%의 예산을 투입하는 사업은 지자체가 직접 수행하는 사업과 민간단체 등에 위탁해서 수행하는 사업으로 구분할 수 있다. 특히 주목할 만한 사업들로는 안산시가 직접 수행하는 찾아가는 통역지원 서비스, 다문화이해 교재·자료 발간, 다문화 이해강좌 및 문화체험, 이민자자녀 학습지원, 거주이주민 인권조례 제정 사업이 있다. 왜냐하면 이러한 사업들은 사업의 전문성(통역지원), 적극성(찾아가는 지원), 범위(내국인 대상), 진보성(인권조례), 지역특성 반영(근로자) 측면에서 다른 기초자치단체들의 사업과는 차별화되는 특성을 지니고 있기 때문이다.

출처: 한승준(2009), 「다문화사회 형성에 따른 정책추진체계 구축방안: 한국적 모델의 탐색. 다민족·다문화사회로의 이행을 위한 정책 패러다임 구축(Ⅲ) 아시아 지역의 이주와 사회통합 자료집」, 한국여성정책연구원.

〈그림 4-3〉 중앙부처 추진체계 유형

<表 4-6> 경기도 외국인 정책 사업의 주체, 예산, 소관부서

사업명	주체			예산배분			소관부서
	광역	기초	기타	광역	기초	국비	
적극적인 개방을 통한 국가경쟁력 강화							
외국인주민 직업능력개발 지원	경기	시군		50	50		가족여성정책과
찾아가는 통역지원 서비스(자체)		안산			100		외국인주민센터
- 외국인주민 한국어 교실 - 외투기업 어학프로그램 운영	경기 경기	시군	전문기관위탁	50 100	50		가족여성정책과 투자진흥과
외국인근로자 명예소방관 위촉(자체)	경기			100			방호예방과
외국인근로자 등 의료서비스 지원(자체)	경기		건강보험심사 평가원→병원	30		70	보건위생정책과
외국인근로자 자녀보육 지원(자체)	경기	시군	보육시설	30	70		보육정책과
24시간 진료시스템 운영 (자체)	경기		병원	100			가족여성정책과
다문화도서관 운영 찾아가는 도서관 운영		평택 광주			100 100		평택시립도서관 광주시립도서관
외국인주민 생활안내 책자 제작	경기	평택 안성		100	100		가족여성정책과
외투기업 생활문화 및 교류활성화	경기		외투기업 협의회 위탁	100			투자진흥과
외국인주민 생활체육교실		파주	파주시체육회		100		파주시총무과
질 높은 사회통합							
다문화 이해 교재·자료 발간		안산	외국인주민센터		100		외국인주민센터
다문화 이해 강좌 및 문화체험		안산			33	67	외국인주민센터
포럼·세미나 등 개최		평택			100		기획예산과
어린이 외국어회화교실 (자체)		안성			100		사회복지과
외국인지원 관련단체 구성·운영(자체)		수원	외국인복지센터		100		국제통상과
세계인의 날 기념행사 등	경기	시군		100			가족여성정책과

사업명			전달기관				담당부서
외국인주민 한국문화 체험	경기	시군		50	50		가족여성정책과
다문화가족 친정나들이 (자체)		성남	다문화가족 지원센터		100		가족여성과
결혼이민자 사회적응 지원(자체)(한국어교육, 캠프, 자조모임)	경기		위탁운영	100			가족여성정책과
결혼이민자 한국어교육	경기	시군구	직접/위탁	50	50		가족여성정책과
다문화가족 소식지 발간	경기		위탁운영	100			가족여성정책과
다문화가족 방문교육사업	경기	시군	보건복지가족부 다문화가족지원센터	15	15	70	가족여성정책과
다문화가족지원센터 운영지원	경기	시군	보건복지가족부 다문화가족지원센터	15	15	70	가족여성정책과
결혼이민자 맞춤형 취업 지원	경기	시군	취업교육기관	50	50		가족여성정책과
다문화가족 여성농업인 교육		평택			100		농업기술센터
국제결혼중개업 등록제 조기정착	경기	시군구	보건복지가족부	예산사업 아님			복지정책과
국제결혼 희망자 사전교육	경기		여성부 위탁교육기관	30		70	가족여성정책과
이민자 자녀 학습지원		안산			100		외국인주민센터
질서 있는 이민행정 구현							
이민분야 국제회의 참여 확대	경기		IOM·외교부·법무부	54.7 (77/23)		45.3	가족여성정책과
외국인 인권옹호							
거주이주민 인권조례 제정(자체)		안산			100		외국인주민센터
여성결혼이민자 보호시설 운영	경기	시군	여성부 보호시설	15	15	70	가족여성정책과
외국인근로자 의료지원	경기		경기도의사회	100			보건위생정책과

출처: 외국인정책위원회(2008c), 2009년도 지방자치단체시행계획 II : 제1차 외국인정책기본계획(2008~2012) 분석 · 정리.

중앙부처와 마찬가지로 '서비스전달의 계층'을 기준으로 삼아 경기도의 2009년도 외국인정책 시행계획을 분석해 본 결과 다음 <그림 4-4>에서처럼 중앙부처와 유사한 형태의 추진체계가 존재하는 것으로 파악되었다.

첫째, 1단계 유형은 광역자치단체나 기초자치단체가 단독으로 사업을 추진하는 형태이다. 이러한 형태의 사업들은 예산도 해당 지자체가 100%를 충당하는데, 경기도의 '외국인근로자 명예소방관위촉 사업'이나 안산시의 '찾아가는 통역지원 서비스 사업' 등이 그 예이다. 둘째, 2단계 유형은 광역자치단체나 기초자치단체의 단독사업을 민간단체 등에 위탁하는 형태와 광역자치단체와 기초자치단체가 예산을 분담하면서 기초자치단체가 사업을 수행하는 형태이다. '외투기업 어학프로그램 운영 사업'은 경기도가 추진하면서 전문기관에 위탁하며, 파주시는 '외국인주민 생활지원교실 사업'을 파주시 체육회에 위탁하고 있다. '외국인주민 한국어교육 사업'은 경기도와 시군이 공동으로 추진하는 형태이다. 셋째, 3단계 유형은 광역과 기초지자체가 예산을 분담하면서 공공기관, 민단단체 등에 사업을 위탁하는 형태와 예산은 광역이 전담하거나 국비가 투입되면서 공공기관을 거쳐 민간단체 등이 수행하는 형태이다. '외국인근로자 자녀보육지원 사업'은 경기도와 시군이 30대 70으로 예산을 분담하면서 보육시설에 운영을 맡기는 형태이며, '외국인근로자 등 의료서비스 지원 사업'의 경우 경기도와 국가가 30대 70으로 예산을 분담하면서 건강보험심사평가원이 지역별로 6개 도립의료원을 선정하여 운영하는 형태이다.

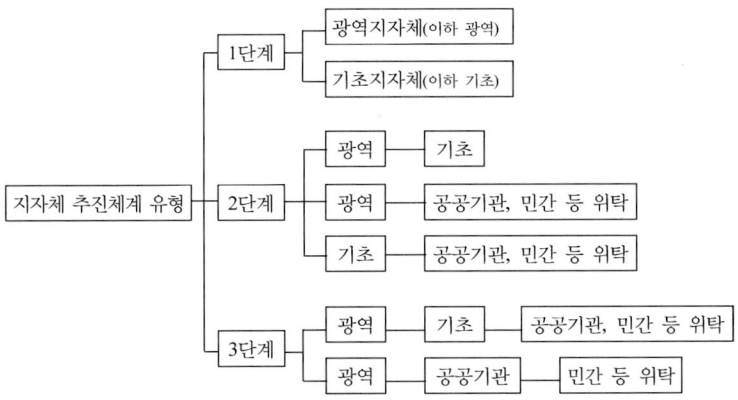

출처: 한승준(2009), 「다문화사회 형성에 따른 정책추진체계 구축방안: 한국적 모델의 탐색. 다민족 · 다문
화사회로의 이행을 위한 정책 패러다임 구축(Ⅲ) 아시아 지역의 이주와 사회통합 자료집」, 한국여성
정책연구원.

〈그림 4-4〉 지자체 추진체계 유형

3) 한국적 모델의 탐색

이주와 외국인 정책의 역사, 외국인정책의 방향, 다문화정책 추진
체계의 주요 특징을 근거로 우리의 실정에 적합한 다문화정책 추진
체계 개선방안을 제시하면 다음과 같다.

첫째, 중앙부처 차원의 정책조정체계 강화이다. 국제결혼에 의한
다문화가족의 폭발적 증가, 외국인의 다양화 등으로 인한 새로운 정
책문제가 발생함에 따라 정부부처들은 단기적 필요성에 대응하여 개
별적으로 정책을 추진해 왔다. 그 결과 중앙부처들의 다문화 정책 간
의 중복 및 혼선이 발생하였다. 따라서 다문화정책의 일관성과 종합
성을 확보하기 위한 정책조정 기능을 강화할 필요가 있다. 이를 위해
서 부처별 사업 결정 시 '외국인정책실무위원회' 등을 통해서 업무를

조정하고, 부처 간에 사업을 공동으로 추진하는 경우에는 이에 대한 각종 인센티브를 제공하는 제도를 마련할 필요가 있다. 사업추진 이후에는 부처별 사업에 대한 평가를 통해 부처별 중복사업에 대한 재발방지 대책을 마련해야 한다.

둘째, 중앙부처와 지자체 간 협력체계 강화이다. 다문화정책은 그 특성상 각 지자체가 시행하는 경우가 많으나 외국인정책에 관한 주요사항을 결정하는 '외국인정책실무위원회'의 구성에 있어 실제 법안을 시행하는 지자체가 제외되어 있다. 이에 따라 다문화 정책 결정에 있어 중앙정부 부처들의 입장이 주로 반영되고, 실제 사업을 시행하는 지자체와 현장의 입장이 제대로 반영되고 있지 못하다. 따라서 '전국시도지사협의회'의 대표가 위원회 위원이 되도록 규정을 변경할 필요가 있다.

셋째, 지역차원 추진체계의 정비이다. 외국인정책 중앙 부처들은 다문화정책 수행을 위해서 다음 <그림 4-5>와 같은 다양한 유형의 추진체계를 갖추고 있다. 교육과학기술부, 노동부, 보건복지가족부의 경우 지역의 일선행정기관을 두고 이들을 직접 활용하거나 지자체, 지역의 대학이나 학교, 비영리민간단체, 민간기관 등에 사업을 위탁하고 있다. 반면, 지역에 일선 행정기관이 없는 중앙 부처들의 경우에는 지자체나 대학, 비영리단체, 민간단체 등을 통해 사업을 위탁하고 있다.

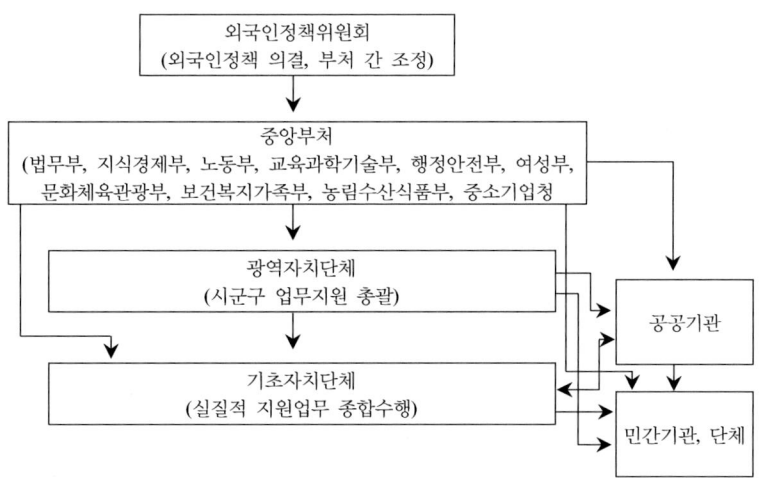

출처: 한승준(2009), 「다문화사회 형성에 따른 정책추진체계 구축방안: 한국적 모델의 탐색. 다민족·다문화
  사회로의 이행을 위한 정책 패러다임 구축(Ⅲ) 아시아 지역의 이주와 사회통합 자료집」, 한국여성정책
  연구원.

〈그림 4-5〉 우리나라 다문화정책의 현행 추진체계

이처럼 중앙부처의 사업이 다양한 경로를 통해 지역에 전달되기 때문에, 지역에서 이루어지는 다문화 사업의 중복이나 혼선이 발생해서 사업의 효율성을 저해하는 것으로 분석되었다. 지역에서 수행되는 다문화 사업의 중복성을 극복하기 위한 방안으로 정부는 사회통합서비스 전달기관들을 중앙부처에서 광역 지자체로 이양하는 방안을 추진하고 있다. 즉, 부처별로 구축한 기존 서비스 전달기관인 보건복지가족부의 다문화가족지원센터, 노동부의 외국인근로자지원센터, 법무부의 다문화사회통합거점대학에 대한 지정권과 예산배분권을 광역자치단체로 이양하는 것이다(외국인정책위원회, 2008c).

넷째, 광역지자체와 기초지자체의 업무분담 명확화이다. 경기도의 외국인정책 시행계획들을 검토한 결과 광역과 기초의 사업이 명확하게 구분되지 않는 것으로 나타났다. '재한외국인 처우기본법'과 '다문화가족지원법'에서도 광역자치단체와 기초자치단체의 기능에 관한 구분을 하고 있지 않다. 그 결과 지역에서 수행되는 유사한 성격의 다문화 사업을 광역자치단체와 기초자치단체가 중복 수행하거나, 광역 차원에는 적합지 않는 사업을 수행하기도 한다. 따라서 광역자치단체와 기초자치단체의 업무를 구분할 필요가 있다. 광역자치단체의 업무로는 중앙부처의 지역 사업 총괄, 사업효율성, 예산, 조직 등의 이유로 기초자치단체가 수행하기 어려운 사업, 지역(광역)이 전략적으로 수행해야 할 사업 등이 있다. 기초자치단체의 업무로는 지역(기초) 내 업무의 총괄 및 지원, 현장 위주의 실질적 서비스 제공, 지역(기초)의 실정에 적합한 업무 수행 등이 있다. 또한 현행 '거주외국인 지원 표준조례안'을 '광역표준조례안'과 '기초표준조례안'으로 구분하는 방안도 검토할 수 있다.

다섯째, 전담부서의 설립 및 다문화지원협의체 구성이다. 중앙정부 차원에서는 다문화정책이 활발하게 추진되고 있는 반면, 이를 수행할 지자체에서는 전담부서를 설립해 다문화사업을 수행하는 것이 기존 부서를 통해 사업을 수행하는 것보다 전문성, 적극성, 지역특성 반영 등의 측면에서 효과적인 것으로 분석되었다. 따라서 일정 규모 이상의 외국인 주민(1만 명 이상)이 거주하는 기초자치단체의 경우, '외국인주민센터'의 설치를 의무화하는 방안을 검토할 필요가 있다. 또한 지자체를 중심으로 한 유관기관 및 단체들의 협력체를 구축할 수 있다. 즉, '거주외국인 지원 조례안'에 지자체와 의회, 교육청, 출입국관리사무소, 농협, 다문화지원센터, 사회복지관, 대학, 민간단체 등이 참여하는 '다문화지원협의체' 구성을 의무화하는 방안을 검토할 수 있다. 지자체 중심의 협의체가 구축될 경우 현재의 형식적인 '외국인주민지원시책위원회' 중심의 협의체 운영에서 보다 효율적인 협력체계를 구축해 나갈 수 있다.

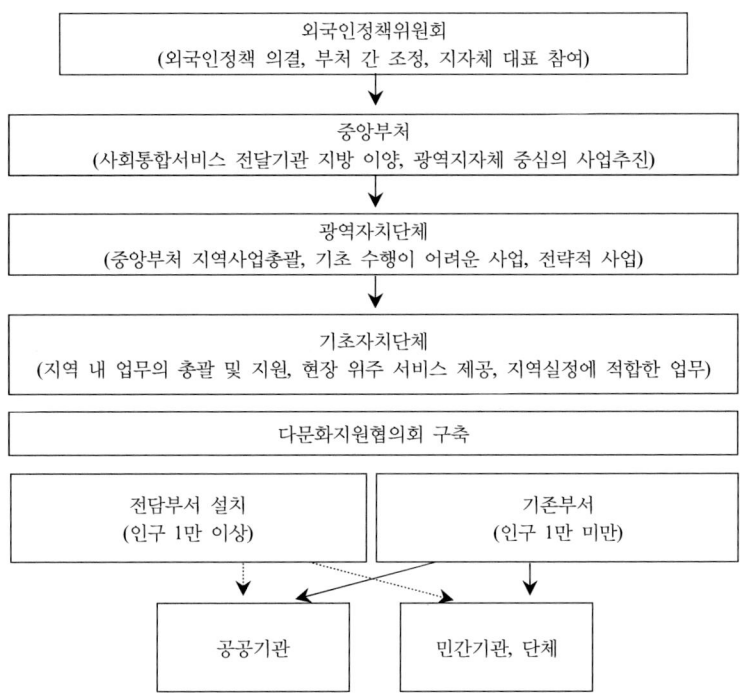

외국인정책위원회
(외국인정책 의결, 부처 간 조정, 지자체 대표 참여)

중앙부처
(사회통합서비스 전달기관 지방 이양, 광역지자체 중심의 사업추진)

광역자치단체
(중앙부처 지역사업총괄, 기초 수행이 어려운 사업, 전략적 사업)

기초자치단체
(지역 내 업무의 총괄 및 지원, 현장 위주 서비스 제공, 지역실정에 적합한 업무)

다문화지원협의회 구축

전담부서 설치
(인구 1만 이상)

기존부서
(인구 1만 미만)

공공기관

민간기관, 단체

출처: 한승준(2009), 「다문화사회 형성에 따른 정책추진체계 구축방안: 한국적 모델의 탐색. 다민족·다문화사회로의 이행을 위한 정책 패러다임 구축(Ⅲ) 아시아 지역의 이주와 사회통합 자료집」, 한국여성정책연구원.

〈그림 4-6〉 우리나라 다문화정책의 향후 추진체계 모델

제3절 다문화사회와 외국인정책의 특징

2009년 현재 우리나라 거주 외국인은 전체 인구의 2.2%로서 2008년에 비해 24.2%가 증가하였다. 전체 외국인 주민 중 국적취득자 비율도 증가하고 있는데 올해는 7.4%인 65,511명이 귀화·출생·결혼 등을 통해 국적을 취득했다. 거주 외국인을 유형별로 보면, 외국인 근로자가 전체 외국인의 52%, 결혼이민자가 11.4%, 그 외 유학생 7%, 재외동포 4%, 기타외국인 9.3%이다. 이민자의 구성비는 중국, 동남아, 미국, 남부아시아, 일본, 대만, 몽골 순으로 아시아 지역에서 유입되는 이민자의 비율이 높다. 이민자의 증가와 더불어 국제결혼이 증가하면서 다문화가정이 늘어나고 있으며, 국가 구성의 다양성이 더욱 높아지고 있다. 2001년에 25,182명이었던 국제결혼자 수가 2007년에는 167,090명으로 증가하였다. 국적별로 살펴보면, 중국이 과반수를 차지하였으며, 베트남, 필리핀, 일본, 몽골 등의 순으로 나타났다.

우리나라 다문화사회의 특징은 다음과 같이 요약될 수 있다. 첫째, 우리 사회의 외국인 인구는 큰 폭으로 증가하였지만, 주요 국가들과 비교했을 때 전체 인구에서 외국인이 차지하는 비율은 매우 낮은 수준에 머물고 있다. 우리나라의 외국인 비율은 1995년 0.27에서 2009년의 2.2%로 상당히 늘어났지만 다른 세계도시와 비교하면 매우 낮은 수준이다. 외국인 비율이 가장 높은 곳은 경기도, 서울, 인천의 순으로 대부분 수도권에 집중되어 있으며, 나머지는 농어촌지역에 한정되어 있다. 둘째, 이민자의 출신국가가 대부분 주변 아시아 지역에서 유입되고 있으며, 노동자 유입과 결혼이민자 유입 모두 경제적 동기에 기인한다. 셋째, 농어촌 지역에서 국제결혼이 증가하면서 한국인 남편과 외국인 아내로 구성되는 다문화가정이 증가하고 있다. 이미 우리 사회의 국제결혼율은 10%를 상회하고 있는데, 2005년에는 42,356건으로 전체 결혼 중에서 국제결혼율이 13.5%를 차지하였으며, 특히 농촌지역인 전남의 경우 26.8%로 4건 중 1건을 차지하는 것으로 나타났다. 국제결혼에 의한 다문화가족이 단기간에 폭발적으로 증가하는 현상은 외국에서 그 유례를 찾기 힘든 우리나라만의 독특한 특징이다. 그리고 다문화가정에 대한 다문화정책의 방향은 자연스럽게 동화주의 정책을 지향하게 된다. 넷째, 현재에도 우리나라 정부와 내국인들의 다문화정책에 대한 관심은 다문화가족을 중심으로 온정적으로 이루어지고 있다. 또한 우리나라의 다문화정책은 다양한 이주자 가운데 여성결혼이민자나 다문화가족 자녀와 관련되어 거론될 뿐이며, 이주자 가운데 가장 많은 수를 차지하는 외국인 노동자는 다문화정책의 핵심에서 배제되고 있는 실정이다(김이선, 2007a). 또한 내국인들의 여성결혼이민자와 외국인 노동자에 대한 태도 역시 이중적 태도를 형성하고 있다(한승준, 2008).

최근까지 우리나라 외국인 정책은 다음과 같은 특징을 지니고 있는 것으로 평가된다. 첫째, 과거 안보를 우선시하여 정립된 외국인에 대한 통제·관리 중심의 정책기조가 지속되면서 외국 인적 자원의 전략적 활용이 제대로 이루어지지 못한 경향이 있다. 둘째, 체류외국인의 증가로 인해 이민자 사회 통합 등 과거에는 경험하지 못했던 새로운 유형의 정책문제가 발생하고 있으나 이에 대한 적시성 있는 대응이 미흡하였다. 셋째, 부처별·분야별로 단기적 필요성에 따라 개별 정책을 추진함으로써 이로 인해 외국인에 대해 온정적으로 접근하거나 산업수요에 대해 임시방편적으로 대응하였다. 또한 다양한 정책문제에 대한 관심과 노력은 상당하나 중앙정부, 지자체, 민간부문 간 역할이 불분명하여 효율적인 정책추진에 한계가 있었던 것으로 평가된다(외국인정책위원회, 2007).

 # 제4절 정책방향과 결론

　다문화사회를 지향하는 지방정부가 직면할 수 있는 장애요인에 대한 논의는 지방정부로 하여금 취할 수 있는 몇 가지 정책 방향을 제시한다(평택대학교 특성과 사업단, 2007).

1. 다문화사회에 대한 보수적인 정치적 태도의 불식과 공감대 형성

　다문화 서비스의 공급과 다문화주의에 대치되는 정치적 태도가 중요한 제약요인으로 작용할 것인바, 이러한 태도가 지방정부의 구성원과 주민들을 대상으로 비교 문화적(cross-cultural) 인식교육 프로그램 등을 실시함으로써 내향적 국제화를 지향할 필요가 있다. 사실 다문화를 가진 소수집단의 사회통합 문제는 단지 한국에 거주하는 외국인 노동자나 국제결혼 가족들만의 문제가 아니라, 이주가 증대하는 세계화 시대에 한국 사회가 보다 포괄적인 사회통합의 틀을 어떻게 정립해야 하는가라는 보편적인 전체 사회의 과제로 이해할 수 있기 때문이다. 이주의 증대로 인한 다문화 사회화는 시간이 경과함에 따라 새로운 사회문화적 쟁점들을 제기하게 된다. 현재 외국인 노동자는 대표성을 갖기 어려운 소수민족 소집단(ethnic minorities)으로 존재하고 있으나, 시간이 경과할수록 소수민족 공동체(ethnic communities)로 성장할 가능성이 있으며 이들 공동체를 포용하고 인정하는 문제가 조만간 제기될 것이다(이수연 외, 2006). 따라서 의회의원, 공무원, 주민 등 지역 구성원 모두의 문화적 다양성에 대한 보수적 태도를 불식하고, 현실을 직시하면서 다문화사회에 대한 진화를 수용해야 할 것이다.

2. 내부조직(부서) 간 통일된 태도의 확립

조직문화와 관련하여, 지방정부 내의 전통적 기존 부서 사이의 분절된 기능을 제거하고 다문화사회를 향한 거버넌스에 대해서는 통일적인(corporate) 태도가 더욱 효과적인 다문화정책의 수행을 용이하게 할 것이다. 부서 사이의 분절된 기능들은 지방 차원에서 다문화정책의 개발을 어렵게 하며, 이는 궁극적으로 중앙에 대한 입법적 및 재정적 지원 요구에 대한 노력의 결집력을 훼손한다. 따라서 부서 및 소속 공무원들의 다문화사회 지향적 마인드를 함양하고, 통일된 태도로 직면할 수 있는 다문화사회의 문제들을 해결해 가야 할 것이다. 이러한 것들은 다문화 문제에 대한 지방정부 내 기존 부서들 간에 업무 조정과 재원 확보에 대한 공동적 노력을 요구한다.

3. 중앙의 다문화 보조금 확대와 지방 예산의 우선순위

다문화사회를 지향하는 커다란 장애요인 중의 하나는 재정문제이다. 다문화사업에 대한 예산액이 적고 그 우선순위가 낮은 것은 다문화사회에 대한 인식이 최근에 부각되어졌고, 다른 정책 분야에 비하여 예산의 획득 경쟁에서 밀리기 때문이다. 다문화정책이 성공적으로 실시되기 위해서는 지속적인 재정확충 노력이 필요하다. 다문화정책에 대한 중앙정부 보조금을 우선적으로 확대하여야 하고, 지방정부에 배분하기 위하여 가중치(weightings)를 고려할 필요가 있다. 이는 소수인종의 인구통계학적 자료가 일차적인 근거가 될 것이며, 다음으로 지방정부의 재정자립도 등이 고려될 수 있을 것이다. 지방정부 차원에서의 다문화사업은 전통적 기능과 분리된 것으로 간주하는 것이 아니라, 지역사회에 피할 수 없는 부분이 되었기 때문에 새로운 일반 행정으로 부각되어 일반 회계에서 그 우선순위가 높아져야 할 것이다.

4. 인접 기초 지자체 간 합동 프로그램의 개발 모색

어떤 기초자치단체는 그 지역만의 다문화 서비스를 제공하기에는 인력이나 재원의 측면에서 소규모일 수 있다. 다문화 프로그램의 운영에는 큰 규모의 운영(규모의 경제)이 서비스의 효율적 제공을 용이하게 할 것이기 때문에, 기초지방단체 간 프로그램의 통합 운영을 고려할 수 있다. 이 경우에 재원을 공동출자하는(pooling) 방식을 취할수 있다. 지자체 간의 합동(amalgamation)에 대한 논의는 부분적으로는 다문화 서비스 제공의 효율성과 관련되어 있다. 이와 같이 규모가 작은 지방정부 간의 합동은 당해 지방정부들로 하여금 통합된 지방을 위한 전략적 계획의 개발을 허용하고, 특히 문화적으로 중요한 새로운 개발지역과 관련하여 지역공동체와 지방정부의 역할과 책임 사이의 더 큰 이해를 개발하기 위한 기회를 제공할 수 있다.

5. 다문화정책의 협력적 지역 거버넌스 확립과 매개체로서의 지방정부

오늘날의 세계화 경향은 지방정부의 전통적인 역할, 즉 안녕과 질서유지를 통한 삶의 질 향상 및 복지서비스 공급체계로서의 역할에서 벗어나 지역주민의 생활과 관련된 재화와 서비스 공급을 위하여 NGO, 지역주민 공동체, 기업, 지역 내 소수집단과의 파트너십을 구성하는 역할이 강조되고 있다. 이것은 다문화사회에의 대응 역할에 대하여 지방정부에서 지역 거버넌스로 통치 유형을 전환시켜야 하는 것을 의미한다. 그러나 여기서도 지방정부는 주민, 기업, 시민단체, 소수집단 등 지역 거버넌스를 구성하고 있는 이질복합적(異質複合的)인 다양한 구성원 간에 조정 역할과 마디(node) 역할을 담당해야 한다(<그림4-7> 참조). 이는 지역 내에 발생하는 모든 문제는 실질적으로 지방정부에 귀착하고 있으며, 지역 구성원 간의 갈등을 해결할 수 있는 능력과 협상 능력을 향상시켜 지역 내의 다양한 문제들을 조정 및 해결해야 하는 구심점의 위치에 있기 때문이다(강휘원, 2006).

이러한 협력적 거버넌스 네트워크를 통하여 외국인 노동자, 결혼이주민, 새터민 등의 소수집단들에 대한 정책을 하나의 체계로 형성하여 종합적이고 체계적인 관점에서 이들을 관리하여, 한국 사회에의 적응을 촉진하고 기존 시민과의 갈등을 해소하여 통합을 이루어 낼 수 있는 정책을 요구하게 된다.

결론적으로, 한국의 시민적 개념은 전통적으로 배타적인 민족적 통합을 유지하는 개념이었지만, 향후에는 이 개념이 다양한 문화를 가진 시민적 통합의 틀과 통합시켜 나가는 이중적이면서 포괄적인,

보다 보편주의적인 통합 개념으로 전환되어야 할 것이다. 이러한 변화 가운데서, 이주해온 소수집단 구성원들의 증가가 우리 사회에 미치는 긍정적 효과를 주목하고, 다문화 정체성을 수용하며 이들의 장점을 살릴 수 있는 기회를 어떻게 제공할 것인가가 과제로 제기되고 있다. 그리고 이 역할을 지역 내 구성원 모두가 새로운 거버넌스 체제를 어떻게 형성하여 담당할 것인가가 중요한 과제로 남는다.

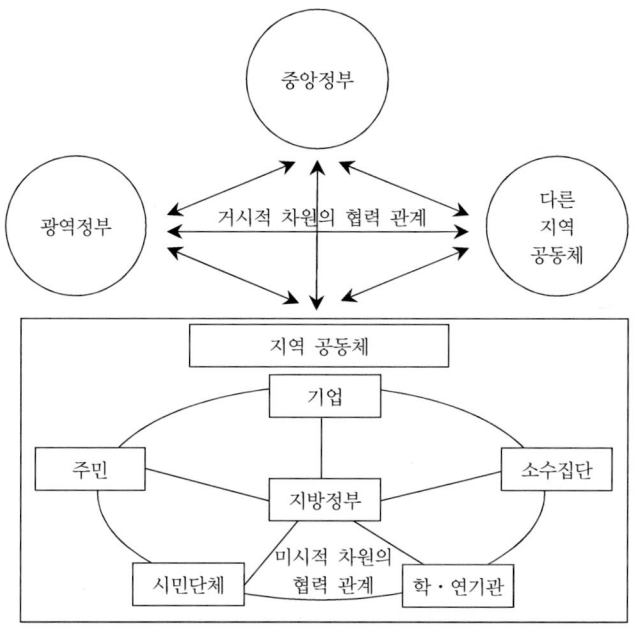

출처: 평택대학교 특성화사업단(2007), 「다문화가족연구」, 다문화가족센터.

〈그림 4-7〉 협력적 다문화 지역 거버넌스 모형

05
다문화 역량
강화

 # 제1절 다문화 역량 강화를 위한 복지

　외국으로의 이주 경험은 이주민들의 경험만이 아니라, 해외여행과 자녀의 유학, 친지와 이웃의 이민 등을 통해서 한국 사람들의 일상적 경험의 일부분이 되고 있다. 이처럼 초국가적 이주가 일상화된 사회에서 다문화 역량은 사회서비스 분야의 전문가가 지녀야 할 필수적인 전문가 역량일 뿐 아니라 다문화적 환경에서 모든 사회단체와 정부조직의 구성원, 시민들이 가져야 할 시민적 자질이자 문화적 소양으로 대두되고 있다. 현 단계에서 한국 사회의 다문화 역량을 강화하기 위해 필요한 과제로는 ① 다문화 시민교육을 통한 시민의식의 향상, ② 다문화 역량을 갖춘 문화매개자의 양성, ③ 정부와 시민단체들의 협력 속에서 제도적이고 구조적인 다문화 역량 강화를 위한 노력이 종합적으로 추진되어야 한다.

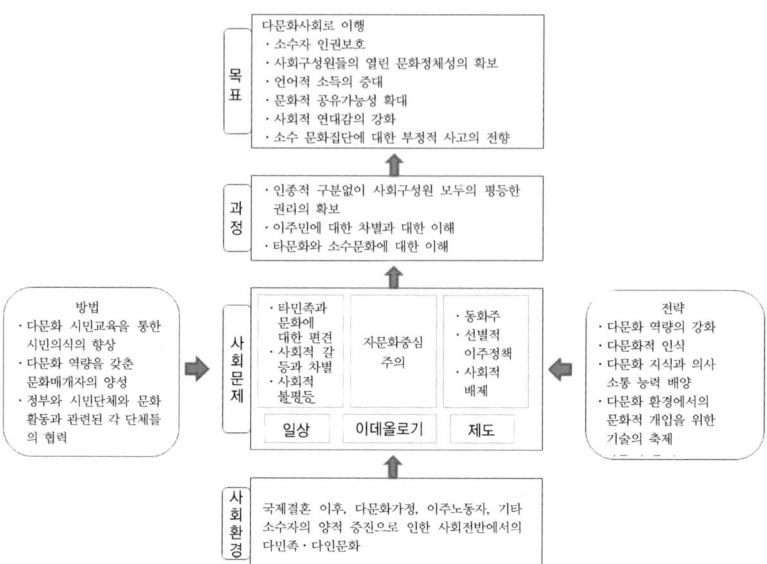

출처: 최종렬 외(2009), 「다민족·다문화사회로의 이행을 위한 정책 패러다임 구축(Ⅱ): 다문화 역량증진을 위한 정책·사회적 실천 현황과 발전방향」, 한국여성정책연구원.

〈그림 5-1〉 다문화 역량 강화를 위한 교육과정의 목표와 전략

1. 다문화와 사회복지 실천

1) 실천 현장과 실천상의 이슈

다문화가족을 위한 사회복지 실천 현장으로는 다문화가족지원센터와 외국인근로자센터가 있고, 북한이탈주민의 정착지원을 위해서는 지역사회복지관과 인권센터 등 북한이탈주민후원회가 지원하는 민간단체협의회 소속단체가 있으며, 코시안 및 외국인 자녀와 가족을 지원하기 위해 혼혈아동기관과 아동복지시설이 운영되고 있다.

2007년도 결혼이민자를 위한 정부시책(보건복지부, 2007)에 따르면, 결혼이민자들이 무료정신건강 상담을 위해 정신보건센터를 이용하도록 안내하고 있다. 현재 정신보건센터에서 결혼이민자를 서비스 대상에 포함하도록 되어 있지만, 실제 정신보건서비스 이용은 전무한 것으로 파악된다. 이러한 실천 현장의 전문 인력으로는 사회복지사나 건강가정사, 또는 다른 전공자가 있는데, 정규과정에서의 교육은 물론 실무자 대상의 재교육 차원에서도 다문화 관련 교육과 훈련이 이루어지고 있지 않은 것으로 보고되고 있다.

설사 이들이 관공서나 사회복지기관을 찾아온다 하더라도 이들이 원하는 정보나 도움을 받을 수 있을지는 의문이다. 다문화가족이 도움이 필요하여 사회복지기관이나 사회단체에 방문하였을 때 그들이 받는 첫인상과 첫 서비스는 매우 중요하다. 현재 상황으로는 그 기관 내에 자신들과 같은 언어를 사용하는 직원이 없어서 의사소통하는 데 불편해 하거나, 자신들을 보고 오히려 직원이 당황하거나, 심지어는 이들에게 부당한 대우를 하는 경우가 있을 수도 있다

클라이언트와 원조자와의 차이로 인하여 또 다른 편견과 오해, 갈등의 소지가 되고 이로 인해 효과적 서비스를 제공하기 어려운 상황은 얼마든지 존재한다. 문화에 따른 가치의 차이, 계층과 권력과 관련된 가치의 차이, 언어장벽, 고정관념과 일반화 등의 문제에 민감하게 대처하지 않는다면 클라이언트와 원조자 사이에 상당한 오해와 갈등의 소지가 생기고 그로 인해 부당행위(malpracrtice)의 문제가 발생할 수 있다.

한국의 결혼이민자 정책과 서비스에 대한 비판으로, 가부장적 가족질서 속으로의 편입이 크게 부각되는 반면 여성 개인이 가진 특별

한 역량이나 잠재된 자원발굴의 시점은 거의 드러나지 않는 점, 이주
여성을 정책의 수혜대상으로 여기는 데 머물고 있는 점, 지역사회와
의 연계와 지역 커뮤니티의 비전이 제시되지 않는 점이 지적되고 있
다. 프로그램상으로도 한국어나 요리, 전통문화, 예절교육 등 일방적
문화습득을 강요하는 경향이 강한 반면, 여성 결혼이민자의 경제적
자립을 돕는 프로그램이 부족하다. 국내 거주기간이 길어질수록 취업
의 희망욕구도 증대하는 데 반해 취업교육과 일자리 연계, 지역참여
로 연결되지 못하고 있다(이희숙, 2008).

실천 현장에서도 다문화가족과의 의사소통의 어려움으로 인해 결
혼이민자들의 심리적 부분을 접근하기가 어렵고, 서비스 제공과정에
서는 그들이 한국에 적응하고 한국어를 배운 범위 안에서 서비스가
이루어지기 때문에 대상자들의 문화나 언어가 잘 드러나지 않고 있
다. 의사소통의 문제로 인해, 짐작하는 수준에서, 또는 미리 알고 있
는 수준에서 서비스를 제공하기 때문에 대상자의 욕구나 필요를 나
중에 발견하게 되어 안타까운 경우가 많은 실정이다. 대상자도 실천
가의 언어나 메시지를 다 이해하지 못하기 때문에 충분한 서비스를
제공하는 데 한계가 있다(Choi & Choi, 2007).

실천상의 이슈로는 문화적으로 민감한 서비스를 제공할 수 있는
전문 인력의 부족과 사업예산의 부족, 이들 가족에 대한 접근의 어려
움을 들었고, 대상자의 문화적 특성에 대한 이해 부족, 언어로 인한
의사소통 문제, 결혼이민자들이 한국 생활에 적응하는 초기에 가족의
협조가 이루어지지 않는 점이 지적되고 있다.

2) 다문화 정체성과 문화적 역량

　다문화사회복지 전문 인력 양성에 있어서 고려해야 할 다문화 정체성의 발달단계는 <표 5-1>과 같다. 미국은 다문화가족에 대한 효과적 서비스 제공을 위해 실천가의 문화적 역량을 증진할 수 있는 방안에 대한 다수의 연구가 보고되고 있다. 실제 실천 현장에서의 문화적 역량 수준과 이를 개발하기 위한 전략을 연구하는 것이 향후 전문가 교육과 자격제도 마련에도 크게 유익할 것이다.

　다문화사회복지 실천 현장의 어려움을 해결하고 다문화가족의 욕구에 민감한 서비스를 제공하기 위하여 문화적 역량을 갖춘 사회복지 실천이 요청된다. 문화적 역량(cultural competence)은 문화적 대응력, 문화적 유능감, 문화적 민감성으로 명명된다.

<표 5-1> 다문화 정체성의 성숙단계

순응단계 (adaptation)	사회적으로 억눌린 환경과 사람에 대한 피상적 이해와 무관심 (예: 모든 인간은 존엄하며 인종적 차이는 없다, 동성애는 죄악이다, 다문화가족의 어려움에 대해 무지함)
불일치단계 (incongruent)	사회환경적 억압의 실제에 대한 자각과 이에 대한 혼란을 경험하지만 변화를 위해 어떤 행동을 취할 만큼 헌신적이지는 않음 (예: 여성이 남성보다 임금이 적은 것을 알면서도 자신이 경험하는 불공평에 대해 침묵한 채로 있음)
표출단계 (exploration)	문화적 이슈에 대한 통찰력과 호기심뿐 아니라 억압환경에 대한 분노를 나타냄 (예: 흑인이 아프리카 문화의 의식주에 대해 적극적으로 설명)
통합단계 (integration)	사회적으로 억압되거나 특권을 누리는 다양한 집단에 대한 통합된 인식과 대인관계에서 이를 능숙하게 다루게 됨

출처: 김정진(2008). 「문화적 역량훈련과 슈퍼비전」, 다문화사회복지실천 매뉴얼.

　문화적 역량은 "클라이언트와 그의 문제가 가진 문화적 측면에 대해 충분하고 적절하게 수행하는 능력"으로 정의되기도 하며, "비교문화적 상황에서 효과적으로 서비스를 제공하도록 일련의 문화적 행동과 태도를 개인 실천가나 기관이나 제도 내의 실천방법에 통합시키는 능력"을 의미한다(Elder, 2007). Cross 외(1989)는 문화적 역량을 사회복지기관과 실천가 개인이 다문화 상황에서 효과적으로 서비스를 전달할 수 있게 하는 일관된 행동이나 태도, 정책이라고 정의하였다.

다음은 사회복지 관련 분야에서 빈번하게 소개되고 있는 문화적 역량에 대한 개념들이다.

- Sue(1998): 타문화집단에 대해 진지하게 인지하고 이해할 뿐 아니라 타문화집단과 효과적으로 일할 수 있다는 신념
- Devore와 Schlesinger(1999): 클라이언트와 임상전문가 관계에서 일반적으로 요구되는 인내, 성실성, 정직성뿐만 아니라 문화적 인지를 필요로 하는 타인에 대한 포괄적 이해를 수행할 수 있는 능력. 또한 특정 집단의 문화양식과 그 집단이 임상전문가와의 관계에서 가지는 기대에 상응하는 방식으로 전문가적 업무를 수행할 수 있는 능력
- Lum(1999): 사회복지사가 다문화 클라이언트에 대해 효과적으로 서비스를 제공하기 위해 필요한 일련의 지식과 기술

일반적으로 문화적 역량 모델은 두 가지 방법으로 나눌 수 있다. 문화지식 습득과 문화적 민감성 개발이 그것이다. 문화지식 습득은 클라이언트가 속해 있는 문화를 배우고 이해하는 데 중점을 둔다(Green, 1999). 특히 Saleeby(2006)는 문화지식 습득에 있어서 클라이언트의 입장에서 문화를 이해하는 접근방식을 강조한다. 반면 문화적 민감성 개

발은 클라이언트와의 관계에서 타문화뿐만 아니라 자기문화에 대한 개방성, 수용성, 주의성(alertness), 융통성·적응성(flexibility)과 같은 태도와 가치를 함양하는 데 중점을 둔다(Green, 1999).

그 외 다른 이론가들의 정의를 종합해 보면, 문화적 역량은 첫째, 실천가 자신의 문화적 배경에 대한 자기인식과 타집단의 문화의 다양성에 대한 인식과 태도, 둘째, 다양한 문화에 대한 지식, 셋째, 문화적으로 적절한 개입기술의 세 요소로 지적하였다(Boyle & Springer, 2001: Bitoni, Albers, & Reilly, 1996).

또한 문화적 역량은 어떤 시점까지 성취할 수 있는 구체화할 수 있는 목표라기보다는 개인적 인식수준을 높이고, 다양성을 귀중하게 생각하고, 각 문화에 속하는 가족이 경험하는 강점과 취약성에 대해 이해가 깊어지는 과정이라는 것이다(California Endowment, 2003). 한국사회에 적합한 문화적 역량의 개념을 정립하는 것이 앞으로의 과제이다(신은주, 2007 재인용).

3) 인권에 기반을 둔 실천(human right based approach)

다문화가족 전문가에게 요구되는 중요한 실천요소는 사회복지와 다문화에 대한 기본적 실천지식과 기술, 그리고 무엇보다도 사회복지가 지향하는 가치에 대한 확신이다. 이는 전통적 사회복지실천방법, 즉 욕구중심의 실천(욕구모델), 인권과 존엄성이라는 사회적 가치를 실현해야 하는 이슈(사회정의 모델)뿐 아니라 결혼이민자와 그의 다문화가족, 그리고 지역사회에 이르기까지 문화와 인권의 양면성을 함께 충족해 나갈 수 있는 역량을 강화하도록 돕는 임파워먼트에 이르기까지 사회복지실천에 포함된 다양한 이슈와 가치를 포함하는데, 이 중 다문화와 관련하여 가장 중요한 가치는 인권옹호의 실천이다(박지영, 2008).

인권의 세부내용을 살펴보기 위해 먼저 세계인권선언(1948)과 각종 국제적 인권규정을 살펴볼 수 있다. <표 5-2>에서 보듯이 국제인권조약은 세계인권선언을 근거로 결핍으로부터의 자유를 향유하는 인간이 되기 위해서는 경제적, 사회적 및 문화적 권리를 향유할 수 있는 여건이 조성되어야만 가능하다는 것을 인정하고 있다. 내용적으로는 모든 사람이 자신의 경제적·사회적·문화적 권리뿐만 아니라 시민적·정치적 권리를 향유할 수 있는 여건이 조성되는 경우에만 온전한 인권이 성취될 수 있음을 강조하고 있다.

〈표 5-2〉 국제인권규정에 나타난 인권의 영역과 내용

인권영역	하위영역	세부항목
인간의 존엄	인간의 존엄	천부적 자유와 존엄, 생명권, 신체의 자유와 안전, 강제노동과 노예금지, 고문금지, 법 앞에 평등, 차별금지
시민적·정치적 권리	시민적 권리	사생활의 자유(명예, 명성, 정보통신, 통신, 혼인선택 포함), 거주이전의 자유, 국적취득권, 아동의 권리, 재산소유권, 사상·양심·종교의 자유
	정치적 권리	의사표현의 자유(알 권리, 정보접근권 포함), 언론·출판의 자유, 집회·결사의 자유, 참정권(발안권, 참정권, 공무참여권, 청원권 포함)
경제적·사회적·문화적 권리	경제적 권리	사회보장권, 노동에 대한 권리, 적정보수의 권리, 유리한 노동조건 향유권, 노동조합의 권리
	사회적 권리	가족형성권, 적정생활수준 향유권(식량권, 물에 대한 권리, 주거권, 건강권 포함)
	문화적 권리	교육에 대한 권리, 문화생활참여(과학기술 향유권, 저작권, 자기문화 향유권 포함), 인류질서 추구권
법절차적 권리	법절차적 권리	법적 인격체의 인정, 법적 구제권, 인신보호, 공정·신속재판을 받을 권리, 적법절차, 무죄추정, 죄형법정주의, 수형자의 권리

국제사회사업가협회(IFSW)의 "인권에 관한 국제정책(International Policy on Human Right)"에는 사회복지실천에서 인권실현을 위한 서비스를 제공함에 있어 사회복지사들이 반드시 지켜야 할 원칙을 제시하였고, 인권에 기반을 둔 사회복지실천모형도 제시되었다. 인권에 기반을 둔 사회복지실천은, 제1단계는 인권을 인식하는 단계로서 자신의 권리와 더불어 상황에 대한 인권적 환경을 파악하는 과정이고, 제2단계는 인권에 대한 감수성을 발전시켜 나가는 단계이다. 첫째는 인권감수성이다. 둘째는 문화민감성이다. 셋째는 행위민감성이다. 제3단계는 자신의 인권을 스스로 보호하고 다른 사람의 인권을 보호하기 위한 역량개발과 실천방안을 모색하기 위한 전략수집단계라 할 수 있다. 마지막 제4단계는 제3단계에서 수립된 전략을 체계적으로 실천하는 단계를 의미한다(박지영, 2008).

2. 한국 사회의 환경적 맥락과 문화적 역량 모델의 개념화

최근 한국 사회에 다양한 집단이 유입되면서 한국 사회는 급속히 다문화사회로 전환하고 있는데 이들 문화적·언어적 소수자들은 한국 사회에서 편견과 차별, 억압의 대상이 되고 있으며, 경제·사회적 기회로부터 배제되고 있다. 또한 개인의 기본인권―교육, 의료, 기초생활보장 등―의 보장을 위한 다양한 휴먼서비스로부터 배제되거나 서비스에 접근하는 데 상당한 어려움을 겪는 등의 많은 부정적 경험을 하고 있는 것으로 보고되고 있다(김이선, 2007a; 서울시정개발연구원, 2007; 설동훈 외, 2005).

이러한 부정적 현상에 기여하는 사회적 맥락으로 한국 사회가 갖고 있는 자문화 중심적 성향을 지적할 수 있겠다(김이선, 2007b). 한국 사회는 오랫동안 단일민족, 단일문화의 동질성을 강조하는 사회적 분위기를 유지해 왔기에 이질적 문화나 타인종집단의 수용이나 공존에 어려움을 보이고 있다. 한국문화에 깊이 뿌리박힌 가부장적 사치 또한 이주 및 가족 관련법, 제도, 일상생활 등 사회 전반에 널리 영향을 끼치고 있다.

사회복지와 같은 사회적 자원이 열악하다는 사실뿐만 아니라 타문화·언어집단을 위한 서비스 경험이 일천하다는 사실 또한 소수자의 사회·경제적 정의를 구현하는 데 장애가 되는 또 다른 환경적 맥락으로 볼 수 있다. 한국 사회에서 소수자의 인권을 보장하고 사회·경제적 정의를 구현하기 위해서는 휴먼서비스 분야가 본래의 전문적 지식과 기술, 역량뿐만 아니라 다문화사회에서 서비스 역량의 새로운 주요 요소로서 문화적 역량의 중요성을 인식하고 개발하여야 할 것이다.[4] 따라서 다문화화라는 급변하는 한국의 사회적 환경 속에서 휴먼서비스 분야의 궁극적 목표를 구현하는 데 문화적 역량이 주요한 전략적 요소라고 보고, 그러한 개념화를 <그림 5-2>에서 그림으로 제시하였다.

---

[4] 미국사회사업교육협회(2002)는 다문화 기준지침에서 차별과 억압, 빈곤을 타파하고 사회·경제적 정의를 구현하기 위해서는 개인의 정체성, 기회, 자원의 수준에 미치는 문화의 영향을 이해하고, 소수자에 비차별적 사회·경제적 체계의 옹호에 관한 내용이 교과과정에 포함되어야 한다고 규정하였다.

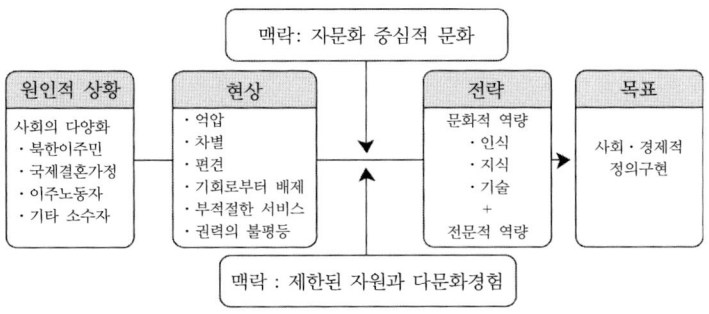

출처: 최현미 외(2008). 『다문화가족복지론』. 양서원.

〈그림 5-2〉 문화적 역량의 실천모델

3. 한국 사회복지에서 문화적 역량의 함의와 적용

앞에서 문화적 역량에 관한 기존 이론들과 국내에서 이루어진 실증적 연구와 정책제안을 검토한 것에 근거하여 한국의 사회복지분야가 문화적 역량을 개발하는 방안을 제시하고자 한다. 개인 실천가, 전문직, 기관조직, 서비스 체계의 네 차원에서 인식, 지식, 기술이란 문화적 역량의 세 구성요소를 어떻게 개발할지에 관한 전략을 논의하겠다. 여기에서 문화적 역량은 어떤 시점에 성취될 정체적 목표라기보다는 중요한 가치로 인식하고 기술과 전략을 축적해 가는 발달단계적 과정으로 이해하며 제안하고자 한다.

1) 개인 실천가 차원

한국의 사회복지실천가는 자신의 가치, 태도, 행동이 한국문화의 배타적 자민족 중심적 사고의 전통에 의해 영향을 받고 있을 수 있다는 것을 인식하여야 한다. 다문화 클라이언트의 문제를 사정할 때 한국적 가치와 경험에 근거하기 쉽고 개입의 목표를 한국문화로의 동화로 설정하기 쉽다는 점을 민감하게 인식하여야 한다. 가부장적 가치관이 법, 행정규례, 서비스 프로그램 내용, 실천가의 사고에 광범위하게 반영되고 있다는 성인지적 인식이 있어야 하고, 사회복지사로서 이의 시정을 위해 노력하여야 할 책임이 있음을 수용하여야 한다.

문화집단 간에 있는 권력의 차이와 역동에 대한 인식도 필요하다. 국적, 문화, 언어, 성별 간에 존재하는 권력적 위계관계가 클라이언트와 관계의 역동에 미치는 영향을 인식하고 관리할 수 있도록 하여야 한다. 반공교육과 같은 이전에 학습된 가치관과 이념이 미치는 영향 또한 자기인식의 중요한 부분이 되어야 한다.

이주자의 문화적응과정에 대한 이론적 지식은 클라이언트의 적응과정을 이해하고 적응의 궤적을 예측함으로써 개입서비스를 계획하는 데 도움이 될 것이다. 문화에 기반을 둔 서비스 이용자의 세계관, 질병관, 문제해결의 목표, 대처기제 등에 대한 지식과 이해를 갖추어야 한다. 한 예로, 사회주의 체제와 주체사상이 북한이탈주민의 세계관, 대인관, 노동·경제관에 미친 영향과 결과적으로 남한에서 적응의 정도에 어떻게 기여하는지를 이해하여야 한다. 적응 스트레스가 빚어내는 심리·정신보건의 문제로서 우울증, 불안증, PTSD 등에 대한 지식, 이주자의 적응에 부정적 영향을 미치는 위험요소와 보호요인에 대한 이해 등도 이주자를 위한 서비스에 활용될 수 있는 중요한 지식이다.

다문화집단과 일할 때 가장 우선적으로 필요한 기술은 관계를 형성하는 기술이다. 관계형성에서 언어가 갖는 중요성을 인정하고, 특히 위기상태에 있는 개인에게는 서비스를 이용자의 언어로 제공하는 것이 가장 바람직하다는 것을 인식하고, 이중언어서비스를 옹호하여야 한다. 이중언어전문가의 부재 시에는 자격을 갖춘 전문통역사의 활용도 바람직한 대안임을 인식하고 활용하여야 한다.

한국 사회복지사가 자문화 중심적 사고의 위험을 극복하고 소수자의 경험에 민감하고자 할 때, 사회구성주의 사고체계가 유용한 실천의 개념 틀이 될 수 있을 것이다. 사회구성주의는 클라이언트를 자신의 삶의 경험을 이해하기 위해 전문가로서의 위치를 포기하고(decentering), 알지 못한다는 개방적 입장(not knowing position)에서 다문화 클라이언트의 주관적 경험을 인정하고, 수용하고 이해하려는 입장을 취하는 것이다.

기존의 실천모델과 이론을 적용할 때 그 장점과 한계를 인식하고 문화적 변용의 필요성에 대해 개방적 입장을 취한다. 문화적 변용과정에는 이론과 실천지혜를 갖고 있는 실천가가 문화적 적절성 여부의 최종 평가자인 클라이언트와 함께 만들어 간다는(co-creator) 역량 강화적 관점을 유지하여야 할 것이다.

2) 전문직 차원

한국 사회복지사협회, 한국 사회복지교육협의회는 문화적 소수자들이 사회복지전문직의 주요 대상인 사회적 약자, 억압받는 자들 중의 하나임을 인식하고, 이들에게 효과적 서비스를 제공하기 위해서는 문화적 역량이 전문적 역량의 중요한 부분임을 인정하여야 한다. 그러한 인식은 사회복지사 윤리강령과 사회복지학교육과정지침 등에 반영되어야 하고, 다문화화하는 한국 사회에서 주요 우선순위로 다루어야 할 것임을 천명할 필요가 있다.

사회복지 교과과정에 다문화와 문화적 역량에 관한 교과과정을 학부와 대학원 과정에서 개설하여 변화하는 사회적 욕구에 부응할 수 있는 사회복지사들을 배출하여야 한다. 실천분야에 있는 서비스 제공자에게는 보수교육과정을 통하여 문화적 민감성과 역량개발을 위한 교육과 훈련의 기회가 제공되어야 한다(설동훈 외, 2005: Sue, 1998). 다루어져야 할 내용은 사회의 주요 다문화집단에 대한 심층적 이해뿐만 아니라 다문화집단과 효과적 개입기술, 이론 등이 포함되어야 한다. 또한 아동과 청소년에게 타문화집단에 대한 이해와 관용을 교육하고, 다문화주의(multiculturalism)를 장려하는 예방적 접근책을 개발하고 학교사회복지 등을 통해 타문화와 인종에 대한 차별과 편견을 감소시키는 데 사회복지전문직이 기여하여야 한다.

사회복지실천이론과 방법들이 서구에서 개발되었기에 한국문화나 이주민의 특정 문화에 적절하지 않을 수 있음을 인식하고 서비스 전략의 문화적 변용과정을 통해 문화적으로 적절하고 효과적인 실천모델과 전략을 마련하는 노력이 있어야 할 것이다(김연희, 2006: Devore & Schlesinger, 1999). 실천이론과 기술, 서비스의 토착화나 문화적 변용뿐 아니라 이들 실천개입과 서비스 모델의 문화적 적절성과 성과를 평가할 수 있는 연구도 수행하여 다문화집단을 위한 증거에 기반을 둔 서비스 실천모델들을 개발하고 보급하는 데 기여하여야 할 것이다.

성인학습이론에 의하면 태도와 가치, 민감성은 실험적 훈련(experiential training)을 통한 정서적 경험과 적용을 통해 좀 더 효과적으로 학습된다고 한다(Stuart, Tondora, & Hoge, 2004; Kim, 1995). 한국의 사회복지교육이 서구의 주류 실천이론들의 인지적 학습에 치중하여 왔던 점을 인식하고, 정서적 경험과 적용을 강화하는 실험적 교육방식을 강화함으로써 자기인식과 타문화권에 속하는 개인의 경험에 대한 민감성과 문화적 역량을 개발하는 교육이 강화되어야 한다.

3) 서비스 기관 차원

서비스 기관은 다문화주의를 권장하고, 서비스에 접근성과 기회의 평등을 지지하는 기관의 철학과 정책을 분명하게 표명하여야 한다. 이는 기관의 내부 장식에서부터 이용자들을 위한 다양한 자료나 게시판 등에 사용되는 언어, 채용하는 직원 등을 통해 구체적으로 반영되어야 함을 인식하여야 하겠다.

이중문화와 언어능력이 있는 개인을 훈련하고 직원으로 채용하는 것이 서비스 접근성을 위해 좋은 전략임을 인식하여야 한다. 그러기 위해서 한국 사회복지사들은 타문화권 출신 직원들과 동등한 동료로서 일하는 것에 대한 심리적·문화적 저항을 극복하여야 할 뿐만 아니라 이중언어·문화자의 고용이 기존의 한국인 사회복지사의 취업 기회에 부정적 영향을 미칠 수 있고, 지역사회가 다문화화되면서 기관 예산의 배분에 우선순위가 조정되는 것에 대한 부정적 인식이 생성될 수 있다는 것을 인식하고 대처하여야 할 것이다.

다문화집단에 서비스를 제공하는 한국서비스 조직의 다수가 문화적 문맹의 수준에 있다고 보고 많은 개선의 노력이 필요하다. 문화적 역량 수준을 개선하는 방법으로 객관적 평가도구를 활용하여 기관의 문화적 역량 수준을 평가하고, 지속적 개선 노력을 하여야 한다. 조직의 문화적 역량을 평가하는 주요 기준으로는 조직 지도층의 인식과 헌신, 조직성원의 동의(buy-in), 인력과 재원의 분배수준, 다문화집단에 대한 정보수집과 분석능력, 재원동원능력, 문화적으로 적절한 프로그램 개발능력, 직원의 교육 및 훈련전략에 대한 정보 등이 포함되어야 한다.

이중언어·이중문화 직원의 채용 및 통역서비스 등의 서비스 접근성에 대한 최선의 노력이 있어야 한다. 실천개입서비스 및 기타 행정절차와 정책 등에도 문화적 다양성의 존중과 이해에서 더 나아가 서비스 활용을 적극적으로 홍보하고 격려하는 구체적 노력이 있어야 한다. 이는 기관인력충원이나 재정자원의 배정과정에서 우선순위의 결정과정 등에서 드러나게 될 것이다.

다문화화가 조직의 의사결정과 지배구조에 반영되어야 한다. 기관이사회, 운영위원회와 같은 지배구조나, 자문위원회 등에 다문화 서비스 수혜집단의 대표가 참여하게 될 때, 다문화집단이 수동적 서비스 이용자가 아니라 자신들을 조직하고 결정하는 주체가 될 수 있을 것이다.

각 문화집단에 대한 심층적 지식과 이해가 서비스 전달방식에 반영되어야 할 것이다. 예로 문맹률이 높거나 교육수준이 낮은 집단을 위한 정보자료들은 인쇄물을 배포하는 대신 DVD와 같은 시청각 자료로 개발된다거나, 여성의 독립성이 많이 강조되는 문화권 여성에게 한국의 가부장적 가치와 규범을 강조하는 예절 프로그램이나 문화행사 등을 지양하고, 대신 경제적 자립을 도모하는 프로그램을 제공하는 것이 바람직하다. 다문화가족의 적응을 돕기 위해 한국문화에 동화를 권장하는 대리모제보다는 외국인 배우자들의 자조집단과 내국인 배우자들을 위한 긍정적 가족관계 교육 등을 제공함으로써 전통적인 치료적 개입을 지양하면서 이중문화가정의 역량강화에 초점을 둔 예방적 개입을 할 수 있을 것이다.

4) 거시적 서비스 체계 차원

대한민국 헌법 제2장 제10조와 11조에 차별금지에 관한 조항에서 성별, 종교 또는 사회적 신분으로 인해 차별받지 말아야 한다고 규정하고 있지만 인종차별에 대한 정의가 빠져 있다. 한국 회사는 국제사회의 기분에 맞추어 모든 사회 구성원에게 기본인권과 사회·경제적 정의의 보장을 사회의 신념과 윤리적 책임으로 받아들여야 할 것이다. 헌법과 기타 법, 시행령, 행정조례 등에 다문화주의, 문화적 역량, 평등한 인권에 관한 한국 사회의 의지가 표현되고 시행되도록 하는 노력이 필요하다.

한국 사회의 새로운 성원들을 위한 의료, 교육, 사회복지서비스들이 시혜적이고 잔여적 성격을 갖기보다는 사회성원으로 누려야 하는 기본적 인권과 사회정의의 보장으로 인식되어야 한다(설동훈 외, 2005). 특히 서비스 재정환경이 열악할 때, 소수자의 권리와 문화적 역량의 중요성은 쉽게 간과되거나 포기될 수 있다는 점을 경계하고 이를 예방할 수 있는 감시기제가 있어야 한다.

국내에 유입된 외국 출신자에 관한 정확한 통계자료 확보를 위한 노력을 하여야 한다. 통계자료는 출신국, 언어능력, 의료·교육·경제·주거·고용·가족관계 등 욕구파악에 필요한 정보들을 수집하여 국가적 차원에서 서비스와 정책을 계획하고 수립할 때 객관적이고 정확한 자료를 근거로 할 수 있도록 하여야 할 것이다.

인종차별, 소수자의 인권보장과 향상에 효과성이 입증된 서비스 프로그램과 정책 등에 관한 연구를 수행하고 그 결과를 배포함으로써 다민족·다문화사회로 변화과정에서 예측되는 문제의 예방과 소수자의 인권 진작을 위한 개입이 가능하도록 하여야 한다. 문제에 대한 개입모델과 전략도 중요하지만, 차별과 편견을 타파하고 다문화 집단 간의 이해와 관용을 진작하는 예방적 개입을 아동 및 청소년에게 제공함으로써 선진 다문화사회가 겪고 있는 인종차별의 후유증을 예방 또는 완화할 수 있어야 한다.

최근 한국 사회의 다문화화에 대한 인식이 증대됨에 따라, 여성 결혼이민자가족 및 혼혈인·이주자 사회통합 지원방안, 북한이탈주민 정착지원방안 등 다양한 정부부처에서 다양한 집단들에 대한 정책과 지원방안이 발표되고 있다. 그러나 이들 방안은 부처별, 대상별로 매우 파편화되어 있어 재원의 낭비와 서비스의 효과성에 상당한 문제를 보이고 있다(김이선, 2007a; 장혜경 외, 2003). 일본의 다문화 공생 추진계획이나 호주의 범국가적 정착전략과 같은 통합적이고 포괄적인 접근을 통하여 새로이 유입되는 집단의 순조로운 적응을 부처 간의 긴밀한 조정과 협조 속에서 지원할 수 있도록 하여야 한다.

서비스의 언어적 접근성을 개선하는 다양한 전략을 마련할 필요가 있다. 이중언어가 가능한 서비스 제공자의 배출을 위한 다각적 교육, 훈련, 고용전략이 있어야 하겠다. 특례입학제도를 활용하여 외국인을 이중언어 사회복지사로 배출하고, 다른 차선책으로 통역사나 이중언어 준전문가를 단기 훈련 프로그램을 통해 배출하는 방안도 동시에 활용할 수 있다. 표준화된 통역사 훈련 프로그램을 개발할 뿐 아니라,

서비스 제공자에게는 효과적 통역사 활용기술을 훈련함으로써 언어적 접근성과 문화적 민감성을 개선할 수 있겠다. 넓은 지역에 흩어져 있는 다양한 집단의 필요를 해결하기 위해 전화나 화상통역서비스의 활용도 고려해 보아야 한다. 법적 권리, 서비스 혜택이나 예방교육자료를 이중언어로 된 인쇄물뿐 아니라 음성·영상(audio-visual)자료로 마련하여 다양한 교육수준에 있는 이주자들에게 언어적 접근성의 문제를 완화하려는 전략을 활용하여야 한다.

교육, 의료, 사회복지분야에서 실천의 다양한 차원(개인 실천가, 전문직, 서비스조직, 체계 차원)에서 문화적 역량의 수준을 측정할 평가도구를 개발하고 정기적 평가를 하는 기구를 둠으로써, 문화적 역량이 실제 실행이 되도록 하고, 지속적 역량의 개발과 축적이 가능하도록 해야 한다(Lum, 2007).

# 제2절 문화적 역량 측정과 프로그램

1. 전문인력의 문화적 역량 측정

문화적 민감성과 능력을 갖추어야 하는 중요한 전문직 중에서 특히 교사들은 점점 증가하는 다양한 인종과 민족의 배경을 가진 학생들로 인해서 교수방법의 변화가 필요해졌다. 이를 위해서 교육 현장에서는 교사들을 대상으로 문화적 능력을 갖추도록 재교육과 보수교육을 실시하여 다문화에 대한 지식과 기술을 갖추도록 하고 있다. 교사들의 특정 학생에 대한 태도는 학급의 다른 학생들의 특정학생에 대한 태도에 밀접한 영향력을 가진다. 즉, 다문화권 학생에 대한 이해를 갖추고, 긍정적으로 대하면, 학급에서의 다문화권 학생들에 대한 다른 학생들의 태도에 긍정적으로 영향을 미칠 수 있는 것이다.

이처럼 교사의 가치와 태도는 교육방법에만 영향을 미치는 것이 아니다. 더구나 미국과는 달리 우리나라는 학교사회복지사나 학교상담가들이 제도적으로 배치되어 있는 학교가 드물고 기획사업, 시범사업 형태로 배치되어 있기 때문에 학교에서 다문화교육이 확산된다면 다문화교육을 수행하기 전에 다문화권 학생들을 가르치는 교사로서의 인식과 지식, 기술을 점검하고, 이에 필요한 훈련을 받도록 하며,

훈련의 효과성을 측정하기 위해서는 교사대상 사정 및 평가가 무엇보다 필요하다. 교사들을 대상으로 하는 평가도구는 표준화된 설문지 이외에도 사례조사, 질적 연구 등 매우 다양하나, 대표적인 2개의 표준화된 척도의 내용을 소개하고자 한다.

1) 다문화 인식 · 지식 · 기술 척도(교사용)[5]

미국의 학교 내 학생을 원조하기 위한 학교상담가는 교사들이 다문화교육에서 새로운 지식과 기술을 갖추도록 서비스를 지원해야 한다. 이때 다문화 인식 · 지식 · 기술 척도는 3가지 하위영역에서 교사들이 어느 정도의 역량을 갖추고 있는지를 알 수 있으며, 이에 기초한 교육과 훈련계획을 세우는 데 유용하게 활용될 수 있다. 예를 들어 다문화인식과 지식 점수는 높으나 다문화기술 점수가 낮다면 다문화기술에 관한 집중적 교육과 훈련을 받도록 지원하는 것이다.

(1) 다문화인식

다문화인식은 자신뿐만 아니라 다른 문화권 학생들의 관점과 태도를 얼마나 문화적 배경에 기초해서 인식하는지를 알아보는 것이다. 대표적으로 다문화 학급 상황에서 '우발적' 의사소통과 '고의적 · 의도적'인 것을 구분할 수 있는지에 대한 질문처럼 학생의 동일한 태도에 대해서 문화적 배경을 이해하고 태도를 이해하는지를 측정한다. 학생뿐 아니라 가족이 가지는 교육목표나 방법에 대한 태도는 문화

---

5) 교사의 다문화인식, 지식, 기술에 대한 척도는 D'Andea, Daniela, & Noonan(2003, 하와이대학교)의 다문화 인식 · 지식 · 기술 척도(교사용)(Multicultural Awareness-Knowledge-Skills Survey-Teacher Form)의 내용을 인용한 것이다.

마다 상이하다. 이렇듯 교사가 가족의 교육목표와 욕구에 민감하게 대처하는 것이 다문화인식으로 측정된다.

다문화인식
1. 현재, 당신의 문화적 배경이 당신이 생각하고 행동하는 방식에 어떻게 영향을 미쳤는지에 대해서 어느 정도 이해하고 계십니까?
2. 현재, 문화적으로 다른 배경을 가진 사람과 상호작용을 할 때에 당신이 생각하고 행동하는 방식이 영향을 미치는 것을 어느 정도 이해하고 계십니까?
3. 일반적으로, 상이한 문화적 기관들이나 체계에 대한 인식의 수준이 어느 정도입니까?
4. 현재, 당신 자신의 문화적 관점과 다른 문화권 사람의 관점을 정확하게 비교할 수 있습니까?
5. 다문화 학급상황에서 '우발적' 의사소통 신호와 '고의적/의도적'인 것을 구분할 수 있습니까?
6. 사람들이 서로에게 무엇을 기대하는지가 명확하지 않기 때문에 다문화 상황에서 종종 모호성과 스트레스가 발생한다.
7. 교사가 인간행동의 복잡성을 정확하게 설명할 수 있으려면 생각하는 것뿐만 아니라 이러한 생각들을 다루는 방법도 바꾸어야 한다.
8. 다문화 학생 및 가족들과 활동하는 목적, 목표, 방법에서 '상대성/적절성'의 개념을 얼마나 이해하십니까?

---

(2) 다문화지식

다문화지식은 다문화와 관련한 용어들에 대해서 얼마만큼의 지식을 갖추고, 이해하는지에 대한 질문내용으로 구성된다. 다소 일반적으로는 이해하거나 접하기 어려운 용어들, 예를 들어 접촉가설, 문화초월 등에 대한 질문을 함으로써 다문화 관련지식을 측정한다.

다문화지식
다음의 단어/용어에 대해서 얼마나 이해하고 계십니까?
1. 문화(culture)
2. 민족성(ethnicity)
3. 인종차별주의(racism)
4. 주류화(mainstreaming)
5. 편견(prejudice)
6. 다문화교육(multicultural education)
7. 자민족주의(ethnocentrism)
8. 다원주의(pluralism)

---

(3) 다문화기술

다문화기술은 단순히 민족과 인종에 국한된 것이 아니라 성, 인종, 성적 지향, 장애, 빈곤, 연령 등의 배경을 가진 학생에 대한 교육적 욕구를 정확하게 사정할 수 있는 능력을 일컫는다. 이뿐만 아니라 자신의 문화적 편견이 교육에 미치는 영향을 이해하고, 문화적 배경이 학생의 학습에 어떻게 영향을 미치는지에 대해서 파악하는 것을 포함한다.

다문화기술
1. 당신과 다른 문화권 학생들을 가르치는 능력을 어떻게 평가합니까?
2. 당신과 다른 문화권 학생들과 가족들의 욕구를 효과적으로 사정할 수 있는 능력을 어떻게 평가합니까?
3. 공식적·비공식적 교수전략을 구분할 수 있는 능력을 어떻게 평가합니까?
4. 일반적으로 학생 혹은 그들의 가족들의 당신에 대한 편견, 차별, 선입견을 효과적으로 다룰 수 있습니까?
5. 당신의 직업적 훈련과 관련해서 문화적으로 편견을 갖는 가정들을 정확하게 확인할 수 있는 능력을 어떻게 평가합니까?
6. 학습과 관련한 '방법'과 '배경'의 역할을 논의할 수 있는 능력을 어떻게 평가합니까?
7. 일반적으로, 당신과 전혀 다른 문화권 학생이 있을 때 학생의 행동 문제를 정확하게 구분할 수 있는 능력을 어떻게 평가합니까?
8. 문화를 구성요소(부분)로 분석할 수 있는 능력을 어떻게 평가합니까?
9. 다른 문화적·인종적·민족적 배경을 가진 학생들에게 표준화된 시험의 강점과 약점을 확인할 수 있는 능력을 어떻게 평가합니까?
10. 다문화연구를 비판할 수 있는 능력을 어떻게 평가합니까?
11. 일반적으로 다른 문화권 학생과 가족에게 적절한 교육적 서비스를 제공할 수 있는 기술 수준을 어떻게 평가합니까?
12. 다른 문화권 학생들의 교육적·행동적 욕구에 대해서 다른 전문가들과 효과적으로 논의할 수 있는 능력을 어떻게 평가합니까?
13. 다른 문화권 학생들과 가족들에게 더 도움이 되는 정보와 자원들을 확보할 수 있는 능력을 어떻게 평가합니까?
14. 여학생의 행동적·교육적 욕구를 정확하게 사정할 수 있는 능력을 어떻게 평가합니까?

---

15. 남학생의 행동적·교육적 욕구를 정확하게 사정할 수 있는 능력을 어떻게 평가합니까?
16. 나이 많은 학생의 행동적·교육적 욕구를 정확하게 사정할 수 있는 능력을 어떻게 평가합니까?
17. 동성애 소년의 행동적·교육적 욕구를 정확하게 사정할 수 있는 능력을 어떻게 평가합니까?
18. 레즈비언 소녀의 행동적·교육적 욕구를 정확하게 사정할 수 있는 능력을 어떻게 평가합니까?
19. 정신건강장애 학생의 행동적·교육적 욕구를 정확하게 사정할 수 있는 능력을 어떻게 평가합니까?
20. 매우 낮은 사회·경제적 배경을 가진 학생의 행동적·교육적 욕구를 정확하게 사정할 수 있는 능력을 어떻게 평가합니까?

2) 교사의 다문화태도 척도[6]

다문화태도 척도는 다문화 인식·지식·기술 척도와는 달리 하위 영역이 구분되어 있지 않으나 주요 내용은 다문화학생 대상 교육에 대한 정서적 태도, 다문화가족에 대한 배려, 다문화학생의 특성에 대한 지식과 이해 등의 내용을 담고 있다. 특히 상이한 의사소통의 유형을 문제행동으로 오해하고 있지 않은지, 학급구성원의 문화적 배경에 대해서 알고 있는지를 측정한다.

교사의 다문화 태도 측정
1. 나는 문화적으로 다양한 학생들을 교육하는 것에 보람을 느낀다.
2. 문화적으로 다양한 학생집단의 욕구에 맞도록 교육방법을 수정하여야 한다.
3. 나는 때때로 교사들에게 다문화인식과 훈련을 지나치게 강조한다고 생각한다.
4. 교사는 학생의 문화적 배경을 알아야 할 책임을 가진다.
5. 나는 자주 부모-교사협의회에 확대가족구성원을 초대한다(사촌들, 조부모님, 대부모 등).
6. 문화에 대한 자부심을 고취시키는 것은 교사의 책임이 아니다.
7. 학생이 문화적으로 다양해질수록, 교사의 직무는 점점 더 힘들어질 것이다.
8. 나는 교사의 역할이 문화적으로 다양한 배경의 학생의 욕구를 설명하기 위해서 재정의되어야 할 필요성이 있다고 믿는다.
9. 이중언어 학생들을 다룰 때, 일부 교사들은 상이한 의사소통유형을 문제행동으로 오해하기도 할 것이다.

---

6) 교사의 다문화태도 척도(teacher Muticultural attitude survey)는 Ponterotto, Mendelsohn, & Belizaire(2003)의 글 중에서 소개된 Ponterotto(1998)가 개발한 교사 문화적 능력 사정의 자기보고(5점 척도) 설문을 가져온 것이다.

10. 학생이 문화적으로 다양해질수록, 교사의 직무는 점점 더 보람될 것이다.
11. 나는 문화적으로 상이한 배경을 가진 학생으로부터 많은 것을 배울 수 있다.
12. 교사를 위한 다문화 훈련은 필요하지 않다.
13. 효과적 교사가 되기 위해서, 학급 내 문화적 상이성의 현상을 알아야 한다.
14. 다문화 인식훈련은 다양한 학생집단을 효과적으로 지도하는 데 도움이 된다.
15. 학생들은 오직 영어로만 의사소통하도록 배워야 한다.
16. 현재의 교과과정은 다문화주의와 다양성의 중요성을 무시하고 있다.
17. 나는 학급의 문화적 배경의 다양성을 알고 있다.
18. 학급의 인종과 민족적 구성에 상관없이, 모든 학생들이 문화적 다양성을 아는 것은 중요하다.
19. 다문화 인식은 교육의 주제로서 적절하지 않다.
20. 학급에서 갈등이 발생한 경우에만 문화적 다양성에 대해서 학생에게 교육한다.

3) 일반인의 문화적 민감성 척도

Cushner(1986)가 개발한 문화적 민감성 척도(Inventory of Cross-Cultural Sensitivity)는 5가지 하위영역인 문화적 통합, 행동, 지적 통합, 타인에 대한 태도, 공감척도로 구성되어 있다. Cushner의 척도를 활용하여 캐나다인과 일본인을 비교한 연구에서는 캐나다인과 일본인의 문화적 민감성의 차이가 있는 것으로 검증되었다. 일찍이 다문화사회를 형성하고 있는 캐나다인이 일본인에 비해서 문화적 민감성이 통계적으로 유의미하게 높게 나타난 것이다. 다음의 문화적 민감성 척도는 Cushner(1986)가 개발한 척도이다.

문화적 민감성 척도
1. 나는 오직 한 가지 언어로만 이야기한다.
2. 다른 사람들이 자신을 표현하는 방법은 내게 매우 흥미롭다.
3. 나는 다른 문화권의 사람들과 함께 있는 것이 즐겁다.
4. 우리나라에서 외국인의 영향력은 우리 국가의 정체성을 위협한다.
5. 다른 사람의 느낌·감정은 내가 내린 결정에 거의 영향을 미치지 않는다.
6. 나는 젓가락으로 음식을 먹을 수 없다.
7. 나는 나와 다른 사람들을 피한다.
8. 다른 문화권에서 온 사람들은 서로 안 만나는 것이 좋다.
9. 다른 문화권의 사람들과 결혼해서는 안 된다.
10. 나는 사람들은 기본적으로 모두 같다고 생각한다.
11. 나는 나 자신의 문화권 외의 다른 곳에서 결코 살아본 적이 없다.
12. 나는 정기적으로 다른 문화권의 사람들을 초대한다.
13. 나와 다른 사람들에 대해 이야기하는 것이 마음이 불편하다.
14. 나는 다른 문화권의 사람들에 대해서 배우는 것이 즐겁다.
15. 다른 문화권의 사람들은 다른 방법을 몰라서 다르게 행동하는 것이다.
16. 일반적으로 일을 잘하는 방법은 한 가지 이상으로 다양하다.
17. 나는 보통 다른 문화권의 음악을 듣는다.
18. 나는 다른 나라에서 가져온 장식품으로 집이나 방을 꾸민다.
19. 여러 사람들과 함께 있는 것이 불편하다.
20. 인간성은 다른 사람에 대한 지식에 따라 달라진다.
21. 거주하는 이웃들은 문화적으로 분리되어야 한다.
22. 나는 친구들이 많다.
23. 나는 다른 문화권의 음식들을 먹는 것을 싫어한다.
24. 나는 앞으로 다른 문화권에서 사는 것을 고려하고 있다.
25. 다른 문화권으로 이사하는 것은 쉬울 것이다.
26. 나는 다른 문화권의 사람들과 이슈를 토론하는 것을 좋아한다.
27. 우리나라에 들어오는 이민자의 수를 좀 더 강력하게 통제해야만 한다.
28. 사람들에 대해서 더 많이 알수록, 사람들을 더 싫어하게 된다.
29. 아침 신문에서 국제 뉴스보다 국내 뉴스를 더 많이 읽는다.
30. 외국 사람들이 모여 있으면 무섭다.
31. 새로운 일이 일어나면, 나는 그 문제를 토론하기 위해서 다른 문화권의 사람들을 만난다.
32. 나는 최소한 일주일에 2번 외국 음식을 먹는다.

2. 다문화 아동의 문화적 역량강화를 위한 프로그램

1) 프로그램의 이론적 근거와 목적

다문화 아동의 문화적 역량강화를 위한 프로그램의 이론적 근거는 다음과 같다.

첫째, 역량강화 이론과 강점관점을 근거로, 아동의 개인과 가족의 강점을 인식하기 위한 프로그램의 내용을 구성하였다. 한국에서 소수자로 살면서 경험하는 위축감을 극복하고, 자식과 가족이 가지는 강점을 재발견함으로써 자존감을 향상시키고, 자아정체감을 형성하도록 원조한다.

둘째, 문화적 다양성에 대한 수용이다. 한국문화에 대한 일방적인 적응과 순응이 아닌 어머니의 나라와 아버지의 나라의 문화에 대한 이해, 상이점, 공통점을 발견하는 과정을 통해 문화적 다양성에 대한 수용과 자신의 이중 문화에 대한 이해를 돕기 위한 과정에 초점을 맞추었다. 지식적인 문화 이해가 아닌 아동의 흥미와 활동수준을 고려하여 다양한 활동으로 구성하였다.

셋째, 역량강화의 하위요인인 대처기술의 향상에 초점을 두었다. 이는 외모나 타국적의 어머니(아버지)로 인해 학교나 지역사회에서 소외나 편견에 부딪힐 수 있는 상황에 대처하기 위한 대처기술 습득을 위한 것이다. 실생활에 접목된 다양한 상황을 연출하고, 이를 역할극을 통해서 연습함으로써, 아동들이 대처기술을 쉽게 습득할 수 있는 장을 제공하였다.

역량강화의 하위요소인 자아정체감 형성, 대처기술의 습득을 주요 목적으로 프로그램이 구체적인 하위목표를 제시하면 다음과 같다

첫째, 자신의 문화적 정체성을 발견함으로써 자아정체감 형성을 돕는다.

둘째, 자신의 문화적 강점을 발견하고, 개발함으로써 자존감을 향상시킨다.

셋째, 다문화 아동에 대한 편견에 대처하기 위한 대처방법을 습득한다.

넷째, 다문화 아동들과의 상호작용을 통해 공통점과 상이점을 발견하며, 긍정적인 유대감을 발전시킨다.

2) 다문화 프로그램 회기별 목적 및 내용

회기별 프로그램명, 목적, 내용은 다음의 <표 5-3>과 같다.

〈표 5-3〉 회기별 프로그램명, 목적 내용

단계	회기	프로그램명	목적	내용	회기별 준비물
초기 단계	1	오리엔테이션 - 프로그램소개 - 별칭짓기 - 게임	프로그램에 대한 이해와 집단 성원 간의 ice-breaking을 통해 프로그램 분위기를 조성한다.	- 사회복지사의 소개 - 프로그램 소개 - 집단 구성원 소개 - 협력게임을 통해 친밀감 형성하기	가족사진 혹은 부모님 사진 가져오기
	2	1. 나는 누구인가 2. 친구에게 나를 소개하기 3. 친구에게 우리 가족 소개하기	자신과 가족을 소개하는 연습을 통해 대처기술과 가족의 강점을 발견한다.	- 자기소개글 작성하기 - 친구에게 자신과 가족을 소개하는 상황연출하기	가족사진(부모님 사진)
	3	1. 가족 신문 만들기 2. 미래의 가족 신문 만들기	1. 현재의 가족과 미래의 가족 모습을 그려봄으로써 발전적이고 긍정적인 가족상을 갖게 한다. 2. 집단구성원들의 가족이 가지는 공통점, 상이점을 발견하고, 가족의 중요성을 발견한다.	1. 가족 신문 만들기 - 현재 우리 가족이 경험한 기쁜 일, 슬픈 일 등을 신문으로 만들기 2. 미래의 가족의 발전적인 모습을 신문으로 만들어 보도록 함으로써 긍정적인 가족상 그리기	- 도화지, 크레용, 색연필 - 다문화 부모의 나라 알기 프로그램에 대해 부모님께 설명하고, 준비시키기

중간 단계	4	어머니(아버지)의 나라 알기 I - 국기 그리기 - 위대한 인물탐방 - 위대한 유적탐방 - 국경일	어머니(아버지)의 나라에 대한 탐색을 통해 문화적 이해를 향상시킨다.	1. 어머니(아버지) 나라의 국기를 그리고, 어머니께 선물하기 2. 인터넷자료, 서적 등을 통해 인물과 유적, 국경일을 조사하고 발표하기	- 색지, 색연필, 물감, 깃대 - 도화지, 지도, 크레용
	5	1. 어머니(아버지)의 나라 알기 II - 어머니 나라의 게임 알아 오기 - 어머니 나라의 동요 알아 오기(어머니 동참 독려) 2. 어머니(아버지)가 외국인이기 때문에 좋은 점 발견하기	어머니(아버지)의 나라의 게임과 동요를 앎으로써 어머니에 대한 이해와 긍정적인 상호 작용을 돕는다.	1. 어머니(아버지) 나라의 문화를 어머니를 통해 배워서 발표(혹은 어머니와 함께 참여하기) 2. 어머니(아버지)가 외국인이기 때문에 좋은 점 5가지 쓰고 발표하기	강점 발견하기 쪽지를 아버지, 어머니, 선생님, 친구에게 받아오도록 협조 부탁함
	6	1. 나의 강점 발견하기 - 아버지가 본 나의 강점 - 어머니가 본 나의 강점 - 선생님이 본 나의 강점 - 친구들이 본 나의 강점 - 내가 본 나의 강점 2. 내가 아름다운 이유는	주변의 주요인물로부터 받은 강점쪽지를 통해 자신이 발견하지 못한 강점을 새롭게 발견하고, 긍정적인 자아인식을 돕는다.	1. 주변 주요인물이 써준 강점을 발표하고, 느낀 점 말하기 2. 내가 본 강점을 쓰고 발표하기	강점쪽지
	7	1. 사회적 편견이란(강의) 2. 내가 가지고 있는 편견들	사회적 편견이 무엇인지를 발견하고, 자신이 가지고 있는 편견을 발견한다.	1. 사회적 편견에 대한 설명 2. 자신이 가지고 있는 편견들을 써보고, 문제점을 발견하기	- 도화지, 색연필, 펜
	8	1. 내가 받고 있는 편견들 2. 편견들의 부당함을 이해하기	자신이 받고 있는 편견을 정확하게 파악하고 편견의 부당함을 이해한다.	1. 내가 받고 있는 편견들을 써보고, 발표하기 2. 편견의 부당함에 대해서 집단구성원들과 토론하기 3. 편견을 써놓은 용지를 향해서 물풍선 던지기	- 색지, 가위, A4용지, 물풍선
	9	편견에 대처하기 위한 방법 - 역할극(혹은 인형극)	부당한 편견에 대처하기 위한 기술들을 역할극을 통해 연습함으로써 실천적인 대처방법을 습득한다.	1. 편견에 부딪히는 상황을 설정한 후에 적절한 대처방법을 역할극을 통해 연습하기 2. 역할극의 대처방법에 대해 토론하기	
종결 단계	10	1. 내가 닮고 싶은 사람 2. 장래희망을 위해 준비해야 하는 것들 - 명함 만들기 - 구체적인 계획세우기	긍정적이 역할모델을 설정함으로써 성장목표를 세우고, 미래의 장래계획을 위한 현재의 계획을 구체화한다.	1. 내가 닮고 싶은 사람과 그 이유를 설명하기 2. 자신의 장래희망을 설명하고, 명함 만들기 3. 장래희망을 이루기 위해 현재 해야 할 우선순위 정하기	- 색지, 크레용, 가위, 명함사진
	11	종결식 - 프로그램 돌아보기 - 각 나라 음식파티 [어머니(아버지)와 함께 만들기]	프로그램을 통해 배운 점이나 도움이 되었던 점들을 확인한다.	- 프로그램을 통해 변화된 나에 대해 발표하기 - rolling paper - 다과	- 음식재료

3) 다문화적 시민교육의 내용

제도화된 학교교육에 다문화 역량 강화를 위한 프로그램이 도입되어야 한다. 구체적으로 다문화교육이 공교육 과정에서 이루어져 다문화적 인식과 감성을 키울 수 있는 범교과 학습과정을 개발하여 교육에 도입할 수 있다. 그리고 지방정부가 적극적으로 지원하고 민간교육기관과 시민단체가 함께 참여하는 다양한 다문화 시민교육이 생활 세계에서 활성화되어야 한다. 이주민을 대상으로 한 한국 적응 교육뿐만이 아니라 이주민의 문화정체성 형성을 지원하기 위한 자기개발 프로그램이 도입될 필요가 있다. 또한 이주민의 문화적 차이를 이해하고 소통하기 위한 배우자 교육과 다문화 가정 구성원 교육 등이 함께 프로그램화될 수 있다. 이러한 교육을 통해서 이주민 스스로가 문화매개자가 되어 다문화 역량을 갖춘 다문화 교육 강사로 양성될 수 있는 방안도 강구될 수 있다. 다음으로 다문화 환경에 대등할 수 있는 정책을 원활하게 추진할 수 있도록 국가 정책을 실행하는 기관의 전문가들의 다문화 역량을 강화시킬 수 있는 방안도 강구되어야 한다. 그리고 우선적으로 다문화 사회의 진전단계에 적합한 다문화적 현실을 고려하여 결혼이주여성의 생애주기와 지역적 요구를 파악한 사회서비스를 제공할 수 있는 교육적인 정책 방안이 모색되어야 한다.

<표 5-4> 다문화적 시민교육의 내용구성

다문화적 시티즌십		
영역	문화적 능력	민주적인 상호문화 능력	시민적 능력
교육 내용	- 인종, 지역, 지역문화 - 종교, 세대, 직업문화, 사회영역 문화와 같은 다양한 하위집단 문화 - 문화의 특성과 문화접변, 상호작용, 변화과정 - 사회과학 개념과 이론(지위, 역할, 구조, 변동) - 사회과학의 탐구양식	- 민주적인 과정을 통한 문화의 상호작용과 변화, 그리고 발전 - 지식의 구성 및 변형과정 그리고 결과	- 시민적 권리와 의무(자유권, 정치권, 사회권, 문화권) - 입헌민주주의의 이상과 가치, 정치과정과 참여 - 담론민주주의 이상과 가치, 합리적 담론형식과 절차 - 민주적인 정치 참여 및 활동 - 시민사회와 공론장의 의미, 참여 및 활동

자료: 장원순(2006), 「우리 안의 차별과 배제, 일상적 삶에서의 다문화교육 접근법」, 『사회과 교육의 논리』, 교육과학사.

06
다문화교육
프로그램

1절에서 3절까지 김이선 외(2007)의 다문화교육프로그램을 소개하는 이 장에 서는 최종렬 외(2008)의 「다민족·다문화사회로의 이행을 위한 정책 패러다임 구축(II): 다문화 역량증진을 위한 정책·사회적 실천 현황과 발전방향」을 참 조하였다.「다민족·다문화사회로의 이행을 위한 정책 패러다임 구축(I): 한국 사회의 수용 현실과 정책과제」를 참조하였다.

# 제1절 다문화교육의 개념 및 도입배경

다문화교육(multicultural education)은 문화적 다양성의 존중과 이해를 위한 일련의 교육적 과정을 통해 문화적 차이에서 오는 사회적 차별을 해결하여 민주주의 가치를 실현하기 위한 교육전략의 하나로 볼 수 있다(오은순 외, 2007). 다문화교육의 기본목표는 민주주의적 가치와 믿음에 기초해서 교수·학습 방법에 대해 접근하고 다양한 문화세계와 상호 독립된 세계에서 문화적 다원주의를 조성하는 데 둔다(Bennett, 1995; Nieto, 2005). 보다 실천적인 입장에서 다문화교육은 학생들의 학문·사회·언어적 욕구와 연결할 수 있는 다양한 학습 환경을 조성하는 다학문적 교육 프로그램을 지칭한다(Suleiman, 2004). 우리는 다문화교육을 통해서 다문화교육을 다양한 문화집단에 속한 서로 다른 사람들이 속하지 않은 다른 문화에 대한 편견을 줄이고 상호이해와 평등의 관계를 중시할 수 있는 지식, 태도, 가치교육을 제공할 수 있다(장인실, 2006).

우리나라 다문화교육의 교과 교수·학습이 추구해야 할 방향은 다음의 <그림 6-1>과 같이 정리될 수 있다.

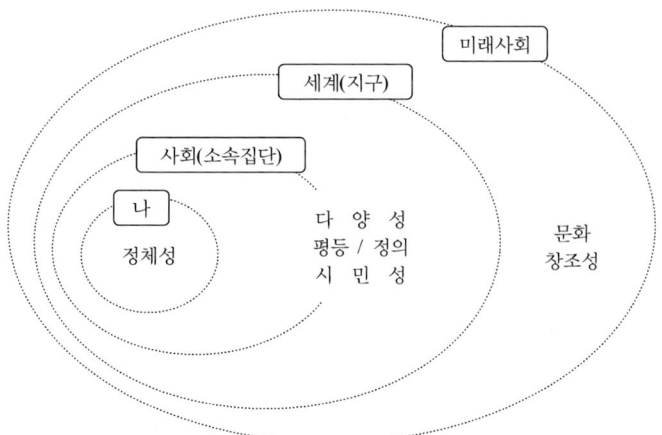

출처: 최종렬 외(2008), 「다민족·다문화사회로의 이행을 위한 정책 패러다임 구축(Ⅱ): 다문화 역량증진을 위한 정책·사회적 실천 현황과 발전방향」, 한국여성정책연구원.

〈그림 6-1〉 다문화교육을 위한 교과 교육의 방향

 # 제2절 다문화교육을 위한 교과 교수·학습 프로그램 개발사례분석

1. 범교과 프로그램

세부적인 프로그램의 개발 내용을 간략히 정리하면 아래의 표와 같다.

〈표 6-1〉 범교과 프로그램

모듈	목적	모듈명	하위 모듈명	목표	내용	관련 학년/ 교과
1	다양성, 정체성, 문화성 조성	문화의 다양성 과 자 아 정 체성	다양한 문화, 알면 알수록 낯설지 않아요!	우리 사회에 공존하고 있는 문화의 다양 성에 대해서 인식하고 낯선 문화에 대해 합리적으로 존중하려는 태도를 기른다. 1) 우리 사회에 공존하는 다양한 문화 긍정적으로 인식하기 2) 다양한 문화의 차이를 합리적인 시각 으로 바라보고 이해하기, 존중하기 3) 다양한 문화 속에 존재하는 보편성 알기	- 우리 사회에 존재하지만 낯 설게 느껴지는 다양한 문화의 사례 - 세계적으로 비 슷하게 나타나 는 문화의 사례	3,4학년 사회/ 도덕
			'나', '나만 의 문 화'를 소개합 니다.	삶의 주체로서의 '나'와 특정 국가에 속 해 있는 문화가 아닌 '나의 문화'를 소중 히 여기며 긍정적인 자아 정체성을 형성하 려는 태도를 기른다. 1) "나는 누구인가?"라는 생각 갖기 2) '나'와 '나의 문화' 찾아가기 3) 긍정적인 자아 정체성 형성하기	- 한국인 아버지 와 외국인 어 머니 사이에서 태어난 다문화 가정　자녀의 자아정체성 찾 기	3,4학년 사회/ 도덕/ 미술

2	시민성	다문화 사회에 적합한 문제 해결 능력	방법을 알면 해결이 어렵지 않아요	문화적 차이에서 오는 문제 상황을 해결하는 방법을 알고, 적용할 수 있다. 1) 상황을 통해 문제 상황 인식하기 2) 문화의 차이에 대해 이해하고, 해결 방법 생각하기 3) 대화를 통해 문제 상황 해결하기	- 국제결혼 사례 1: 외국인 엄마 사례 - 국제결혼 사례 2: 외국인 아빠 사례	5학년 도덕/ 국어
			직접 경험해 보면 훨씬 더 잘 해결할 수 있어요!	문제 상황 해결 경험을 통한 문제 해결 능력을 향상시킬 수 있다. 1) 상황을 통해 문제 해결 방법 인식하기 2) 이해와 대화를 통한 해결 경험하기 3) 다양한 문제 상황 해결하기	- '베트남 큰 엄마' 사례 - 태국인 직원과 한국인 사장 사례	5 학년 도덕/ 국어
3	평등·정의	반편견과 인권존중	우리도 존중 받고 싶어요!	우리와 다른 생김새와 문화를 가진 타인에 대해 알고 이해함으로써 그들을 존중하려는 마음과 태도를 갖는다. 1) 낯선 문화와 인종에 대해 알고 그들이 겪는 문제점 인식하기 2) 사회적으로 차별받는 소수집단에 대한 편견을 극복하고 그들을 존중하는 마음 갖기	- 문화적, 생물학적 차이로 인해 차별받는 외국인 근로자	6 학년 도덕/ 국어
		반인권주의	무지개는 왜 아름다울까요?	피부색, 국적, 종교, 생활방식 등의 차이로 인한 차별의 부당함을 알고 반차별적인 태도를 갖는다. 1) 인종차별의 부당함 인식하기 2) 차별받는 집단의 심정을 이해하고 반차별적인 태도 갖기	- 외국에서 차별받는 한국인 - 인종차별의 사례	6학년 도덕

2. 사회과 프로그램

첫째, 도입·엿보기 단계에서는 다문화 주제 학습을 위한 상황을 제시하고 이에 대한 동기 유발과 선수 학습 확인 등이 진행된다. 두 번째, 전개·들여다보기 단계에서는 다문화 개념과 내용 등을 제시하고 읽기 자료나 관찰 학습의 모델이 제시된다. 마지막으로 생각해 보기·경험하기 단계에서는 학생들에게 과제 등을 제시하고 이를 수행하도록 하였다. 학년별로 선정된 사회과 단원과 연관된 프로그램 내용을 간략히 정리하여 다음의 표에 제시하였다.

〈표 6-2〉 사회과 단원과 연관된 프로그램내용

학년	모듈	제목	다문화교육 주제	개정 교육과정(성취기준)	학습 활동	내용
3	1	의식의 문화	다양성	(6) 다양한 삶의 모습들 ② 고장, 지역, 국가의 서로 다른 학생들의 문화를 알아보고 유사성과 차이점을 조사한다.	학습지& 막대 인형놀이	고장, 지역, 국가의 문화를 의·식·주 놀이 문화로 나누어 유사성과 차이점을 살펴봄
	2	놀이 문화	다양성		다른 나라의 놀이 체험	
	3	우리 문화와 세계 문화의 만남	다양성, 정체성		학습지	우리 문화와 세계 문화가 상호 영향을 주고받으며 변화 발전함
4	1	사회변화의 우리 생활(1)	다양성, 평등/ 정의	(6) 사회변화와 우리 생활 ① 현대사회 가족구성의 다양성을 이해하고, 바람직한 가족의 의미를 찾아본다.	마인드맵& 모둠활동	다양한 가족 유형과 가족형성 방법을 살펴봄
	2	사회변화의 우리 생활(2)	다양성, 평등/ 정의		학습지& 역할극	바람직한 가족의 의미와 행복한 가족이 되기 위한 가족의 역할을 알아봄
5	1	흥선대원군 역사에 등장하다	정체성, 세계시민성	(5) 새로운 문물의 수용과 민족 운동 ① 개항 전후 시기부터 일제강점까지 외세의 침략과정과 그에 대한 조상의 대응을 파악한다.	사료 수업& 역할극	흥선대원군의 개혁정치를 바라보는 조선 내부의 인식의 차이
	2	조선의 문을 두드리는 세계열강들	정체성, 세계시민성		사료 수업& 신문기사 작성	서구 열강의 접근에 대한 흥선대원군의 외교정책을 통해 서구와 우리의 시선의 차이를 알아봄
6	1	다르지만 같은 우리, 함께하는 행복한 세상(1)	세계시민성	(4) 우리나라의 민주정치 ⑥ 관용, 태도, 타협, 절차 준수 등 일상생활에서 민주주의를 실천하는 태도를 기른다.	문제 해결 수업&학습지	다문화 사회에서 생기는 문제를 파악하고 민주적 절차를 통해 해결하도록 함
	2	다르지만 같은 우리, 함께하는 행복한 세상(2)	세계시민성			문제 해결을 위한 실천사항 발표

3. 다문화사회의 이행을 위한 정책: 생활세계 속 다문화 교육

다문화 교육을 통해서 삶의 터전인 지역 공동체 내에서 여성들이 다양하고 적극적인 형태로 자신의 존재성을 드러내는 것을 장려하고 고무함으로써 지역사회의 편견과 차별을 깨트릴 수 있는 방안을 찾아보고자 한다. 생활세계 속에서의 다문화교육 프로그램을 통해서 결혼이주여성들이 지역 시민으로서의 책무를 인지하고, 구체적인 자신의 현실—일터, 삶터 등—에서 문화 소통자로서의 역량을 강화시킬 수 있을 것이다. 이를 위해서 여성결혼이민자가 지역사회의 직업, 교육, 복지 등과 관련된 영역에 참여하면서 겪게 되는 차별에 대해 평가하고 분석하는 문화능력을 갖게 될 방안은 무엇인지 탐색해볼 것이다. 생활세계 속에서의 다문화교육은 결혼이주여성이 공적으로 자기표현을 하는 동시에 지역시민사회에서 다양한 활동에 참여하여 스스로를 세력화함으로써 지역사회 내에서 사회적 승인 인정을 얻고, 지역공동체의 중심적인 행위자로 서게 되는 데 기여할 것이다.

1) 민간단체의 다문화교육 프로그램 현황

(1) 외국인이주노동자 인권을 위한 모임

외국인이주노동자 인권을 위한 모임(이하, 인권모임)은 2004년부터 시범적으로 총 8회에 걸쳐 서울지역 초등학생 고학년을 대상으로 한 다문화교육을 실시하고 있다.

인권모임이 밝히고 있는 다문화교육의 목적과 취지는 '문화와 인권'을 같이 알려 나가는 것이다. 2005년『초등학생을 위한 아시아 문

화 이해수업 자료집』에서 밝히고 있는 인권모임의 다문화교육 목적
및 목표는 다음과 같다.

〈표 6-3〉 초등학생을 위한 아시아 문화 이해수업의 목적 및 목표

목적
한국의 미래세대가 제3세계에 대하여 합리적이고 열린 시각을 갖도록 한다.
외국인과 한국인이 더불어 사는 사회를 위해 문화적 의식의 토대를 마련한다.

목표
다른 나라 문화 이해를 통해 세계에 대한 호기심과 탐구심을 향상시킨다.
외국문화에 대한 이해를 통해 외국인노동자에 대한 편견을 해소한다.
교육현장에서 제3세계 국가의 문화 이해교육이 활성화되는 계기를 제공한다.

세부목표
1. 지구촌 시대에 문화를 통한 국제 이해수준을 높인다.
   외국 직접 방문, 혹은 거주가 쉽지 않은 초등학생들에게 다른 나라 문화를 체험할 수 있는 기회를 제공한다.
2. 제3세계 국가의 문화 이해교육이 활성화될 수 있는 계기를 제공한다.
   자주 소개되지 않는 제3세계 국가들의 아름다운 문화를 소개하여 아시아에 대한 이해의 폭을 넓힌다.
   외국의 물품/의상들을 직접 접촉함으로써 외국문화에 대한 관심을 높인다.
   영상자료, 체험 프로그램 등을 제공함으로써 재미있는 문화교육의 모델을 제시한다.
3. 문화이해를 통하여 한국에 거주하는 외국인 노동자들에 대해 긍정적인 사고를 갖도록 한다.
   외국인 노동자와 직접 접촉하고 대화를 나눔으로써 편견을 해소한다.
   외국인노동자를 통해 타국의 문화를 이해함으로써 외국인노동자를 '문화적 존재'로 인식하는 계기를 삼는다.

출처: 인권모임(2005), 『초등학생을 위한 아시아 문화 이해수업 자료집』.

(2) 외국인 인권을 위한 모임 부설 아시아평화인권연대

부산에 위치한 아시아평화인권연대는 1996년 시작한 외국인 인권을 위한 모임의 부설단체이다. 2003년 4월에 만들어진 아시아평화인권연대는 청소년에 대한 인권·평화 교육을 주로 담당하는데, 주요한 관심은 이주노동자들의 인권이다. 아시아의 문화를 소개하는 '아시아와 친구하기' 프로그램은 아시아평화인권연대의 주요 교육 내용 가운데 하나이며, 2006년 8월에는 그동안의 활동 경험을 엮은『아시아

문화교육 사례집』을 만들어 다른 교육 현장과의 소통을 시도하기도
하였다. 다음은 주로 초등학생을 비롯한 청소년을 대상으로 이루어지
고 있는 '아시아와 친구하기'의 내용이다.

〈표 6-4〉 아시아와 친구하기 프로그램 내용

학습목표
- 한국의 이주노동자 실태를 알아봅니다.
- 이주노동의 원인과 한국 사회의 이주노동자 유입배경을 이해합니다.
- 이주노동자들의 인권침해 현실을 살펴보고, 사회적 소수자에 대한 인권보장을 위해서 어떤
  노력이 필요한지를 모색해 봅니다.

주요내용
- 이주노동자에 대한 선입관 나누기
- 이주노동자와 관련한 문제풀이
- 인권침해 현실을 사진과 뉴스자료를 보며 이해하기
- 일상적인 차별에 대해 생각해 보기
- 이주노동자의 이야기: 나는 왜 이주노동을 하게 되었는가?

유의할 점
- 일상적인 정보 전달을 피하고 학생들이 자유롭게 의견을 얘기할 수 있도록 합니다.
- 한국보다 가난한 나라에서 온 이주노동자라고 해서 차별하거나 멸시하는 것은 잘못이라는
  점을 스스로 깨우칠 수 있도록 도와줍니다.

[수업 안 예시]

도입
- 이주노동자는 어떤 사람인가요?: 이주노동자에 대한 생각과 느낌을 미리 나눠 봅시다.

전개
- 문답으로 알아보는 이주노동자: 이주노동의 배경과 이유 등을 알아보는 시간입니다.
- 이주노동자의 현실: 일상생활의 어려움, 음식, 언어, 종교 등 문화의 차이
- 작업장에서의 어려움: 체불임금, 산업재해, 저임금, 장시간 근로 등
- 미등록 이주노동자
- 일상적인 차별과 무시
- 이주노동자의 이야기

정리
- 질의응답
- 마무리: 생각나누기

출처: 아시아평화인권연대(2006), 『아시아 문화교육 사례집』.

(3) 국경없는마을의 '이주민 문화 멘토 프로그램'

국경없는마을은 다문화적 감수성을 배양하는 다양한 프로그램을 개발, 실행하고 있다. 대표적인 프로그램으로는 '다문화체험교실', '날자 아시아'와 '이주자 멘토 프로그램' 등이 있다. '다문화체험교실'은 소수자(이주노동자, 결혼이주여성 및 그 자녀)의 한국 사회에 대한 문화적 적응을 유도하고, 다문화사회에 대한 다수자(한국인 어린이, 청소년)의 인식을 제고하여 보다 다양한 문화를 체험할 수 있는 계기를 마련하는 데 목적을 둔다. '날자 아시아'는 다문화교육 프로그램을 활용한 축제 프로그램으로서 교육 프로그램의 진행을 통해 축제를 준비하고 이 결과를 함께 나누고 현장에서 즐기는 방식으로 이루어진다(국경없는마을, 2007a).

특히 주목할 만한 것은 '이주민 문화 멘토 프로그램'이다. 이 프로그램은 이주민과 지역민 모두의 다문화리더십을 배양하는 데 목적을 둔다. 즉, 각자가 지닌 고유의 문화를 소개하고, 이를 기반으로 문화적 차이를 상호 이해하도록 돕는 이주민 문화 멘토를 양성하는 동시에, 이주민 문화 멘토와 함께 다문화에 대해 배우고 고민하면서 다문화교육을 이끌어갈 한국인 활동가를 다문화코디네이터로 양성하는 것이다. 이 프로그램은 다문화에 대한 한국인 다수자의 이해도를 높이고, 소수자인 이주민들이 자신의 문화에 대한 자긍심을 갖는 동시에 한국 사회의 문화적 편견을 극복할 수 있는 기회를 제공하는 쌍방향 다문화교육 프로그램으로 의의가 있다. 또한 '이주민 멘토 프로그램'은 이주민을 특정 '국가' 범주로 묶지 않고 한국에 거주하는 동시대인으로 상정하면서 개별적인 주체로서의 이주민과 한국인 참여자들이 각자의 문화를 예술이라는 매개를 경유해 나누고, 이것을 다양한 방식의 예술적 표현으로 이어지도록 유도하였다는 데 의의가 있다.

그러나 강좌의 내용과 구성을 너무 전적으로 강사의 역량에 의존한 경향이 있었고 참여한 강사들 중 몇몇은 정확한 사업 목적이나 의의, 다문화의 정의에 대한 합의가 제대로 이루어지지 않은 상태에서 수업에 들어가는 경우도 있었다. 또한 이주민 참여자들의 문화·예술적 역량이나 출신국 문화에 대한 이해가 부족한 상태에서 수업이 진행되는 경우도 있었다는 지적이 나왔다. 체계적인 교육 프로그램이 개발되어야 한다는 요구와 다문화교육자를 인증하는 제도가 필요하다는 의견들도 제기되었다. 다음은 '이주민 멘토 프로그램'의 내용이다.

〈표 6-5〉 국경없는마을 '이주민 멘토 프로그램'

---

1) 공통프로그램: 초빙강의 2강+공동강의 3강

가. 초빙강의

① 다문화의 이해 - 박천응((사) 국경없는마을 이사장)
- 한국 사회의 다문화 논의 시발점, 다문화 형성 과정, 다문화를 바라보는 시각과 문제점, 앞으로의 방향과 다문화교육의 필요성에 대한 강의
② 왜 아시아인가(아시아의 눈으로 아시아를 바라보기 - 한국의 대(對) 아시아 문화교류)
- 김남일(아시아문화네트워크 공동대표)
- '아시아'를 재규정하는 데에 있어 문화의 중요성, 기억과 아시아를 다시 보기

나. 공통강의

① 웜업(Warm up!) - 이철성
- 한국인 코디네이터가 이주민 멘토들에게 각 나라의 인사를 배워 각기 다른 팀이 서로 다른 인사를 하며 생기는 해프닝을 경험(한국, 필리핀, 미얀마, 인도네시아, 나이지리아, 중국, 일본)
- 인사를 배우는 놀이를 통해 참가자들 간의 어색함을 줄이고 각 나라의 문화에 대해 초보적인 이해를 가능하게 함
② 다문화쿡쿡 - 심은정(AEC 비빗펌연구회)
- 여러 가지 재료를 각국 문화에서 볼 수 있는 쌈의 형태(김밥, 주먹밥, 월남쌈, 샌드위치 등)로 만들어 보고 그것을 가지고 이야기를 나눔
- 협동 작업을 통해 참가자들 간의 어색함을 줄이고 음식을 나누어 먹음으로써 자연스럽게 각국의 음식 문화와 참여자들에 대해 알게 됨

---

③ 촉각드로잉 및 다문화 톡톡 - 김월식
- 눈을 안대로 가리고 상대방의 얼굴을 촉각으로 관찰한 후 인주를 손에 묻혀 그대로 종이에 옮겨 보는 놀이
- 직접 접촉하는 형태의 놀이를 통해 참여자들 간의 거리감을 줄이고 촉각에 관한 각 나라의 문화에 대해 이야기를 나눌 수 있는 기회를 마련

2) 분반프로그램: 7강
- 외국인의 경우 의사소통의 정도에 따라 한국인 코디네이터를 분배하여 수업내용을 제2언어(영어)로 진행해 소통을 도움. 5개 분반에 각각 10명씩 참가하였음

① CARE IN ASIA - 김월식(작가, 계원조형예술대학 매체예술과 겸임교수)
- 목적: 본 프로그램은 참여자들이 흔히 타문화라고 할 때 일반적으로 회자되는 경직된 개념의 전통이나 국가가 아닌 개인이 느끼는 현재성에 대해서 스스로 소개, 이야기하게 하고자 함. 또한 현재 한국에서 일어나고 있는 문화예술 활동들에 대한 경험과 이를 인식하는 통로를 배움으로써 참여자들이 다문화적 역량을 보다 유연하게 키우고자 함
- 특징: 다문화에 대한 이해와 함께 퍼포먼스나 몸짓 표현과 같은 구체적인 예술 표현을 시도하게 함으로써 기본적인 문화 예술적 역량을 육성하고자 시도
② 키워드 & 이미지 읽기 - 유승덕(작가, 관동대학교 미술과 겸임교수)
- 목적: 다문화체험교육을 이끌어갈 리더에게 요구되는 단편적인 지식이나 테크닉에 초점을 두었다기보다는 참여자 개개인이 가지고 있는 독특한 감수성과 창조적 능력을 스스로 발견하고 개발하는 데 도움이 되고자 함
- 수업진행방식: 강사가 제안한 예술 작품이나 영화 등에서 추출한 하나의 키워드 혹은 키 이미지를 통해 최종적으로는 자신의 생각과 상상력을 이미지와 언어로 구체화
- 특징: 기본적인 문화예술 역량 강화를 목적으로 함. 강의 주제를 제시하는 데 동영상(비디오 아트 등)이나 사진 등을 사용함으로써 시각 이미지와 언어 학습을 효과적으로 병행
③ 아시아를 읽는다 - 윤석정(시인, 안양예술고등학교 전임강사)
- 목적: 글, 노래 랩, 마임 등과 같이 다양한 방법을 사용하여 본인의 경험과 본국의 이야기들을 구성하게 함으로써 다양한 자기표현의 방식을 배움과 동시에 서로의 배경에 대해 보다 잘 이해하게 하고자 함
- 특징: 소리와 언어를 매개로 한 예술 표현 방식을 시도. 그러나 여전히 '언어'를 매개로 하고 있기 때문에 몸이나 소리 등을 다루는 다른 예술 표현 방식에 비해 더 섬세한 접근이 필요하였음
④ 사회적 예술이 실현되는 공방 - 박찬국(밀머리 미술학교 교장)
- 목적: 이주와 정주에서 드러나는 여러 가지 사회적 문제들에 대한 의식을 깨우고 무엇보다 동일한 공간에 거주하는 이들이 생활에서 부딪힐 수 있는 문제를 퍼포먼스를 통해 표현해 보고자 함
- 특징: 다양한 접근을 통해 최종적으로는 퍼포먼스라는 낯설지만 쉽게 다가갈 수 있는 예술에 다다를 수 있게 하였음. 동시에 퍼포먼스의 내용과 배경을 원곡동이라는 공간에 둠으로써 원곡동 주민들과 퍼포먼스를 매개로 소통을 시도해 보도록 하였음
⑤ 커뮤니케이션 프로그래머 되기 - 이철성(연극인, 비주얼 씨어터 '꽃' 대표)
- 목적: 몸과 마음을 열게 하는 놀이와 게임에서부터 서로를 깊게 알게 해주는 체험 프로그램에 이르기까지 여러 가지 종류의 소통 프로그램을 경험해 보고 이를 기반으로 자신만의 소통 프로그램을 교안으로 기획하고 그 효과를 실험해 봄으로써 각자 커뮤니케이션 프로그래머로서의 기초를 다져 보고자 함

- 특징: 몸과 손짓 등 다양한 표현 방식을 이용한 놀이를 매개로 자연스럽게 참여자 자신과 자신의 문화에 대해 이야기하게 함. 직접 교안을 만들어 참여자들이 모의 강의를 하고 평가

출처: 국경없는마을(2007b), 「이주민 멘토 프로그램 지원사업 결과보고서」.

4. 해외사례연구: 남양대만자매회(Trans Asia Sisters' Association, TASAT) 다문화교육 강사 양성과정

1) 이주여성 역량 강화 프로그램

TASAT은 2007년 이후 이주여성들을 대상으로 정기적으로 다문화교육을 진행하고 있고, 교육을 이수한 이주여성들 중 일부는 지역사회에서 다문화강사로 활동하고 있다. TASAT이 진행하고 있는 다문화강사 양성 교육의 목적은 궁극적으로 이주여성의 역량강화이나, 그 내용은 현재 한국에서 진행하고 있는 내용과 비교해 보면 좀 더 구체적이고 다양한 내용임을 알 수 있다. 이들은 국적이 다르거나, 혹은 지역 간의 갈등을 겪고 있는 이주여성들이 가지는 각자의 문화적인 배경을 서로 이해하도록 하는 내용에도 관심을 가진다. 또한 이주여성들의 사회구성원으로서의 자질을 의심하는 대만 사회의 편견을 극복하기 위해 그들의 가족과 사회 내에서의 위상을 스스로 확인하고 강화시키고자 노력하고 있다. 예를 들면 부모교육이라는 내용의 교육은 이주여성 스스로가 유년기간에 배운 놀이 문화 등에 대한 기억을 되살림으로써 자신의 유년기에 대한 가치를 회복하고, 이를 통해 각 문화가 가진 창의적인 교육방식을 재현하는 훈련이다. 또한 인권, 정책교육, 노동권, 이민 역사 등을 다루는 교육과 토론을 통해 스스로의

인권을 찾아가는 방법을 배워 가고 가족 내에서 여성들이 가지는 다중의 역할을 역할극으로 만들어 내어 이에 대해 성찰하도록 고무되기도 한다.

이에 더해 TASAT은 2007년부터 대만 문화관광부에 제안서를 작성하여 2년차 다문화교육 강사 양성과정을 진행하고 있다. 1차년도에 진행된 교육은 대만인을 대상으로 자국언어 교육을 위한 교재, 방법론 개발, 교사 매뉴얼을 개발하는 사업이었고, 2008년 2차년도에 진행된 교육은 자국의 부모문화, 모국 동화와 놀이문화 연구 및 매뉴얼화 작업, 국가별 젠더관계 학습 및 연구활동을 하였다. 같은 해에 이민인권 워크숍 활동을 통해 이민의 역사, 이민자의 경험 공유, 이민법·귀화법·차별 등에 대한 정책 교육을 경험하며 이민인권 교안을 직접 설계하는 작업을 수행하였다.

TASAT 구성원들이 이와 같은 지역 활동을 할 수 있는 것은 이들이 중국어를 비롯해 사회극, 미술, 비디오 등 다양한 매체를 활용하면서 표현력을 키우고 스스로 자존감을 회복하였으며, 자신의 문화와 대만의 문화를 서로 대화 가능한 것으로 만들었기 때문이다.

2) 다문화강사 프로그램

TASAT의 다문화교육 강사 양성과정은 이주여성과 대만 가족 또는 이주여성과 대만 사회와의 간극과 편견을 없애기 위한 과정이다.

<표 6-6> TASAT의 다문화교사 자격훈련 프로그램

프로그램 명칭	동남아 다문화교사자격훈련 프로그램
활동 대상	기초 중문능력이 있는 동남아계인 15명
활동 장소	신이민회관 만화관 중화민국남양대만자매회 북부사무실
활동 횟수	어린이 유희 및 동요 프로그램: 2007년 5월 6일~6월 24일(8강좌) 이민인권프로그램: 2007년 8월 12일~9월 16일(8강좌) 성별문화프로그램: 2007년 10월 14일~11월 16일(8강좌) 교수강의안작성프로그램: 2007년 11월 25일~12월 16일(8강좌) 시범강의(2번, 매번 8시간)
참여인 수	동남아국적 학생 17명
지도	행정원 문화건설위원회
주최	사단법인 중화민국남양대만자매회

(1) 어린이 유희 및 동요 프로그램

· 강사: 장밍훼이(대만아동발전협회이사장)

· 조교강사: 팡지쵸오(아동문화연구사 학생)

· 자원봉사자들: 아동문화연구사 학생

· 수업내용

<표 6-7> 어린이 유희 및 동요 프로그램 수업 내용

주 1회	수업주제	내용목표	방법건의	기타
제1 강좌	모국에 서의 동년경 험 나의 성장	1. 모국에서의 성장방식과 경험을 공유 2. 자신의 성장과정에서 가 장 인상 깊었던 유희, 가 요, 놀잇감	- 자신의 성장과정을 공유 - 모국에서 학령 전 아이들은 어떻 게 양육하는가? - 당신은 학령 전의 아이를 어떻게 양육해야 한다고 생각합니까? 어 떻게 놀아야 한다고 생각합니까?	광범위한 토론, 자료 를 모으고 분류하기

주 1회	수업 주제	내용목표	방법건의	기타
제2 강좌	동요 소개	1. 자신의 동년시절에 가장 인상 깊었던 노래 한곡 소개 2. 이 노래의 뜻을 해석하기	- 왜 이 노래에 인상이 가장 깊은가? - 여러분이 동요를 부르는 태도는 어 떠한가요? 실제로 각 가정과 학교 에서는 동요를 응용하는지요? - 모국에서 동요는 어린이 교육에 서 어떠한 역할을 하는지요? - 학교에서 학부모께 아이한테 노 래를 가르치라고 요구하지 않는 지요?	동요를 중심으로
제3 강좌	어린이 놀이 소개	1. 어릴 때 놀았던 놀이를 소개 2. 놀이규칙과 이 놀이가 아이들에게 좋은 점을 소개하기		놀이를 중심 으로 놀이 규칙을 소개
제4 강좌	놀잇감 소개	어릴 때 놀았던 놀잇감 소 개, 손쉽게 얻을 수 있는, 구매할 수 있는, 가족식구 들 스스로 만들어 노는 놀 잇감을 포함한다.		
제5 강좌	실제 놀잇감 만들기	1. 실제로 현재 완성할 수 있는 놀잇감을 만든다. 2. 도형을 그리고 사진을 찍는다.	- 만들 수 있는 놀잇감을 선택하여 실제로 만든다.	
제6 강좌	동요 수공책	자신이 좋아하는 동요에다 스티커를 붙이거나 삽화를 넣어 수시로 노래를 가르칠 수 있는 책을 만든다.	- 수공책 만들기	
제7 강좌	교수안 설계	앞서 했던 토론을 팀을 나 누어 교수안을 짠다.	- 이러한 소재를 설계하여 학령 전 아이들 프로그램에 제공한다.	
제8 강좌	시범 강의 실시	팀을 나누어 시범강의를 하 고 코멘트 받고 수정한다.	- 팀을 나누어 시범강의를 하고 다 른 학생들과 선생님은 각자 의견 을 말해 준다. - 시범강의 후 교수안을 수정한다.	

· 성과물: 50분 분량의 교수안 2부, 120분 분량의 교수안 2부, 16개
수공책, 동남아동요 14곡, 동남아놀이기록 24부, 동남아이야기 수십 개

(2) 이민인권 프로그램

· 강사: 꾸위리잉(대만국제근로자협회 비서장)

· 조교강사: 꿍여치엔(천주교쟈아루국제이민센터 대만분회 집행장)

· 자원봉사자들: 대만국제노동자협회, 국제가정상호방조협회, 루디구역대학교, 남양대만자매회의 의제팀 등의 자원봉사자

· 수업내용

<표 6-8> 이민인권 프로그램 내용

주 1회	수업주제	내용	외부배정조교
제1강좌	자기소개	나의 소망과 요구	
제2강좌	사회차별 및 관련 정책	매체, 경찰, 면접, 사찰, 체류제한, 건강검진, 질병, 에이즈, 오명……, 대만사회 및 정책의 편견 나는 당신이 나를 어떻게 알기를 원합니까?	양치엔(팀장) 김훼이(팀장)
제3강좌	사회보험 및 노동정책 비교	건강보험, 노동보험, 본국근로자, 외국근로자와 외국인 배우자 관련 노동정책비교	우위쩐(보험업) 린사판사(외노) 수판사(외노, 현 전자공장) 우리 홍(전자공장)
제4강좌	팀을 나누어 연습/교수안 만들기		
제5강좌	결혼이민 관련 정책	면접기제, 체류제한, 국적취득(귀화), 이혼, 유산, 가정폭력, 신분안정, 위장결혼, 인신매매, 참정권……, 누가 대만인으로 될 수 있는가: 혈통/혹은 출생지?	리팡초오(통역) 여러분 몸의 경험이 모두 나타날 수 있다.
제6강좌	인권현지 참여	재정능력 증명 반대 시위에 참여, 관찰	
제7강좌	인권현지 참여	재정능력 증명 반대 시위에 참여, 관찰	
제8강좌	팀을 나누어 연습/총 검토	재정능력 증명 반대 시위에 참여한 느낌 교류 공통으로 만든 교재	

· 성과물: 파워포인트 교수안 2부

(3) 성별 문화 프로그램

· 강사: 천리루우(창경대학교통식센터 조교수), 라이문충(대만사범
  대학교 조교수, 대만사범대학교 부설 유치원 원장님)
· 조교강사: 왕여휘이(영락초등학교 교사, 세신대학교성별연구소
  학생, 남양대만자매회 다원문화 자원교사)
· 자원봉사자들: 대만전문대학여성행동연맹 학생, 창경대학교통식
  센터 학생
· 수업내용

〈표 6-9〉 성별 문화 프로그램 내용

주 1회	수업주제	내용
제1강좌	가정교육:성별양성(1)	1. 외국적 자매들이 모국에서 딸로서 성장한 과정 후에 성별로 인한 불평등한 대우를 받은 적이 있는지를 이해한다. 2. 대만 가정교육 내 성별양성의 함의와 어떠한 차이와 같음이 있는지를 비교한다.
제2강좌	가정교육:성별양성(2)	대만과 모국에서 친족구도 및 계승 관계에서의 성별적 함의를 이해한다.
제3강좌	혼인과 가정성 성별분업(2)	1. "시집 간 딸은 이미 내다 버린 물과 같다?" 외국적 자매들의 원래 가족에서 시집 간 딸에 대한 기대를 이해한다. 2. 무보수가사노동에 대한 경제적 가치에 대해 토론한다: 외국적 자매가 전업주부일 때 친정집에 돈을 부칠 수 있는가? 3. '시집 동일시'의 전이에 대해 토론한다: 만약 외국적 자매가 직장이 있다면 친정집에 돈을 부칠 수 있는가?
제4강좌	성별교육과 매체	1. 성별적 관점에서 대만학교의 교재내용을 검토한다. 2. 스위스의 경험과 대조를 해본다.
제5강좌	학교교육과 가정(1)	1. 외국적 어머니가 학교 내에서(예를 들어 학교선생님과의 만남), 가족 내에서 어린이를 양육할 때 부딪히는 차별과 어려움에 대해 이해한다. 2. 외국적 어머니의 스트레스 원인을 밝혀낸다.
제6강좌	성별교육과 매체	1. '여자가 집안일'이라는 성별규범이 어떻게 외국적 자매들의 시어머니들의 생애사에 영향을 미치는지 이해한다. 2. '여자가 집안일'이라는 성별규범이 어떻게 외국적 자매들에게 영향을 미치는지 이해한다. 3. 다른 세대의 여성경험을 연대한다.

제7강좌	남북수업 교류	대학교에 가서 강의시범을 한다.
제8강좌	교수안 설계와 강의시범(1)	앞서 토론한 내용을 팀을 나누어 교수안을 작성한다.
제9강좌	교수안 설계와 강의시범(2)	팀을 나누어 시범강의를 하고 수정을 한다.

(4) 교수안 작성프로그램

- 강사: 꾸위리잉(대만국제근로자협회 비서장)
- 조교강사: 꿍여치엔(천주교쟈아루국제이민센터대만분회 집행장),
  양밍훼이(남양대만자매회의 의제팀 성원)
- 자원봉사자들: 남양대만자매회 자원봉사자들
- 수업내용

〈표 6-10〉 교수안 작성 프로그램

주 1회	수업주제	내용
제1강좌	팀 신임의 중요성	학생들에게 팀 내 신임을 키우는 것이야말로 팀원합작의 가장 중요한 부분이고 관건이며, 그래야 교수안을 만들어낼 수 있음을 이해하게 한다.
제2강좌	어떻게 팀원 간의 일치감을 증진시킬 것인가?	학생들로 하여금 일치감의 중요성과 팀원들 간의 일치감을 증진해야만 같이 토론하고 공통의식을 갖게 되어 교수안을 만들어낼 수 있음을 이해하게 한다.
제3강좌	어떻게 교수안을 만들 것인가?	어떻게 생각하고 교수안을 작성할 것인가?
제4강좌	교단에 올라가서 교수안 시범훈련	학생들로 하여금 강단에 올라서서 교수안 시범을 함께 함으로써 강단에서 강연기술요령을 훈련받게 한다.
제5강좌	교수안 작성 및 시범강의	학생들로 하여금 교수안 내용을 작성하게 하고 시범강의를 하도록 한다.
제6강좌	성과물 발표	모의시범강의 및 성과물발표

타삿(TASAT)의 창립멤버이며 활동가인 Hsia(2006)는 억압받는 자

들이 종종 억압자들의 의식을 내면화한다는 파울로 프레이리의 『억압받는 자의 교육』을 언급하며, 실제로 대만 사회에서 대만 남성과 결혼한 이주여성이 이주노동을 하는 여성에게 편견을 지니고 있거나, 한 국적의 이주여성이 다른 국적의 여성, 또는 같은 국적 출신이라도 다른 종족 출신에 대해 비우호적인 태도를 나타내고 있는 경우를 종종 경험하게 된다고 말한다. 또한 이주여성의 조직화에 함께하고 있는 활동가와 자원활동가들이 이주여성들에 대한 다양한 감정들이 편견과 차별 등으로 인해 어려움을 겪기도 하였다고 한다.

5. 생활세계 다문화교육 프로그램의 개발 및 적용 방안

1) 결혼이주자여성을 위한 다문화 역량 강화 프로그램 개발

문화예술 교육을 통해 결혼이주여성의 역량을 강화할 수 있는 문화교육 프로그램을 제안할 수 있다.

- 비언어매체의 적극적 활용에 기반을 둔 결혼이민 여성 문화 예술 교육 프로그램·워크숍
- Playback Theater를 통해 자신의 삶에 제목 붙여 주기, 타자들과 소통하기
- 다양한 비언어적 매체의 장르들을 경험하기(인형극, 언어가 적은 단편 영화, 마임, 춤극, 그림 등)
- 스토리텔링을 통해 상호 간 소통과 이해의 폭을 넓히기(스토리텔링 때는 사진 읽기, 다양한 이미지들의 콜라주 및 그림 그리기 등을 포함해 음성언어의 한계를 벗어남)

- 여성주의 교육: 이주여성, 장애여성, 전업주부, 여성의 보살핌 노동, 가부장제에서의 여성과 가족, 여성의 성과 사랑, 결혼 등에 대해 토론 시도
- 인형극, 혹은 연극 워크숍
- 비디오 워크숍
- 학교, 도서관, 박물관, 문화회관, 이주단체 등 다양한 장에서의 발표를 통해 자신감 확보 및 다음 학습단계를 위한 준비기간을 가짐(내가 진정으로 원하는 것이 무엇인가, 나는 무엇을 잘할 수 있는가, 지역민들과의 교류 및 소통에서 내가 이루고자 하는 것은 무엇인가 등에 대한 자기 성찰의 시간).
- 심화 학습
- 전문가로 활동하기: 학교, 도서관, 박물관, 문화회관, 이주단체 등 다양한 장에서의 발표 및 지역방송 등 매체 확보하기
- 후배 이주여성들의 멘토 및 교사로 활동, 다문화이해 감수성이 절실하게 요청되는 지역사회 내에서 다문화 리더로 발돋움
- 아시아적 연대를 통한 역량강화

이러한 프로그램을 적용한 교육의 실시 이후에는 프로그램 결과물을 적극적으로 활용하여 다문화가정 2세들과 지역 원주민 아동들과의 원만한 관계형성을 위한 기초 자료로 활용할 수 있다. 특히 교통이 불편한 외딴 곳에 거주하는 이주 여성들을 방문하여 결과물을 공유함으로써 이들의 통합 의지를 북돋을 수 있다.

(1) 다문화교육 강사 양성과정 프로그램 개발 모형

〈표 6-11〉 다문화교육 강사양성과정 기본 내용 예시

주제	내용	
이주민으로 살아가기	다문화교육 강사의 의미와 역할	강의
	아시아의 이주민, 한국의 이주민, 이주민 정책	강의
	한국 사회 소수자로서의 이주민의 경험 나누기	강의
	한국 사회의 다른 소수자들의 상황과 경험 나누기	강의
	각종 국제인권규약이 밝히고 있는 인간으로서 보장되어야 할 권리들	강의
다양성이 존중되는 사회	다문화, 다양성 그리고 성역할	강의
	문화 간 차이 이해하기	강의 및 토론
정체성 찾기	개인적, 사회적, 정체성-가족, 정책, 매체 등에서 억압 요인 찾기	워크숍
	출신국 정치, 경제, 사회, 문화 재교육	강의 및 토론

(2) 다문화교육 강사 기타 기능교육

심층면접에 참여한 이주자와 상근활동가들은 교안작성을 위한 컴퓨터 능력, 강의대상자별 강의방법, 체험학습에 필요한 교구 제작, 다양한 나라별 문화와 관련된 자료 등에 대한 부족함 등을 강조하였다. 이러한 기술적인 부분들은 시간과 노력이 필요한 일인 만큼 이와 관련된 내용을 강사 양성과정의 교육내용에 적절히 배치해도 무방할 것으로 판단된다.

(3) 상근활동가 또는 자원활동가 역량강화 교육 또는 재교육

다문화교육 등을 지원하는 활동은 사회소수자로서의 이주자의 현실과 욕구 그리고 이들이 역량강화의 필요성, 다문화사회의 전망 등에 대해 광범위하고 균형 잡힌 시각을 가지고 있는 활동가들의 확보

가 그 다문화교육의 질을 좌우할 수 있다. 실제로 활동가들에게는 다문화교육 강사 양성과정이나 다문화강사 활동을 기획, 준비, 보조하는 등의 다양한 역할이 기대된다. 따라서 이들을 대상으로 한 교육 또는 재교육은 중요한 범주로 다루어져야 한다. 활동가들의 교육과 재교육의 내용은 다문화교육 강사 양성과정의 주요 내용들과 같이 다루어져도 무방한 것으로 보인다. 특히 최근 다문화가족지원센터 등이 전국적으로 130여 개 이상이 늘어나면서 신규인력과 관련된 종사자들이 많이 늘어난 상태이나 이들은 결혼이주자의 사회계층적 지위, 이주자로서의 지위 등 그들의 인권과 관련된 교육을 받을 수 있는 기회가 적었고, 특히 이주노동자와 같이 일의 공간 속에서 만날 수 없는 주체들에 대한 이해도는 많이 부족할 수밖에 없는 것이 현실이다. 이들 활동가 및 자원 활동가의 교육은 가장 중요한 순위에서 함께 지원되어야 할 것이다.

(4) '다문화 교육 강사 양성과정' 적용방안

외국인정책위원회가 마련한 제1차 외국인정책기본계획(안)을 보면 '질 높은 사회통합'을 위해 '다문화 이해 교육과 홍보'를 강화하겠다고 밝히고 있다. 기본계획에 밝히고 있는 다문화 이해 교육의 내용에 관련된 몇 가지 계획(안)을 정리해 보면 다음과 같다.

<표 6-12> 다문화 이해교육의 내용계획안

추진계획	내용	담당부처
학교교육을 통한 다문화 이해증진	교육과정에서 다문화 이해 교육강화	교육과학기술부 보건복지가족부
	다문화이해 관련 교재, 지도자료 개발	교육과학기술부
	초·중등 교사 등의 다문화 교육 역량강화	문화체육관광부
사회교육을 통한 다문화 이해증진	다문화헌장 제정	행정안전부
	다문화교육 프로그램 개발. 다문화체험 학습장 운영	문화체육관광부 보건복지가족부
	지자체 주민과 공무원 대상 다문화 이해 교육	행정안전부
	다문화교육 강사 확충	문화체육관광부 법무부
결혼이민자 적합한 취업지원	다문화강사, 원어민강사, 통·번역사 취업을 위한 교육실시	보건복지가족부 행정안전부

이러한 정부계획을 볼 때 앞으로 한국 사회의 다양성과 다문화에 대한 교육은 지속적으로 확대될 것으로 보인다. 이렇게 확대되는 교육의 기회에 이주여성이 전문 강사로 활동할 수 있는 기회가 확대될 수 있도록 필요한 제도적 장치가 만들어져야 하며, 이주여성의 전문성 확보를 위한 교육과 보상체계 역시 공적 영역에서 확보되어야 할 것으로 보인다.

2) 한국인 배우자 남성을 대상으로 한 다문화교육의 방향

(1) 방향: 다중적 역할에 대한 인지

다문화교육의 관점으로 이루어지는 예비남편이나 남편 교육은 자신들이 국제결혼을 통해 '다중적인 역할을 수행해야 하는' 사람이라는 사실을 인식하는 것이 중요하다. 즉, 한국 사회의 결혼이 한국의 문화나 법 등에 영향을 받듯이, 내가 맞아들일 배우자 나라의 문화나 법에 맞는 '적절한' 방식에 따라 결혼을 해야 한다는 것을 이해하는 것이다.

국제결혼은 결혼 당사자뿐만 아니라 양가의 가족, 지역사회, 국가가 관련된 일이다. 국제결혼은 두 국가에 속한 개인 간 만남이라는 성격을 띠기 때문에 보다 많은 정보와 준비가 필요하다는 인식과 현실감각을 갖추게 하는 교육 내용이 필요하다.

(2) 다문화 평등 부부가 되기 위한 실천

다문화 평등 부부가 되기 위해 가장 중요한 것은 결혼을 결정하기 전과 후에 각자가 놓여 있는 사회적 조건에 대해 이해하는 것이다. 서로에 대한 기대 수준을 현실화시킴으로써 상대방의 부족한 부분을 보완해 나가려고 노력하는 것이 가족공동체를 만들어 나가는 지름길이다. 현대의 다문화가족은 전통적인 성역할 고정관념이나 서로에 대한 과도한 기대에 의해 유지되는 것이 아니라, 가족을 구성한 각각의 남성과 여성이 팀워크를 발휘하여 유지해 나가는 사회적 단위이다.

○ 교육내용에 넣을 수 있는 사례 찾기와 개선
- 일상이나 미디어에서 결혼이주여성을 부르는 호칭 알아보기
- 표현 중 이주여성 비하적인 것은 무엇이고 왜 그런지 생각 교환하기
- 사랑의 표현(한국식, 다문화식): 자신의 사랑 표현법과 부인의 사랑 표현법 비교하기
- 자신과 부인의 공통점 찾아내기
- 한국의 명절이나 집안 제사 달력 만들기/부인의 가족 및 명절 달력 만들기

- 하나의 달력으로 모든 일정 표시하기
- 부인이 가장 속상했던 때에 대해 말해 보기/자신이 국제결혼을
  해서 가장 힘들었던 사례 이야기해 보기
- 문화체험 활동하기
- 역할극 참여하기

 제3절 다문화교육을 위한 각국의
교수·학습 프로그램 사례분석

오은순 외(2008)의 다문화 교육을 위한 범교과 교수·학습 프로그램 개발 연구를 참조하였다.

1. 일본

〈표 6-13〉 '외국인 근로자─상품의 국제적 이동을 넘어 사람의 국제적 이동으로' 수업방안

수업장면	수업내용	수업활동
도입	1. 주제의 목표, 참고문헌, 사전조사	·외국인근로자 문제를 주제로 선정한 목적 이해 ·사전조사
문제의 발견	2. 아시아에 의존하는 우리의 생활 3. 일본 내 외국인근로자 문제 발생 4. 입국관리법과 체류자격 및 기간 5. 외국인근로자의 일본에서의 일과 생활모습	·식품, 자원, 제품 등 아시아지역에서 생산된 상품의 유입 ·아시아로부터 입국하는 노동자의 실태와 문제점을 신문 자료 등을 통해서 이해 ·입국관리법 관계의 사실, 외국인 근로자의 노동실태와 생활 등 제반 사실에 대해 인식
원인의 탐구	6. 외국인근로자가 일본에 오는 이유	·외국인근로자 문제의 발생 배경이 되는 일본과 아시아 지역의 경제격차, 일본의 노동력 부족 등 이동의 제 요인 탐구

심정에 대한 공감	7. 일본계 이민과 카라유키상 8. 조선인 노동자의 만주 개척이민	• "카라유키상", "일본계이민", "조선인 강제징용" 등 일본의 근현대사에 있어 외국인 노동과 관련한 사실 이해 • 현재의 외국인근로자 문제와 관련하여, 노동력의 이동이라는 경제사상에 한정하지 않고 정주문제, 인권문제라는 측면에서 이해 및 공감대 형성
가치의 규명	9. 유럽과 아메리카의 외국인근로자 문제 10. 이민국가인 미국의 사정	• 외국인근로자 문제를 겪고 있는 독일, 프랑스, 미국의 사례를 통해 문제 해결의 다양한 입장 고려
태도의 육성 ·사회참여	11. 역할극을 통한 사고확장 12. 역할극 보기	• 타문화를 배경으로 하는 외국인을 지역주민이라는 관점에서 바라보고, 이들과의 관계에서 발생한 문제나 외국인근로자를 받아들이는 문제에 대한 역할극을 통해 다양한 입장이나 시각을 이해하고 공생하려는 태도 습득
정리평가	13. 외국인근로자 문제에 대한 입장: 받아들이는 방법의 문제를 중심으로 14. 외국인근로자 문제에 대한 입장: 지구적 과제라는 관점을 중심으로 15. 과제: "서기 2001년의 자신과 외국인근로자 문제"라는 제목으로 작문 제출	• 외국인근로자 문제에 대한 이 수업의 관점을 이해하고, 작문 과제를 통해 자신의 의견 표현

2. 호주

〈표 6-14〉 뉴사우스웨일스 초등학교 다문화 수업 프로그램의 범위와 계열

영역	단계	1단계	2단계	3단계
	주제	나	나+너=우리	우리+그룹=모두
	학년	유치원	1, 2학년	3학년
요소	정체성 발달과 자존심	긍정적인 자아 정체성 발달	다양한 정체성의 발견	다른 사람들과의 공감대 형성
	차이에 대해 익숙해지기	공통점과 차이점 발견	차이 인정하기	다양성 중시하기
	편견 이해하기	공정과 불공정한 상황 깨닫기	편견적 태도와 행동 이해하기	편견의 영향 이해하기
	편견에 대항하는 행동 취하기	공정한 상황과 불공정한 상황 다루기	편견을 다루는 절차 발달시키기	시민의 권리와 책임 이해하기

3. 독일

자(自)문화와 타(他)문화의 본질적인 특징, 자문화와 타문화의 공통점과 차이점, 자문화와 타문화 간의 상호영향, 보편적 의미에서의 인권과 문화 차이에 따른 인권, 타문화를 배경으로 한 사람에 대한 선입견 내지 편견의 발생원인, 인종차별의 원인, 외국인 혐오의 원인, 경제적 불균형의 배경과 결과, 과거 이주와 현재 이주의 원인과 결과, 종교적·인종적·정치적 갈등을 조정하려는 국제적 노력, 다문화 사회에서 소수자와 다수자의 공존 가능성 등이 그것들이다. 목표는 '상호문화교육' 프로그램이 추구하는 것이다.

독일의 초등학교와 중등 1단계 학교에서 실시되는 다문화교육의 교과 내용은 다음의 학습 지침을 갖는다.

첫째, 개인으로서의 인간이다. 다문화 교육은 모든 인간을 복잡하고 독특한 개성을 지닌 개인으로 받아들인다. 따라서 우리는 한 집단의 대표자일 뿐만 아니라, 자신의 가치를 표명하고 자의식을 반전시키는 존재물이다.

둘째, 관점의 변화와 다관점적 시각이다. 관점의 변화와 다관점적 시각은 학습과 연습을 통해 습득될 수 있다. 이를 위해 여러 교과 과정이 협력관계에 있어야 한다. 학생들은 친숙한 것과 낯선 것을 특정한 상황에서 상대화할 수 있는 능력을 키워야 한다. 또한 교사는 학생들이 특정 사건을 다양한 관점에서 바라볼 수 있는 능력 배양에 힘써야 한다.

셋째, 상이한 전통과 규범의 인정이다. 제한된 경험세계를 갖는 아동과 청소년들은 자신의 관점과 전통, 규범만이 올바른 것이고 낯선 관점과, 전통, 규범은 비정상적이고 올바르지 않다고 생각할 수 있다. 다문화 교육의 교과 내용은 학생들이 이런 고정관념에서 벗어날 수 있도록 해주어야 한다. 또한 타문화 출신의 학생들에게는 그들 문화에 대한 자긍심을 심어 주도록 해야 한다.

넷째, 선입견과 편견의 극복이다. 낯선 것에 대한 편견, 선입견, 고정관념을 수업에서 테마화할 수 있도록 교과 내용을 구성한다. 수업의 가장 효율적인 형태로 열린 수업형태가 있을 수 있다. 독자적이고 자기 책임의 학습을 장려하는 열린 수업은 자의식을 고양시키고 다른 경험과 관점의 수용을 자연스럽게 해주기 때문이다

다섯째, 사유와 행동의 세계화이다. 지역의 발전과 세계의 발전 간의 연관성을 분명히 해주는 세계화된 학습 내용을 제공함으로써 학생들로 하여금 개방적이고 관용적인 사회 발전에 능동적으로 참여할 수 있는 능력을 배양시켜야 한다. 이는 2000년 6월 29일 독일 연방의회 결정에서 "지속적인 발전을 위한 교육(Bildung fur nachhaltige Entwicklung)"의 핵심적인 내용이다.

〈표 6-15〉 소단원에서 다루는 주요 학습 내용

소단원 명	주요 학습 내용
함부르크	(1) 함부르크 또는 다른 도시에서 이민자들과의 공생 (2) 이민의 원인
유럽	(1) 독일 연방 공화국: 16개 주의 명칭과 지리적 위치 (2) 유럽: 유럽 지도에 대한 오리엔테이션, 다른 유럽 국가 아이들의 일상생활
먼 나라들	(1) 6대륙: 세계 지도에 대한 오리엔테이션, 대륙의 명칭과 위치, 여러 가지 세계 지도를 비교 (2) 아시아, 아프리카, 라틴 아메리카 출신 아이들과 성인들의 생활조건을 독일 아이들과 성인들의 생활조건과 비교하기, 예를 들어 음식, 주거, 학교, 직장, 어린이 노동, 여가 시간 등

〈표 6-16〉 소단원에서 다루는 학습 방법과, 구체적인 학습 내용

소단원명	학습 방법과 구체적인 학습 내용
함부르크	(1) 교사는 학생들의 주변에 사는 이민자들을 인터뷰하여 이민의 배경을 듣고 교실에서 발표하도록 시킨다. (2) 교사는 학생들이 다른 문화적 배경을 지닌 사람들과 공존·공생하기 위해 어떤 자세와 태도를 가져야 하는지 스스로 생각하도록 유도한다.
유럽	(1) 교사는 학생들에게 유럽의 다른 나라 아이들의 일상생활을 조사하도록 시킨다. (2) 교사는 학생들에게 유럽 여러 나라들에 대한 기본 지식을 제공한다. 예를 들어 언어, 문자, 통화, 주거환경, 화폐, 축제, 관습 등
먼 나라들	(1) 교사는 학생들로 하여금 아시아, 아프리카, 라틴 아메리카 대륙에 있는 여러 나라의 생활조건을 조사하도록 시킨다. 예를 들어 제3세계 아동 근로 보호 전문가를 방문 조사 등 (2) 교사는 학생들에게 세계 여러 지역의 지구를 어떻게 기술하고 있는지 알아보도록 한다. (3) 교사는 학생들에게 다른 나라에서 지구를 어떻게 기술하고 있는지 알아보도록 한다. 예를 들어 지구의 중심은 어디인가?, 지구의 위쪽과 아래쪽은 어디인가? 교사는 학생들에게 다음에 대해 자신들의 의견을 발표하도록 유도한다. ① 다른 나라에서 성장했다면 어떠했을까? ② 다른 문화권에서 성장했다면 지금과 같이 생활하고 생각했을까?

4. 프랑스

프랑스는 세계에서 가장 중앙집권화된 나라이긴 하지만 일찍이 다양성이 공존한 나라이다.

〈표 6-17〉 프랑스의 사회 · 법률 · 시민교육 과목(ECJS) 3학년 프로그램

3학년 "현대사회의 변화에 맞춘 시민정신"	
목표	· 시대 변화에 맞춰 다양한 평등의 개념, 미디어의 역할, 법의 독립성, 유럽통합과 세계화, 가족과 사회, 과학의 발달에 따른 문제 등을 생각해 본다. · [방위(防衛)와 평화]라는 주제를 다룸으로써 징병제도의 폐지에 대해 학생들이 생각해보게 한다. · 국가와 민주사회를 특징짓는 법, 정의, 자유, 평등의 의무가 시대 변화에 적응하는 과정을 살펴본다. 새로운 변화는 인간의 자유와 권리에 대해 다시 생각해 보게 한다. · 개인의 이익과 공익 사이의 긴장, 폭력적인 새로운 표현과 자유 등은 끊임없이 적응해가는 법률적 해답을 요구한다. · 민주적 토론은 권리의 가치와 개념에 대해 질문하고 도덕에 대한 다양한 개념과 인권사상을 대립시킨다.
주제와 개념	· 8가지의 개념: 자유, 평등, 주권, 정의, 일반이익, 안전, 책임감, 윤리 - 이들은 개별화되기보다는 선택된 구체적이고 분명한 문제에 따라 다양하게 상호작용하도록 해야 한다. - 이 개념들은 다의적이므로, 하나하나의 개념을 파헤치기보다는 현대사회의 공공영역에서 진행되는 토론의 의미를 이해하도록 한다. · 4가지의 주제: 시민정신과 과학과 기술의 발전, 시민정신과 평등과 정의의 새로운 요구, 시민정신과 유럽공동체 구성, 시민정신과 세계화
방법	· 교사의 질문 중시 - 학교 안팎의 조건을 고려하고 자신의 교육 신념에 맞춤 - 지방, 국가, 유럽 또는 국제 뉴스 등, 현대사회의 변화에 맞춰 시민정신의 의미를 파악할 수 있는 질문 제공 - 정의와 법의 기초, 안전과 자유의 보장, 주권의 조건, 권력과 국민의 책임의 본질에 관한 고찰과 시사뉴스, 사건들을 연결 · 논리 토론 - 여러 가지 교육법 중 학생들이 자유로운 표현을 하고 현대사회 문제에 대한 중요한 이념논쟁을 벌일 수 있는 주제 - 정치, 역사, 법률, 사회 등의 다양한 자료 수집(전문논문, 정기간행물, CD-ROM, 인터넷 사이트, 앙케트 등 다양한 정보수집 채널 활용)
평가	· 평가 대상: 학생들이 행한 필기나 구두로 된 모든 활동(예: 자료구성, 토론참여내용, 보고서 등 다양한 형태의 학생들의 제작물) · 평가 기준: 자료수집과 분석, 제작물의 질, 토론에서 추론하는 능력, 지식의 제어

제4절 다문화교육을 위한 범교과 교수·학습 프로그램 및 활용 지침 개발

1. 프로그램 개발

1) 내용 분석 및 조직

〈표 6-18〉 다문화교육의 프로그램개발 내용분석 및 조직

주제 1: 다양성과 정체성

다양성이란 '문화의 다양'을 의미하며, 정체성이란 학생 각자의 '자아정체성'을 의미한다. 다문화 사회를 살아가는 우리 학생들이 문화의 다양성을 인식하고 그 차이를 이해하며 상호 존중하는 태도를 갖게 하는 것은 미래를 대비하는 기본적이고도 중요한 교육 주제일 것이다. 또한 여기서 자아정체성이란 다수자로서의 일반학생뿐 아니라 한국 사회에 살고 있는 소수자로서의 다문화가정 자녀들이 '나'라는 주체에 대해 확고한 정체성을 갖도록 하고자 설정한 주제이다. 다문화사회에 살고 있는 아이들에게 문화 정체성을 강조하게 되면 자칫 자문화중심주의에 빠질 수 있게 된다. 그러나 중요한 것은 현재 자신이 속한 사회에서 당당히 살아가는 '나'라는 존재의 정체성을 찾아가는 일일 것이다. 소외받는 문화에 속한 아이들에게 아무리 자신의 문화가 우수하다고 강조하더라도 우리 사회가 그것을 인정해 주지 않을 때 아이들은 더 큰 혼란에 빠질 수 있다. 따라서 자신을 더 이상 부끄러운 존재로 여기는 것이 아니라 다양한 문화가 공존하는 한국사회에서 살고 있는 삶의 주체로서의 '나'와 내가 가진 '나의 문화'를 소중히 여기고 인정하는 것이 바로 '자아정체성'을 형성해 가는 과정이라고 보고 있다. 여기서는 자아정체성을 3, 4학년에서 다루게 된다는 점을 감안하여 '나는 누구인가'라는 물음에서 시작하여 나를 소중히 여기고 내가 갖고 있는 독특한 개성, 문화, 장점 등을 찾아내고 알아가는 과정으로 내용을 구성하고자 한다.

주제 2: 문제 해결

문제해결이란 '문화적 차이에서 오는 문제 상황의 해결'을 의미한다. 다양한 문화적 배경을 가진 사람들이 함께 살아가게 되면서 문화적 차이에서 비롯되는 문제 상황의 발생은 어쩌면 당연하고 불가피한 일일 것이다. 이때 서로의 문화에 대한 이해나 존중 없이 자신의 문화만을 내세워 행동하게 된다면 갈등의 골은 깊어질 것이다. 여기서는 대부분의 아이들이 문화적 차이로 인한 문제 상황을 아직까지는 직접 경험해 보지 못했을 것이라는 점을 고려하여, 우선 TV드라마 등에서 보여 주는 국제결혼 사례를 통해 생활 속에서 어떤 문제 상황들이 발생할 수 있는지 인식하고 스스로 해결 방법을 찾아볼 수 있도록 내용을 구성하고, 나아가 역할극을 통해 문제를 해결하는 경험을 할 수 있도록 활동을 구성한다.

주제 3: 반편견과 인권

반편견과 인권이라는 주제는 다문화 사회를 살아가는 우리 학생들이 갖추어야 할 인권 존중과 반차별적 태도에 관한 것이다. 반편견과 인권존중은 긴밀한 연관 관계를 가지고 있어서 편견에서부터 오는 차별과 무시는 곧바로 인권존중의 문제로 연결된다. 다문화 사회에서 다른 인종과 민족, 종족, 문화와 공존하기 위해서는 관용의 정신과 소수자들에 대한 인정과 배려가 필요하기 때문에 우리와 다른 그들의 문화에 대한 편견을 극복하고 그들의 인권을 존중하려는 노력이 무엇보다 중요하다. 여기서는 외국인노동자 문제를 낯선 사람, 낯선 문화에 대한 오해에서 오는 문제와 그들에 대한 우리의 우월의식에서 오는 문제로 동시에 다루고자 한다. 다만 단순히 낯선 것에 대한 부정적 생각과 우월의식에서 오는 태도의 문제는 타인에 대해 문화적으로 알고 이해하는 것만으로 해결된다고 보기에는 부족함이 있기 때문에 소외받는 이들에 대한 인권존중의 측면에서 활동을 구성하고자 한다. 나아가 우리 사회에서 문제가 되고 있는 동남아시아인, 중국인 등 차별받고 있는 이들의 인종차별 문제를 다루고자 한다. 다만 극단적 인종차별이 아닌 초등학생 수준에서 이해할 수 있는 차별의 사례를 살펴봄으로써 아이들이 차별에서 오는 부당함을 실제로 느껴볼 수 있는 활동을 구성하고자 한다.

2) 하위주제별 학습목표

〈표 6-19〉 범교과 다문화 교수 · 학습 프로그램의 하위 주제별 학습 목표

주제	하위 주제	학습 목표
1주제: 다양성 정체성	문화의 다양성 (1-1)	1-1. 우리 사회에 공존하고 있는 문화의 다양성에 대해서 인식하고 낯선 문화에 대해 합리적으로 이해함으로써 각각의 문화를 존중하는 태도를 기른다. 1) 우리 사회에 공존하는 다양한 문화, 긍정적으로 인식하기 2) 다양한 문화의 차이를 합리적인 시각으로 바라보고 이해하기, 존중하기여 3) 다양한 문화 속에 존재하는 보편성 읽기

1주제: 다양성 정체성	자아정체성 (1-2)	1-2. 삶의 주제로서의 '나'와 특정 국가에 속해 있는 문화가 아 닌 '나의 문화'를 소중히 여기며 긍정적인 자아 정체성을 형성하려는 태도를 기른다. 1) "나는 누구인가?"라는 생각 갖기 2) '나'와 '나의 문화' 찾아가기 3) 긍정적인 자아 정체성 형성하기
2주제: 문제 해결	다문화 사회에 적합한 문제 해결 능력(2-1)	2-1. 문화적 차이에서 오는 문제 상황을 해결하는 방법을 알고, 적용할 수 있다. 1) 상황을 통해 문제 상황 인식하기 2) 문화의 차이에 대해 이해하고 해결 방법 생각하기 3) 대화를 통해 문제 상황 해결하기
	문제 해결 역 할극 경험(2-2)	2-2. 문제 상황 해결 경험을 통한 문제 해결 능력을 향상시킬 수 있다. 1) 상황을 통해 문제 해결 방법 인식하기 2) 이해와 대화를 통한 해결 경험하기 3) 다양한 문제 상황 해결하기
3주제: 반편견 관용 인권	반편견과 인권 존중(3-1)	3-1. 우리와 다른 생김새와 문화를 가진 타인에 대해 알고 이해 함으로써 그들을 존중하려는 마음과 태도를 갖는다. 1) 낯선 문화와 인종에 대해 알고 그들이 겪는 문제점 인식하기 2) 사회적으로 차별받는 소수집단에 대한 편견을 극복하고 그들을 존중하는 마음 갖기
	반인권주의 (3-2)	3-2. 피부색, 국적, 종교, 생활방식 등의 차이로 인한 차별의 부 당함을 알고 반차별적인 태도를 갖는다. 1) 인종 차별의 부당함을 인식하기 2) 차별받는 집단의 심정을 이해하고 반차별적인 태도 갖기

3) 범교과 프로그램의 상세내용

〈표 6-20〉 범교과 프로그램의 상세내용

학습목표	학습내용	학습사례
1-1. 사회에 공존하고 있는 문 화의 다양성에 대해서 인 식하고 낯선 문화에 대해 합리적으로 이해함으로써 각각의 문화를 존중하려 는 태도를 기른다.	- 타문화에 대해 호기심 갖기 - "왜 우리와 다를까?"라는 물음을 통해 차이를 이해하기 - 다양한 문화에 대해 존중하는 태도 기르기 - 다양한 문화 속에 내포된 보편적인 인 류의 정서를 공감하기	- 우리 사회에 존재하지 만 낯설게 느껴지는 다양한 문화의 사례 - 세계적으로 비슷하 게 나타나는 문화의 사례

1-2. 삶의 주제로서의 '나'와 특정 국가에 속해 있는 문화가 아닌 '나의 문화'를 소중히 여기며 긍정적인 자아 정체성을 형성하려는 태도를 기른다.	- 남들과 다른 나만의 독특한 문화를 인정하고 그 안에서 진정한 '나' 찾기 - 모든 타인에 대해 나와 같은 한 사람의 인격체로 바라보기	- 한국인 아버지와 외국인 어머니 사이에서 태어난 다문화 가정 자녀의 자아정체성 찾기
2-1. 문화적 차이에서 오는 문제 상황을 해결하는 방법을 알고, 적용할 수 있다.	- 문화적 차이에서 오는 문제 상황이 있음을 인식하기 - 문제 상황을 해결하기 위한 방법을 직접 생각해 보기 - "다르게 행동하는 이유는 무엇일까?"를 생각하면서 나와 다른 문화를 이해하고 존중하는 태도 기르기	- 국제결혼 사례 1: 외국인 엄마사례 - 국제결혼 사례 2: 외국인 아빠사례
2-2. 문제 상황 해결 경험을 통한 문제 해결 능력을 향상시킬 수 있다.	- 역할극을 통해 문제 상황에서 해결 상황까지 경험하기	- '베트남 큰 엄마'사례 - 태국인 직원과 한국인 사장 사례
3-1. 우리와 다른 생김새와 문화를 가진 타인에 대해 알고 이해함으로써 그들을 존중하려는 마음과 태도를 갖는다.	- 외국인 노동자와 같이 소외받고 있는 이들에 대한 편견과 차별 인식하기 - 인권존중의 의미를 이해하고 이들을 보호하려는 태도 기르기	- 문화적, 생물학적 차이로 인해 차별받는 외국인 근로자
3-2. 피부색, 국적, 종교, 생활 방식 등의 차이로 인한 차별의 부당함을 알고 반차별적인 태도를 갖는다.	- 활동을 통해 실질적으로 차별받는 집단의 심정을 이해하기 - 차이와 차별의 다른 점을 알기 - 차별하지 않으려는 태도 기르기	- 외국에서 차별받는 한국인 - 인종차별의 사례

07

다문화가족에 대한
문화적 민감성

 # 제1절 다문화 역량 강화

　최근 들어 경제적인 불황이 심해지고 고용의 불안정성이 심화됨에
따라 한국인들이 이주노동자에 대해 어느 정도 가지고 있던 관용적
태도는 사라지고 오히려 정서적 거부감이나 경계심, 인종적 편견이
강화되는 조짐을 보이고 있어서 국수적 민족주의의 부활에 대한 우
려도 제기되고 있다(엄한진, 2006). 이주민과 관련된 통계를 국가별로
비교한 결과에 따르면 한국과 같이 이민의 경험이 적은 전통을 가진
국가에서 외국인 혐오가 보다 심각하고 정치적인 갈등으로 비화될
우려가 큰 것으로 진단되기도 한다(박병섭, 2006). 이러한 요인을 감
안한다면 향후 외국인에 대한 차별의 증가는 사회적 통합을 저해하
는 심각한 갈등요소가 될 수 있다. 실제로 결혼이주여성의 장기적인
거주가 본격화되고 다문화가정의 자녀들이 성장하면서 학교와 지역
사회 등에서 일상적인 차별과 갈등이 본격적으로 가시화되면서 이러
한 우려는 점차 현실화되고 있다. 다문화사회로의 이행과정에서 발생
할 수 있는 사회문제를 해소하고 사회통합을 이루기 위해서는 전반
적인 다문화적 감수성의 증진과 다른 문화에 대해 관용적 태도
(tolerance)를 보이는 다문화 역량을 강화하는 것이 요구되고 있다.

1. 다문화 역량의 개념

다문화 역량이란 정서적으로 문화적 차이를 가진 타자를 이해하고 공감하는 능력을 일컫는다. 전 지구적인 차원에서 다문화사회로의 이행이 가속화되는 상황 속에서 정체성과 문화적 차이에 대해 유연한 자세로 받아들일 수 있는 열린 감수성과 다른 문화에 대한 관용(tolerance)적 자세를 포괄하는 다문화적 감성과 역량은 새로운 다문화 환경에서 강조될 수 있는 시민적 자질이자 조직 전문가의 중요한 역량 중 한 요소라고 볼 수 있다.

학문 분야와 학자마다 조금씩 다르게 정의되고 있지만 다문화 역량이란 개념은 대체로 크로스와 그의 동료들이 사회복지 분야에서의 문화적 역량에 관해 연구하면서 처음으로 사용되기 시작했다. 여기에서 문화는 언어, 사고, 의사소통기술, 행동, 습관, 신념, 가치, 인종, 민족, 종교, 사회적 집단과 같은 제도들을 다 포함하는 총체적인 인간의 행동패턴을 의미한다. 역량을 "전문가나 기관이 이용자 개인이나 지역사회가 갖고 있는 문화적 신념, 행동과 욕구 등이 효과적으로 기능할 수 있는 능력"이라고 정의한다면, 문화적 역량은 "다문화 상황에서 사회 기관이나 시스템, 전문가들이 함께 협력하여 효과적으로 서비스를 제공하거나 작업을 할 수 있도록 하는 일련의 일관된 행동과 태도, 정책, 구조"를 의미한다. 이때 행동과 태도, 정책의 시행 주체는 전문가 개인이 될 수도 있고, 조직 전체가 될 수 있다(Cross, Bazron, Dennis & Issacs, 1989).

통상적으로 문화적 역량이란 말이 사용될 때는 문화적 민감성, 문화적 인식, 또는 비교문화 기술 등으로 혼용된 여러 가지 의미를 지칭한다. 그러나 이들 용어 사이에는 차이가 있는데 예를 들어, 문화적 민감성을 이야기할 때 우리는 집단 간에 존재하는 문화적 다양성과 유사성에 대해서는 이야기하지만 다양성에 대해 어떤 선호나 옳고 그름의 가치를 부여하지는 않는다. 반면 문화적 인식이란 사회 내에 존재하는 문화적 차이와 다양성에 대해 인식할 뿐만 아니라 각 문화권에 속하는 개인들의 가치와 경험하는 현실을 인식하고 다른 문화와의 관계 속에서 자신의 가치와 신념에 대해 성찰하게 되는 것을 의미한다. 한 단계 더 나아가 문화적 역량은 문화적 강점이라는 관점에서 각 문화에 내재하는 장점, 자원, 자산을 인정하면서 소수 문화집단에 대해 갖고 있는 부정적 개념이나 결함을 보는 시각(deficit model) 자체로부터 근본적으로 전환하는 것을 의미한다(Lum, 2005). 문화적 역량과 민감성의 영역을 명확하게 구분 짓기는 어려우나 문화적 역량에 필요한 요인으로서 문화적 민감성을 포함시키기도 한다.

문화적 역량이라는 관점에서는 소수집단 이주자들을 볼 때 이들은 더 이상 도움이 필요한 수동적이고 무력한 정책 대상이 아니라 이들이 이주의 경험을 통해 쌓은 문화적 역량을 가진 문화매개자로 바라볼 수 있게 된다. 문화적 집단이 가진 문화적 자원을 적극적으로 평가하면서 이주민을 "기대되는 참여자", "소홀히 취급된 창조적 자본", "문화적 교량 건설자"로 보는 관점의 전환을 가져올 수 있다(Sassen, 1996).

문화 간 접촉 장면에서 상대방 문화에 대한 이해와 수용은 전통적으로 접촉 당사자들이 상대방 문화에 대해서 지니고 있는 태도와 행동의 차원에서 연구되었다(Berry, 1997). 이와 유사한 맥락에서 일부 연구자들(Cushner, 1986; Loo, 1999)은 이문화에 대한 개방적 태도와 이문화 수용 의도를 중심으로 개인의 문화적 역량(cross-cultural competence)을 측정하였다. Manoleas(1994)는 문화적 능력모델에서 문화적 역량은 지식 기반, 기술 기반, 가치 기반의 3요소로 구성되어 있다고 하였다. 문화적 민감성이 갖는 공통적인 요소로 문화적 배경에 대한 자기 인식과 타집단의 문화의 다양성과 역할에 대한 인식, 다양한 문화에 관한 지식, 문화적으로 적절한 개입 기술 등의 세 가지를 들 수 있다(Boyle & Springer, 2001; California Endowment, 2003; Lum, 2005; NASW, 2001; Sue & Sue, 2003).

이상의 연구들을 토대로 볼 때 문화적 민감성을 갖추기 위한 단계는 크게 3단계를 거친다. 첫째, 인식을 발전시키는 것이다. 개인적 편견, 선입견, 고정관념 등을 인정하고, 문화적 규범, 태도, 신념을 알아가며, 다양성을 가치 있게 여기고, 클라이언트 집단에게 심리적·물리적으로 다가가고자 노력하는 것이다. 마지막으로 상이한 환경 가운데 편안함의 수준을 인식하는 것이다.

둘째, 지식을 습득하는 것이다. 자신의 문화가 타인에게 어떻게 보이는지 알아야 하고, 다른 문화에 대한 수업, 워크숍, 세미나에 참석하며 다른 문화에 대한 문헌을 읽는 것 등이 포함된다. 또한 다른 문화권의 영화, 다큐멘터리 보기, 문화적 사건들과 축제에 참석하기, 타인과 지식·경험을 공유하고, 다른 국가를 방문하는 것 등이다.

셋째, 문화적 기술을 개발하고 유지하는 것이다. 다른 문화권의 사람들과 친구가 되고, 다른 문화권 사람들과 전문적·직업적 관계를 형성하며, 다른 언어를 배운다. 또한 언어적·비언어적 의사소통의 단서들을 배우고, 타문화적 환경에서 더 편안해하며, 문화적 집단의 신념과 태도가 자신과 타인에게 어떻게 영향을 미치는지를 알고, 문화 간의 협상을 할 수 있는 기술을 습득하는 것이다.

많은 연구에서 문화적 역량이 효과적으로 실천되기 위해서는 개인, 전문직, 서비스 조직, 제도 전체의 네 수준에서 모두 실천되어야 한다고 규정하였다(Cross et al., 1989; Lum, 2007; Sue, 1998). Cross 외 (1989)는 개인 실천가가 이중문화적 상황에서 효과적으로 서비스를 제공하기 위해서 개발되어야 할 문화적 역량을 5개의 영역으로 정의하였다. 문화의 '다양성에 대한 인식과 수용', 자기인식, 문화적 차이가 빚어내는 대인관계의 역동에 대한 이해, 타문화에 대한 지식, 타문화적 배경을 고려하여 조정하는 것이다.

〈표 7-1〉 문화적 역량의 구성요소

문화적 인식	사회 내에 존재하는 문화적 차이와 다양성에 대해 인식 각 문화권에 속하는 개인들의 가치와 경험되는 현실을 인식 타문화와의 관계 속에서 자신의 가치와 신념에 대해 성찰
다문화 지식	소수문화 주체가 갖고 있는 역사, 전통, 세계관, 가족체계, 예술적 표현 등에 대한 심층적 지식의 축적 언어능력 배양 이주와 인구동태에 대한 정확한 통계
문화적 개입 기술의 축적	문화적 개입의 맥락성 중시 다문화 환경에서 적절한 문화적 변용의 수용 문화매개자의 경험과 기술의 적극적 활용

출처: 김연희(2007), 「한국 사회의 다문화에 따른 사회복지실천의 문화적 역량개발 전략」 참조.

2. 서구에서 문화적 역량 개념 형성과 제도화 과정

다문화사회의 도래를 경험하고 있는 한국 사회에서 휴먼서비스 분야가 문화적 역량을 개발하여 나갈 방향을 모색하고자 할 때, 다른 사회의 경험을 살펴보는 것이 도움이 될 것이다. 그런 점에서 대표적 다문화사회의 예가 될 수 있는 미국에서의 문화적 역량 운동의 역사적 경험은 많은 시사점을 줄 수 있겠다. 미국사회에서의 경험을 문화변용 사조의 변천, 문화적 역량에 대한 전문가 집단의 움직임, 서비스 전달 체계에서 문화적 역량의 제도화 과정으로 나누어 살펴봄으로써, 한국 사회복지 분야가 문화적 역량을 이루어 나갈 과정에 대한 시사점을 찾고자 한다. 최현미 외(2008)의 『다문화가족복지론』을 참조하였다.

1) 문화변용사조의 변천

오랫동안 미국 사회는 문화변용(acculturation) 과정의 이상화된 목표란 모든 이민자들이 소위 '미국문화'에 동화되는 것이라고 믿었다. 즉, 타문화 출신의 이주자들이 주류문화인 백인 앵글로색슨 개신교도(WASP: White, Anglo-Saxon, Protestant) 문화에 동화되어 새 정착지에서 모든 성원이 공통적 문화를 공유하게 되는 것을 문화적 적응의 최종 목표로 보는 일차원적이고(unidimensional), 일방향적인(unidirectional) 문화적 변용의 개념을 갖고 있었다. 그러한 문화적 변용과정을 '용광로(melting pot)'라고 상징적으로 표현하여 다양한 문화집단이 결국은 한 동일한 문화로 바뀌어 나가는 과정을 설명하였다.

그러나 1960년대 흑인인권운동은 다양한 소수자집단(여성, 소수민족, 장애인 등)의 인권운동을 촉발하였고, 이는 억압받는 집단의 인권의식뿐만 아니라 각 집단의 문화적 자부심을 강조하였으며, 적극적으로 옹호 노력을 격려하였다. 그 한 형태로 각 집단 문화의 고유한 특성이 인정되고 존중될 것을 주장하면서, 주류문화로의 동화에 대비되는 다문화주의(multiculturalism)의 개념을 가져왔다(Maki, 1997).

초기 다문화주의는 개인과 집단은 고유한 문화와 삶의 양식을 지키고 유지하여야 한다는 분리주의적 입장이 주를 이루었는데, 이를 '샐러드 볼'이라는 상징적 표현으로 설명하였다. 그러나 이전에 인권운동과 개별집단의 문화적 자긍심을 강조하던 다문화주의는 최근 들어서는 차츰 문화변용과정이 주류문화로의 동화라는 일방향적인 것이 아닐 뿐만 아니라 사회 내의 다양한 문화집단이 타문화로부터의 영향에 철저히 분리되어 고수되기보다는 문화 간의 상호작용 속에서 다양한 방법으로 변용된다는 것을 인식하였다.

이러한 문화변용현상을 다양한 재료가 들어간 '국(hearty soup)'으로 표현하였다. 재료의 단단함의 정도에 따라 본래의 맛과 형태를 유지하는 것이 있는가 하면 국 전체에 용해되어 다른 재료의 맛에 서로 영향을 주게 되는 것과 같이 각 문화집단의 고유성과 상호작용 과정에서 변용이 동시 다발적으로 일어나는 것을 보여 주는 것이다. 이러한 관점에서는 문화변용의 정도와 방향은 매우 개별적인 현상으로 보기 때문에, 한 개인의 문화를 정확히 이해하기 위해서는 특정 인종, 세대에 갖는 고정관념에서 벗어나 개개인에 대한 개별화된 이해를 필요로 한다고 한다.

2) 문화적 역량에 대한 전문가 집단의 움직임

각 집단의 고유문화에 대한 존중의 중요성이 1960년대에 소수민족 인권운동에서 촉발되면서 문화적 역량의 개념이 심리학, 교육학, 간호학, 사회복지학과 같은 다양한 휴먼서비스 영역에서 전문적 역량의 주요 요소로 논의되기 시작한 것은 1980년대에 들어서면서부터이다(Suh, 2004).

심리학계는 Jung이나 Erikson과 같은 이론가들에 의해 인간심리에 미치는 문화의 중요성이 오래전부터 인식되어 왔기에, 임상가와 클라이언트 간의 임상적 관계의 질에 문화적 역량이 갖는 중요성에 관한 논의와 연구가 다른 어떤 분야보다 일찍 시작되어, 1991년에 '다문화상담 및 개발학회(Association for Multicultural Counseling and Development)'가, 1993년에는 전 미국 임상심리학회가 채택하면서 심리학 분야 전체가 문화적 역량을 임상적 역량의 주요 요소로 인정하였다(American Psychological Association, 1999; American Association for Counseling and Development, 1989).

사회복지분야에서는 Green(1982)과 Pinderhughes(1989)가 사회복지분야에서 문화적 역량의 개념을 처음으로 소개함으로써 문화적 역량에 관한 학문적 관심을 촉발하였고(Lum, 2007), 1989년에 Cross와 그 동료들이 문화적 역량에 관한 중요한 논문을 발표하면서 문화적 역량에 관한 논의를 개인 실천가 차원의 역량에서 서비스 전달조직과 거시차원에서 어떻게 문화적 역량이 실천되어야 할지에 대한 논의로 확장시키는 데 기여하였다.

미국의 사회복지사협회(NASW)는 1999년 협회 윤리강령에 문화적 역량을 사회복지사의 윤리적 책임 중 하나로 지적하였고, 2001년에는 문화적 역량에 관한 지침서를 발표하였으며, 2002년에는 사회복지 교육과정 지침과 인가기준에 문화적 역량을 포함시킴으로써 문화적 역량을 사회복지전문직의 역량에 중요한 요소로 인식시키고 체계적 교육과정의 중요한 부분으로 자리매김하게 하였다(NASW, 2002).

의학 분야는 늘 생의학적 관점이 지배적이었기 때문에 의사들이 환자의 문화를 이해할 필요가 있다는 것을 논의한 것은 다른 분야보다 늦은 1990년대에 시작되었는데, 그럼에도 불구하고 1999년에 의학교육 및 인가과정에 문화적 역량을 포함시킴으로써 의료인의 역량에 문화적 역량이 갖는 중요성을 인정하였다(Association of American Medical Colleges, 1999).

미국에서 휴먼서비스 전문직이 문화적 역량을 전문적 역량의 중요한 부분으로 인식하고 교과과정이나 훈련과정에 필수적으로 포함되도록 제도화하고, 실천하는 과정은 전문직으로서 우리 사회복지교육계와 사회복지사협회가 지향할 방향을 제시한다는 점에서 시사하는 바가 크다.

3) 문화적 역량의 제도화

문화적 역량이 보편적 가치와 실천방법이 되기 위해서는 법적 보장과 제도화(institutionalization)가 필수적이라는 점에서, 미국에서 문화적 역량이 서비스 전달과정에 제도화되는 과정을 살펴볼 필요가 있다.

1964년에 제정된 미국의 인권법은 어떤 개인도 인종, 성별, 출신국, 연령, 종교로 인해 차별받지 않아야 한다고 선언하였다. 특히 인권법 제6조에서 "어떤 개인도 인종, 피부색, 출신국가를 이유로 연방정부가 지원하는 서비스를 받는 데 배제되거나 거부되거나 차별받지 말아야 한다"고 규정하였다(Lum, 2007).

인권법이 서비스 기회로부터의 배제를 인권침해로 규정한 데 이어, 2000년에는 미국 보건복지부 산하 인권국(Office of Civil Rights)은 더 나아가 언어의 장벽을 해소하려는 적절한 장치의 부재 자체를 차별의 한 형태로 해석하였다. '의미 있는 서비스 접근성'이란 서비스 이용자가 자신이 활용할 수 있는 서비스와 혜택에 관한 정보를 이해하고, 서비스 제공자와 이용자 간에 원활한 의사소통을 가능하게 함으로써 적시에 적절하게 서비스를 활용할 수 있도록 접근성을 보장하는 것이라고 규정하였다.

그 결과 미국의 모든 연방정부 지원 의료서비스 및 주요 서비스 프로그램들은 구체적 이중언어 서비스의 요건규정을 준수할 의무를 갖게 되었다. 인권법은 개인적 배경을 이유로 어떤 개인도 기회로부터 배제되지 않도록 하였을 뿐만 아니라 서비스 이용과정에서 언어·문화적 소수자의 인권을 좀 더 적극적으로 보장하기 위해 언어적 접근성 보장을 제도화함으로써 서비스의 문화적 역량이 인권보장과 사회정의를 실현하는 중요한 도구로 부각시켰다.

3. 문화적 역량의 적용 차원과 방법

문화적 역량이 한국 사회 내의 다양한 소수자들의 사회·경제적 정의 구현에 중요한 전략임을 인식할 때, 사회복지 분야에서 어떻게 문화적 역량을 개발하고 실천할 수 있을지를 알아볼 필요가 있겠다. 선행연구들에 의하면 문화적 역량은 개인 실천가 차원뿐만 아니라, 전문직, 기관조직, 서비스 체계의 네 수준에서 모두 실천되어야 한다고 하였다(Cross et al., 1989; Lum, 2007; Sue, 1998). 또한 문화적 역량은 각 차원에서 문화적 인식, 다문화 지식, 문화적 개입기술의 축적의 세 구성요소를 갖출 때 성취된다고 한다. 다음에서 다양한 체계수준에서 문화적 역량을 확보하는 기제를 살펴보겠다.

1) 실천가 차원

개인 실천가의 문화적 역량을 개발하는 과정은 다음과 같다(Cross et al., 1989; Lum, 2007).

(1) 인식

실천가가 먼저 갖추어야 할 역량은 문화의 다양성에 대한 인식과 수용(awareness & acceptance of difference)이다. 우선 개인 실천가 수준에서 클라이언트와 실천가 간의 문호의 이질성에 대한 인식과 존중을 의미한다. 실천가는 또한 자신의 문화가 자신의 삶의 많은 영역에 미치는 영향을 인식할 수 있어야 한다. 실천가가 갖고 있는 여러 신념과 가치들이 자문화 중심적 사고와 협소한 사회화 경험으로 인해 형성되었을 수도 있음을 인식하고, 이를 수정하기 위해서 대대적 사고와 관점의 재구조화가 필요할 수도 있다는 것을 인정하는 것이다.

문화와 언어적 차이가 대인관계의 역동(dynamics of difference)에 미치는 영향을 이해하여야 한다. 서비스 이용자와 제공자의 관계에 이미 내재하는 권력관계가 있을 뿐만 아니라, 문화 간의 불평등한 권력관계(disparity in power)가 전문적 관계형성에 영향을 준다는 것을 이해할 필요가 있다.

(2) 지식

클라이언트가 속한 문화에 대한 충분한 지식을 갖고 있어야 한다. 클라이언트 출신국가의 사회·정치·경제·종교·문화적 배경, 역사적 경험, 송출요인, 이주 전·후의 경험, 클라이언트의 세계관과 의사소통약식 등에 대한 지식을 갖추어야 한다. 기존의 고정관념을 강화시킬 수도 있는 피상적 수준의 정보와 지식의 위험을 인식하는 것도 중요하다. 클라이언트의 행동이나 동기를 문화적 배경과 사회적 경험의 맥락과 관점 안에서 이해할 수 있을 때 오해나 불신, 또는 문제의 병리화의 가능성을 최소화할 수 있다.

(3) 기술

기존의 심리사회이론과 서비스 개입전략이 클라이언트의 문화적 경험에서 적절(cultural appropriateness)한지를 평가하고 필요에 따라 유연하게 조정되어야 한다. '문화적 조정(cultural adaptation)', 개입의 목표, 개입과정에서 상호작용의 스타일, 서비스가 제공되는 장소(setting), 개입에 포함시킬 참여자, 개입기간 등 다양한 영역에서 다양한 형태로 이루어질 것이다. 문화적 조정과정에서 중요한 근거는 문제의 인과관계나 원하는 개입의 성과 등을 규정하는 클라이언트 자신의 설명모델(explanatory model)에서 찾아야 한다.

2) 전문직 차원

사회복지사협회나 사회복지교육협의회 등과 같은 전문직 기구가 사회복지실천과 분야 종사자의 문화적 역량을 보장하기 위해 활용할 수 있는 전략은 다음과 같은 것들이 있다.

(1) 인식

문화적 역량이 전문직의 사명, 가치를 실현하는 데 중요한 역량과 기술임을 인식하고 전문직 협회의 윤리강령과 전문역량의 규정에 포함시킨다. 문화적 역량이 전문적 역량에 필수적 지식기반과 기술임을 인식하고 대학 및 대학원 교과과정과 보수교육에 포함시킨다.

(2) 지식

전문교육과정에서 다루어야 할 내용에 관한 기준을 개발함으로써 고등교육과정과 보수교육과정을 통해 일정 수준의 문화역량 지식기반과 기술을 개발할 수 있도록 하여야 한다. 다문화집단에 대한 중요한 정보로는 이주과정, 이주 전의 삶의 경험, 정착지에서 적응의 정도, 성역할의 학습, 양육방식, 상실에 대한 대처와 애도방식, 자연과 인간 간의 관계, 세계관, 사회적 관계양식, 가족 및 집단 내에서 상호의존성과 독립성의 정도, 화법의 직접성 정도 등 사정과 의사소통 과정에 중요한 정보들을 포함한다. 이러한 지식과 정보자료가 실천가들에게 쉽게 활용할 수 있도록 교육자료를 개발하고 보급하는 기능을 할 뿐 아니라 기존 이론이나 모델들의 문화적 변용가능성과 효과성을 평가하는 연구의 필요성을 주지시킨다.

(3) 기술

문화적 역량을 갖춘 실천모델, 개입전략에 관한 정보를 축적하고 배포하는 역할을 한다. 특히 문화적 소수자들에 효과적임이 증명된 증거에 기반을 둔 실천모델(evidence-based practice)을 소개하고, 문화적 배경이 다른 클라이언트와 일할 때 효과적 문제사정, 의사소통, 관계형성, 개입 등 다양한 기술의 훈련을 제공하여 문화적 역량 개발에 기여한다.

3) 서비스 조직 차원

서비스 기관 조직 차원에서 문화적 역량을 개발하고 보장하는 방법은 다음과 같다(Lum, 2007; Miley et al., 1998).

(1) 인식

변화하는 지역사회구성원의 인구사회학적 특성에 따라 서비스의 내용과 전략에 변화가 필요하다는 것을 기관조직 성원 모두가 인식하고 공유하는 가치가 되도록 한다. 지역사회 내에 있는 변화하는 서비스 대상자 집단의 욕구와 의견이 조직의 주요결정과정에 영향을 미칠 수 있도록 의사소통채널을 마련한다. 그 예로, 이사회와 같은 조직의 지배구조에 다문화집단성원이 참여할 수 있도록 한다거나 조직의 정책과 주요결정에 정보제공자, 문화적 자문으로 참여하여, 기관의 주요 결정에 영향을 미칠 수 있는 기제를 마련한다. 또한 직원채용 등의 인력관리부터 임상서비스 및 기타 행정절차와 정책 등에도 문화적 역량이 반영되어야 함을 인식한다.

(2) 지식

기관이 제공하는 서비스가 문화적으로 적절한 모델과 전략에 기반을 둔 것이 되도록 다문화집단을 위한 효과적 서비스 모델에 대한 지식을 개발하고 훈련한다. 직원의 훈련과정에 문화적 민감성, 의식화에 관련된 주제뿐만 아니라 문화적으로 적절한 전략과 기술의 훈련을 정기적으로 제공한다. 문화적 역량을 갖춘 기관조직의 모범과 기분에 대한 지식을 갖고 객관적 방법으로 기관조직의 문화적 역량을 정기적으로 평가하는 방법과 절차를 갖고 있어야 한다.

(3) 기술

기관 내의 서비스 적격심사, 서비스 이용의 절차나 의사소통방식 등이 다문화 클라이언트의 참여나 서비스 이용을 중요시하는 기관의 철학과 정책을 보여 주어야 한다. 예를 들면 기관소개서와 클라이언트가 접하는 서류양식들을 다양한 언어로 만들고, 기관의 실내장식이나 행사 등에 다문화가 반영되도록 한다. 이중언어 직원들이 있어 기관서비스에 언어적 접근성이 확보되어야 한다.

Cross와 동료들은 서비스 조직의 문화적 역량의 수준을 발달단계적 과정으로 보고 조직의 문화적 역량의 수준을 여섯 단계로 보았다(Cross et al., 1989). 서비스 조직의 문화적 역량의 한 극단을 '문화적 파괴성(cultural destructiveness)'의 수준이라고 하였다. 인종이나 문화를 근거로 서비스로부터 배제시킨다거나, 소수민족 아동이란 이유로 가정에서 분리하여 위탁가정에 배치한다든지, 본인의 동의나 인지도 없이 소수민족을 사회적·의료적 실험의 대상으로 사용하는 등을 예로 들었다.

문화적 파괴성의 다음의 수준을 '문화적 무능(cultural incapacity)'이라 하였는데, 이에 속하는 조직은 의도적이지는 않지만 소수민족집단이나 개인에게 적절한 방법으로 서비스를 제공할 역량이 없어, 사회가 갖고 있는 편견이나 차별, 동정에 기반을 둔 온정주의를 재강화하는 경향이 있다. 직원채용 과정에 소수민족 출신자를 차별하고, 소수민족 클라이언트에 대한 낮은 기대를 갖고 있으며, 그들이 환영받지 않는다는 인상을 준다.

셋째 수준인 '문화적 문맹(cultural blindness)'은 서비스 전달과정에 차별이 없도록 노력을 하는데, 그 방법으로 서비스 전달방법에 있어 문화나 인종에 따라 차별하지 않고, 모든 클라이언트를 주류문화집단과 동일한 접근방법으로 서비스를 한다. 이 과정에서 문화적 소수자 집단이 가지고 있는 강점이나 고유성이 무시되고, 주류 문화로의 동화를 강조하며, 문제의 원인을 사회보다는 개인의 문제로 본다. 한국의 대부분의 서비스 조직들이 이 수준에 있지 않나 생각된다.

문화적 역량의 수준에서 좀 더 긍정적인 수준의 첫 단계는 '문화적 역량 전(cultural pre-competence)'으로 이에 속하는 기관들은 다문화 역량을 갖춘 기관이 되고자 하는 노력을 하나 효과적이지 못함을 인식하는 단계이다. 새로운 문화적 집단에 서비스를 제공하여야 할 때 갖추어야 할 역량에 관한 현실적 평가가 선행되지 않아서 한두 명의 소수민족 직원을 고용하고 조직의 문화적 역량을 갖추었다고 생각하는 토크니즘(tokenism)의 문제를 보이는 경우가 많다. Diller(2004)는 많은 미국의 기관들이 이 수준에 있다고 평가하였다.

문화적 역량의 마지막 두 수준은 이상적 수준이라 할 수 있는데, 그 하나는 '기초문화역량(basic cultural competence)' 수준으로 문화적 역량이 있는 서비스를 제공하는 데 갖추어야 할 주요 요소로 지적된 인식기반·지식기반·기술기반을 갖추었고, 편견이 없는 직원들을 채용하며, 소수민족 지역사회로부터의 자문과 제언을 수용하며, 다문화 클라이언트 집단에 서비스를 제공하는 데 조직의 장점과 제한점을 잘 인식할 수 있는 능력이 있다.

문화적 역량의 최고수준은 '문화적 숙달(cultural proficiency)'로 기초문화역량 수준의 모든 특성을 갖추고 있을 뿐 아니라 전체 서비스 전달체계에 다문화주의를 옹호하고 다문화집단에 서비스 역량을 향상시키는 다양한 연구를 수행하며, 그 결과를 널리 알리는 일을 한다.

〈표 7-2〉 서비스 조직의 문화적 역량의 수준

문화적 역량의 수준	특성
문화적 파괴성 단계	소수민족의 배제, 소수자들에 대한 부정적 실천 및 기관 정책
문화적 무능 단계	무지로 인해 사회적 편견, 차별, 동정 등을 재강화하는 실천방식 사용. 소수민족 지원자를 채용에 차별, 소수자에 대한 낮은 기대, 환영하지 않는다는 메시지
문화적 문맹 단계	차별을 피하기 위해 문화·인종 간 차이를 무시. 주류문화서비스 전략을 모든 집단에 사용. 문화적 동화를 강조, 소수자의 문화적 강점과 고유성 무시
문화적 역량 전 단계	문화적 역량을 협의로 이해. 한두 명 직원의 채용으로 조직의 문화적 역량을 달성할 수 있다고 오판. 토크니즘에 빠질 위험
기초문화역량 단계	조직 전반에 문화적 역량의 3요소를 실천. 편견 없는 직원 채용. 지역주민의 자문과 제언 수용. 기관의 문화적 역량 수준에 대한 현실적 평가
문화적 숙달 단계	기초문화역량 수준의 특성뿐 아니라 다문화 서비스 효과성 향상을 위한 연구, 다문화주의 옹호

출처: Cross et al. (1989).

4) 거시적 차원

문화적 역량이 전달체계의 가치와 규범이 되고 실천되기 위해서는 문화적 역량이 체계 전체에서 인식되고 제도화되어야 하고 구조적 지원이 따라야 한다.

(1) 인식

중앙정부와 모든 관련 부처에서 인종, 문화, 언어, 출신지 등의 이유로 인한 차별과 편견의 타파와 소수자들의 사회·경제적 정의의 보장을 정책의 중요한 가치로 규정한다. 서비스 체계의 가치와 목표가 실현되기 위해서는 법적 보장과 제도화하는 노력이 필요함을 인식한다. 그 예로, 이중언어 서비스의 보장을 의무화하거나, 주요 행정구조에 '문화적 역량 위원회'를 둔다거나, 정부예산으로 운영되는 프로그램은 일정 수 이상의 다문화집단이 있을 경우 문화적·언어적 역량이 보장되어야 한다는 등과 같은 규정을 둔다. 법이나 계약에서 요구하는 언어·문화적 역량을 갖출 수 있는 현실적 예산배정도 중요함을 인식한다.

(2) 지식

급격히 변화하는 인구동태에 대한 정확한 데이터를 확보한다. 기본적인 인구학적 정부뿐만 아니라 경제, 의료, 언어 교육 등 서비스를 계획하고 시행전략을 수립하는 데 활용될 수 있도록 정확한 자료를 수집한다. 문화적으로 적절한 증거에 기반을 둔 프로그램(evidence-based practice)의 개발 및 보급을 담당하고, 서비스 전달에 관련한 정책의 창출과 지식의 전달을 전담하는 연구기구를 만들어 다문화서비스의 성과에 대한 지속적 평가를 할 수 있도록 하여야 한다.

(3) 기술

이중언어·문화적 역량을 갖춘 전문가를 키우려는 적극적 노력이 있어야 한다. 이중언어자들이 휴먼서비스 영역에서 고등교육을 받을 수 있도록 장학제도, 특별전형 등을 활용하여 교육의 기회를 제공하는 것은 중요한 사회적 투자가 될 것이다. 이중언어 전문가 양성이 비교적 장기적인 계획이기에 준전문가 양성을 위한 자격증 프로그램이나 이중언어 통역사 훈련 프로그램 운영하는 것도 체계 전반의 언어 · 문화적 역량확대방안이 될 수 있다. 상근 통역사를 둘 수 없는 지역을 위해 통역서비스 은행(language bank)을 개발하고 전화나 화상 대화를 통해 통역을 가능케 하는 것도 언어적 접근성을 개선시키는 방법이다.

개인 실천가, 전문직, 기관조직 서비스체계의 각 차원에서 문화적 역량은 다른 차원의 문화적 역량을 지원하고 향상시키는 데 상호적 으로 긴밀한 관계에 있다.

4. 문화적 민감성에 대한 연구[7]

한 문화권에 속하는 사람들의 이문화 수용성을 이해하기 위해서 문화 간 접촉 경험의 성질을 다루어야 할 필요성이 문화 간 상호작용 및 문화적응을 다룬 서구의 선행연구들에서 반복적으로 제기되었다 (Liebkind, 2000; Nesdale & Todd, 2000). 집단 간 접촉에서 한 집단의 구성원들이 상대방 집단의 구성원들에 대해서 지니고 있는 전반적 태도와 행동 경향성은 상대방 집단에 대한 전반적 인식수준과 인식 의 내용에 의해서 영향받으며, 이는 집단 간 갈등, 인종편견 및 성 고 정관념 등에 대한 연구에서 오랫동안 강조되어 왔다(Brewer, 2003; Crocker & Major, 1998; Kunda, 1999).

결혼이민여성들에 대한 각종 지원 대책에 관한 지역사회 구성원들 의 응답은 정책대안 마련을 위한 기초자료로서뿐만 아니라, 결혼이민 여성들에 대한 개방성에 관한 부가적 자료로서의 의미도 지닌다(양애

---

7) 본 연구는 김민경(2010), 「결혼이민여성에 대한 지역사회구성원의 문화적 민감성에 대한 연구」, 『한국가정 관리학회지』, 28(1), pp.69~86에 게재된 내용의 일부임.

경 외, 2007). 문화 간 접촉에서 접촉당사자들은 사고와 행동, 생활습관에서의 차이 등으로 인해서 다양한 종류의 갈등을 경험하며, 실제로 문화 간 접촉에서 발생하는 갈등의 전반적 수준 및 성질은 문화 수용성의 중요한 지표 가운데 하나로 간주된다(Gudykunst, 1998; Liebkind, 2000; Ting-Toomey, 1994). 문화 간 접촉에서 발생하는 갈등은 접촉 당사자들이 서로의 행동을 정확하게 이해하지 못하거나 잘못 귀인(attribution)하는 데서 비롯되며, 이러한 오해는 주로 언어 장벽 및 행동의 원인과 결과에 대한 상이한 시각에 기인하는 경우가 흔하다(Ting-Toomey 1994). 문화 간 접촉에서 발생하는 갈등의 또 다른 주요원인은 이문화 구성원들에 대한 양립불가능성을 지각하는 것이다.

최근 20년간 미국에서는 소수민족의 복지와 문화적 민감성의 중요성에 관한 관심과 담론이 증가하였는데(Manoleas, 1994), 한국 사회가 점차 다문화 사회로 변화해 가고 있는 이때 우리나라의 사회복지 서비스와 연구 분야도 문화적 민감성을 개발하고 강화할 수 있도록 다각적 노력이 있어야 할 때다. 그러나 한국의 실천분야와 연구자들이 다문화라는 사회적 현상에 대해 지금까지 보여준 반응은 '단일 문화적 관점(monocultural perspective)'에서 새로운 대상의 특성과 실태에 대해 이해하려는 제한적 관점만이 이루어졌다고 본다(권복순·차보현, 2006; 김두섭, 2006; 조영아 외, 2006; 최금해, 2005). 특히 다문화에 대한 반응은 대부분 새로운 이주자들을 한국문화에 동화시키는 것을 목표로 하는 프로그램의 개발이 주를 이루고 있으며 서비스를 제공하는 일선차원에서 여성 결혼이민자의 특수성에 대한 이해, 언어능력, 문화적 차이에 대한 태도 등을 지닌 전문 인력이 부족하다며 문화적 역량을 갖춘 실천가의 부재를 문제로 지적한 바 있다(김이선, 2007a).

최근 소수자에 대한 편견이나 차별의식(박수미·정기선, 2006), 외국인에 대한 사회적 거리감 분석(김상학, 2004), 국제결혼 이주자나 그 자녀에 대한 한국인의 태도를 분석하는 연구(설동훈, 2006) 등에서 수용과 유사한 관심들이 나타나 이를 토대로 가족관계에서 결혼이민 여성에 대한 수용성을 파악한 연구(김이선 외, 2006)와 지역주민을 대상으로 지역사회수용성을 파악한 연구(양애경 외, 2007)가 진행되었다. 이정우(2007)는 외국인 집단에 대한 한국인의 고정관념과 편견이 세대에 걸쳐 폭넓게 만연되어 있고, 후속세대로 전이되며, 학교교육과정을 통하여 학습되고 있다는 점을 시사하였다. 최근 국제결혼의 대상이 되고 있는 농촌 미혼남성을 대상으로 한 국제결혼 관련 태도 분석에서 응답자 중 73.68%가 국제결혼을 생각해본 적이 없고 그 이유로 국제결혼 자체에 대한 거부, 주변 국제결혼부부의 문제점 관찰, 문화적 차이 등에 대한 우려가 지적되었다(정현숙·양순미, 2009).

다양한 상황 속에서 연출되는 사람들의 외국인에 대한 심리적 변화(Clark & Legge, 1997; Hainmueller & Hiscox, 2007; Ruefle et al., 1992)와 국적과 시민권이라는 개념을 중심으로(Medrano, 2005; Medrano & Koening, 2005), 외국인 혐오증(Lewin-Epstein & Levanon, 2005)이라는 개념을 중심으로 접근한 연구들도 있다. 인종이나 민족 집단 간의 편견과 갈등을 이해하기 위하여 '사회적 거리감'이라는 개념이 사용되고 있는데 사회적 거리감이라는 개념은 한 집단의 성원이 다른 집단에 대해서 느끼는 친밀감의 정도(또는 주관적 거리감)를 일컫는 것으로, Borgardus(1928, 1933)는 이를 해당 집단과 어느 선까지의 접촉을 허용할 것인가, 즉 '수용 가능한 사회적 접촉의 범위'를 통해 측정하였다. 사회적 거리감은 다른 문화에 대한 경험의 정도에 영향을 받을 것으로 보이며, 세계화로 인해 한국인들의 다른 문화와의 접촉이 증가했을 것이라는 가정을 기초로 10년 전과 비교해 한국인들의 사회적 거리감 수치는 감소하였을 것이다. 그러나 김연희(2007)는 한국인들의 관용성은 경험과 토론을 통해 사회적으로 정착된 가치관이라기보다는, 아직 사회적 약자로 인식되고 있는 외국인 이주자 문제에 대한 '일반적 선의의 표현'으로 볼 수 있다고 하였다. 따라서 다민족·다문화 사회로의 변화과정에서 예상되는 사회적 갈등을 완화시킬 수 있는 성숙한 관용성과 시민의식으로 정착될 것인지 여부는 앞으로 지속적인 분석을 통해 살펴볼 연구 과제로 남아 있다.

 # 제2절 문화적 민감성 연구[8]

1. 연구방법

1) 조사대상 선정

본 연구대상은 결혼이민여성의 존재를 인식하고 있는 이웃주민과 결혼이민여성 관련 서비스 제공자, 이들에 대한 정책담당관계자 집단으로 나누어 심층적인 인터뷰조사를 실시하였다. 조사지역은 한국인 남성과 외국인 여성 간 결혼의 비율이 다른 곳에 비해 상대적으로 높은 곳을 고려해서 C시, K시, G시, K군, H군으로 나눠 설정한다. 총 조사대상자는 이웃주민 4명과 결혼이민여성 대상의 서비스 제공에 관여하는 담당자들 4명, 정책 담당자들 4명 등 총 12명으로 하였다.

---

8) 본 연구는 김민경(2010), 「결혼이민여성에 대한 지역사회구성원의 문화적 민감성에 대한 연구」, 『한국가정관리학회지』, 28(1), pp.69~86에 게재된 내용의 일부임.

〈표 7-3〉 조사대상자의 일반적 특성

사례	성별	연령	학력	직업	경력	결혼유무	선정조건
1	남	31	대졸	사회복지사	7	미혼	이웃주민
2	남	26	고졸	군인	7	미혼	이웃주민
3	여	37	고졸	부동산컨설팅	5	기혼	이웃주민
4	여	29	대졸	회사원	3	미혼	이웃주민
5	남	43	대졸	시민활동가	5	기혼	실무자
6	남	40	대학원졸	지원센터장	10	미혼	실무자
7	여	27	대졸	건강가정사	3	미혼	실무자
8	여	49	대학원졸	한국어강사	5	기혼	실무자
9	남	49	대졸	공무원	24	기혼	정책담당자
10	남	28	대졸	공무원	1	미혼	정책담당자
11	여	32	대학원졸	공무원	5	기혼	정책담당자
12	여	27	대졸	공무원	2	미혼	정책담당자

* 사례 1, 3, 6, 7, 9, 11은 도시지역 출신

　　조사대상자의 기준은 이웃주민인 경우 결혼이민여성과 같은 지역에 거주하면서 이들을 일상생활에서 접촉하거나 사회적으로 상호작용을 할 수 있는 지역주민이며, 정책 및 서비스 제공에 관여하는 담당자들인 경우는 결혼이민여성을 위한 정책을 담당하거나 이들을 위해 지역에서 서비스를 제공하는 담당자들로 한정하였다. 조사대상자는 여성 6명, 남성 6명이었으며, 이들 학력은 고졸 2명을 제외하고 모두 대졸 이상으로 나타났다. 이들 연령은 20대 후반에서 50대 초반으로 골고루 분포되었다. 조사대상자의 일반적 특성은 <표 7-3>과 같다.

	면접문항범주	세부내용 결과
문화적 민감성	문화적 통합	국제결혼수용, 결혼이민여성과 함께 있다면 마음상태, 결혼이민여성의 증가가 우리 사회에 미치는 영향, 결혼이민여성에 대한 편견, 선입견, 고정관념
	문화적 지식	다른 문화의 지식을 습득하기 위한 참여경험과 욕구, 다른 나라의 문화와 민족에 대한 지식필요성, 다른 나라의 문화존중과 그 방법
	기회균등	결혼이민여성을 위한 정책의 영향, 결혼이민여성의 권리, 결혼이민여성에 대한 차별
	문화적 독특성	인종·민족적 배경, 결혼이민여성의 전통 춤과 놀이에 대한 흥미
	언어사용	결혼이민여성의 한국어 유창성 필요 여부, 결혼이민여성에게 한국의 언어, 관습, 가치강요에 대한 생각

　　본 연구는 결혼이민여성을 접촉하고 있는 이웃주민, 정책담당자와 서비스 제공자의 문화적 민감성을 구체적이고 심층적으로 조명하는 한편 사례 간 비교를 통해 문화적 민감성의 전반적인 양상을 도출하는 데 초점을 두었다. 이 방식은 한국에서 사회문제를 조사한 선행연구들(양애경 외, 2007; 한성열 외, 2007)에서도 사용된 바 있다.

2. 연구결과

1) 문화적 통합

　　문화적 통합은 문화 간 접촉에서 발생하는 갈등의 원인으로 문화적 수용성이 중요한 지표 가운데 하나로 간주되어 설정되었다(Gudykunst, 1998; Liebkind, 2000; Ting-Toomey, 1994). 결혼이민여성의 문화적 통합정도는 국제결혼수용, 결혼이민여성과 함께 있다면 마음상태, 결혼이민자의 증가가 우리 사회에 미치는 영향, 결혼이민여성에 대한 편

견, 선입견, 고정관념 등으로 나타났다. 주요특징을 제시하면 다음과
같다.

(1) 국제결혼 수용

국제결혼에 대한 수용여부에 대해 크게 3가지 유형으로 나타났다.
국제결혼을 허락함, 국제결혼은 허락하지 않음, 마지막으로 국제결혼
을 허락하되 기간, 사랑 등 전제조건이 성립될 때 허락하겠다는 조건
형으로 나타났다. 두 사례를 제외하고 허락하지 않음과 전제조건이
충족된 후 허락한다는 사례가 대다수로 나타났으며 국제결혼에 대해
특히 지역사회주민의 경우 폐쇄적인 경향이 강하게 드러났다.

국제결혼을 허락하는 경우 결혼당사자의 의견이 중요하고 이를 존
중해 줘야 하며 결혼이민여성의 자녀라는 이유만으로 반대하지는 않
겠다고 하였다. 국제결혼을 허락하지 않는 경우는 결혼이민여성에 대
한 편견이나 고정관념을 버리는 것이 어렵고 인종에 대한 차별이 내
재되어 있음을 확인할 수 있었으며 다문화가족지원사업을 담당하고
있는 실무자로서 오히려 이들을 지켜본 경험으로 가족들의 인내와
배려심이 전제되어야 하므로 반대한다는 의견이 개진되었다. 국제결
혼의 성격에 따라 허락 여부가 달라진다는 의견이 있었으며 특히 단
기간이 아니어야 하며 사랑이 전제되어야 한다고 하였다. 따라서 결
혼이민여성을 접한 경험 유무와 차이 없이 서비스 제공자와 이웃주
민은 국제결혼에 대해 다소 허용적이지 않은 것으로 나타났다.

> 허락할 거예요. 저는 결혼의 의사는 결혼 당사자의 의견이 중요하
> 며 그 의견을 충분히 존중해 줘야 한다고 생각합니다. 그리고 특히

결혼의 대상자가 결혼이민여성의 자녀라는 이유만으로 결혼을 반대하고 싶은 생각은 없습니다(5-서비스 제공자).

깊게 생각을 해봐야 할 것 같아요. 다문화가족지원사업을 담당하고 있지만 당장 내 자녀가 국제결혼을 한다고 생각하면……, 국제결혼을 한 이민자들을 보면서 가족들의 인내와 배려심이 없다면 결코 쉽지 않다는 것을 보고 있기 때문에 쉽게 결정을 내리지 못할 것 같아요(7-서비스 제공자).

어떤 국제결혼이냐에 따라서 허락이 달라질 것 같아요. 단기간에 만나서 마음에 드는 외국인을 데리고 오는 결혼이라면 반대를 할 것입니다. 그 이유는 결혼할 대상에 대해서 알 수 있는 기회가 전혀 없이 자신의 마음에 드는 여성, 즉 욕구충족을 하기 위해서 데리고 오는 거라고 생각합니다. 언어적인 문제, 그 사람의 성격, 생활태도 등에 대해 사전지식도 없는 상태에서 결혼을 하게 된다면 가정 내에서의 문제도 빈번할 것이고 또한 사회 병폐적인 문제 역시 커질 것이라고 생각돼요(1-이웃주민).

(2) 결혼이민여성에 대한 마음

결혼이민여성과 함께 있을 때 대부분 편하다는 의견이 많았지만 불편하다는 대답도 있었으며 특히 우리 사회의 단면으로 결혼이민여성에 대해 동정심이 있다고 응답하였다. 불편한 이유로 어떤 목적(수업, 프로그램)이 있으면 괜찮으나 공유하는 부분이 없다면 의사소통에 장애가 되어 불편할 것이라고 하였으며 편한 경우에는 결혼이민여성과 대화하고 싶고 이들에 대한 정보를 알고 친구가 되고 싶기 때문에, 또한 오히려 먼저 말을 걸고 그들의 모국어 인사말을 하기도 하는 등 적극적인 사례도 있었다. 동정심을 표현하는 경우에는 불편하다기보다는 그들을 도와주고 싶고 안되었다는 생각이 든다는 사례들이 있어 결혼이민여성에 대한 편견이 내재되어 있음을 확인할 수 있으며 이웃주민과 정책담당자가 동일한 반응을 보였다.

어떤 목적이 있어 만나면(수업, 프로그램 등) 편해요. 그러나 단둘이 있다면 의사소통이 걸림돌이 되고 공유하는 부분이 없다면 상당히 불편하리라 생각됩니다(8-서비스 제공자).
전혀 불편하지 않아요. 오히려 그들에게 먼저 이야기를 걸 수 있고 그들도 나에 대해서 아주 편안하게 생각해요. 그들의 말 중 인사말 정도를 기억해 두었다가 친근감 있게 말하기도 합니다(6-서비스 제공자).
그냥 도와주고 싶고, 안됐다는 생각이 들어요(3-이웃주민).
우리나라 여성과 비교하여 특별히 불편하지는 않지만 내가 무언가를 도와주어야 할 것 같은 생각이 듭니다(11-정책담당자).

(3) 결혼이민여성이 우리 사회에 미치는 영향

결혼이민여성의 수가 증가하는 것이 우리 사회에 두려운 존재라고 응답한 사례와 이익이 되는 존재라고 응답한 사례가 유사하게 나타났으며 정책적 준비 여부에 따라 존재의 특성이 달라진다는 결과가 나타났다. 두려운 존재라는 이유로 그들로 인한 우리나라의 민족 정체성의 손상에 대한 우려가 높았으며 일반인들의 인식이 변하지 않는 이상 그들을 두렵고 낯선 존재로만 느낄 것이라는 언급도 있었다. 이익이 되는 존재일 때는 사회통합의 문제, 자녀들의 사회화, 우리 사회의 인식 등의 현안문제를 잘 해결할 때라고 하였으며, 국가의 소중한 구성원으로서 우리의 이웃으로 인정하고 지원해 준다면 우리 미래 발전의 토대가 된다고 하였다. 결론적으로 결혼이민여성이 우리 사회에 미치는 영향은 다문화가족정책의 성패에 따라 존재의 특성이 결정된다고 하여 사회적 지원의 중요성을 인식하고 있다.

왠지 모르게 우리 민족성이 깨어진다는 느낌! 물론 이것은 과히 좋은 사고라고 생각하지 않지만 우선 나는 그런 생각이 듭니다. 아무래도 그들이 오면서 그들의 문화를 조금은 받아들여 우리 문화의 정체성이 조금은 흔들리지 않을까 하는 생각이 들어요. 딱히 단시간 내에 무엇이 우리에게 어떤 영향을 주리라고는 생각하지 않지만, 그들의 다수가 우리나라로 유입이 된다면 아마도 우리 문화의 정체성이 좀 명확성을 잃어갈 것 같아요(3-이웃주민).

더 이상 단일민족국가가 아니며 여러 문화가 혼합된 다문화국가 여러 민족이 함께하는 다민족국가가 될 것입니다. 그들의 사회통합의 문제, 자녀들의 사회화, 우리 사회의 인식 등의 현안문제를 잘 해결해 간다면 이익이 될 것이에요(예로, 미국)(6-서비스 제공자).

여러 가지 측면으로 분석을 해봐야 할 것 같아요. 국가적으로 다문화가정에 대한 정책적인 준비가 되지 않는 시점에서는 두려운 존재가 될 수도 있지만, 정책적으로 다문화가정에 대한 지원 및 결혼이민자 여성들이 한국에서 정착할 수 있도록 다양한 서비스 지원을 개발한다면 이익이 될 것이라고 생각해요(7-서비스 제공자).

(4) 결혼이민여성에 대한 편견, 선입견, 고정관념

결혼이민여성에 대한 편견, 선입견, 고정관념이 존재하는 것으로 나타났다. 결혼이민여성지원에 대한 불평, 불만이나 차별의식, 억압, 낙인화가 나타났으며 전반적으로 어색한 말투, 다른 피부색 등도 이들에 대한 편견과 선입견을 갖게 하는 특징으로 나타났으며 특히 매매혼으로 들어왔고 저소득 국가에서 가족에게 희생하기 위해 한국에 이주한 것으로 생각하고 있으며 실천현장에서 이들에 대한 부정적 특성을 직접 언급한 것으로 한국남성을 기만하고 성적 문란, 자기중심적이며 일상생활에 대한 책임감이 없다고 하였다. 이 편견에 대한 원인으로 대중매체의 조장과 한국인의 근거 없는 우월의식을 들었다. 이에 대한 대책으로 편견, 선입견, 고정관념을 갖지 않는 건전한 국민성 함양과 멸시, 차별대상이 아닌 다양성을 공감하고 인식을 확산해야 하는 것을 언급하였다. 따라서 결혼이민여성에 대한 편견은 이웃주민의 경우 외적 요인에 기인하고 서비스 제공자와 정책담당자는 직접적인 경험에서 나온 것으로 해석되며 우리 사회에 자리 잡고 있는 결혼이민여성에 대한 부정적인 인식의 현주소를 확인할 수 있었다.

> 흔히 결혼이민여성이라고 하면 부정적인 편견 및 고정관념이 강한
> 편입니다. 일반적으로 우리나라 사람들의 의식 속에는 '나의 세금
> 으로 왜 자신들의 이익을 위해 한국에 들어온 사람들을 도와야 하
> 는가'라는 불평, 불만 및 차별적 의식이 있기 때문입니다. 또한 한
> 국 사회에 결혼을 한 여성들에게 일방적으로 단시간 내에 한국인
> 으로 동화시키기 위한 목적으로 다양한 문화 및 교육을 시킴으로
> 써 결혼이민여성들의 기본적인 인권에 대해 억압하고 낙인화하는
> 문제가 생기고 있다고 볼 수 있어요(1-이웃주민).
> 이 문제는 나라마다 다르다고 봅니다. 결혼이민여성들은 나라별 행
> 동양식이나 생활습관이 다르기 때문에 전체적으로 평가하기에는 어
> 려운 문제점이 있습니다. 그러나 일반적으로 어려운 가정형편으로
> 인해 가족들을 위해 한국으로 시집을 오고 있다는 생각과 한국 내의
> 어려운 가정 형편과 아동 양육문제 그리고 시집살이의 문제점들을
> 안고 살아가고 있다는 일반적 사고가 있습니다(5-서비스 제공자).
> 우리나라보다 생활수준이 낮은 나라이며 그들 또한 우리보다 의식
> 이나 문화수준이 낮을 거라는 근거 없는 우월의식이 대표적인 편
> 견이라고 생각해요(11-정책담당자).
> 우리랑 생각이 다르죠. 가끔 그들은 한국에 입국하기 위한 방법으
> 로 결혼을 이용하여 남편들을 기만할지도 모른다는 것입니다. 필리
> 핀 사람들은 성적으로 조금은 문란하다는 생각이 들어요(6-서비스
> 제공자).
> 연령과 상황의 영향이겠지만 자기중심적이며 일상생활에 대한 책
> 임감이 많이 부족하다고 생각합니다(8-서비스 제공자).

2) 문화적 지식

  문화적 지식은 다른 문화지식 습득에 대한 노력, 다른 문화와 민족
에 대해 알 필요성, 다른 나라 문화존중 방법 등으로 나타났다. 주요
특징을 제시하면 다음과 같다.

(1) 다른 문화지식 습득에 대한 노력

다른 문화의 지식을 습득하기 위해 적극적인 참여를 한 경우, 소극적으로 참여한 경우, 어떠한 참여도 하지 않은 경우로 나타났다. 적극적인 참여를 한 경우에는 문화습득을 위해 다문화가정 사회자립을 위한 봉사활동에 참여하였고 본인의 공간에 세계지도를 방에 걸고 다큐멘터리를 보고 여행에 참여하는 행동을 나타내었으며 다른 문화지식습득을 위해 참여하거나 시간을 할애해 본 적이 없거나 기회가 적어 참여하지 않은 것으로 나타났다. 소극적인 경우 책과 인터넷, 문화소개의 강의를 듣거나 다문화가족 관련행사에 참여하거나 참여보다는 구경은 해보았다는 응답이 나타났다. 다른 문화지식을 습득하는 데는 개인차가 많이 존재함을 알 수 있다. 서비스 제공자와 정책담당자의 경우 이웃주민보다는 적극적인 노력을 보이는 것으로 나타났다.

세계지도를 방에 걸었으며, 그 나라들과 관련한 소개 다큐멘터리를 보았고, 그 나라를 여행하였어요. 또한 그중 한 사람에게 선물 받은 것을 내 방에 소중하게 걸어두기도 했죠(6-서비스 제공자).

책과 인터넷을 통한 얇은 지식을 가지고 있는데……, 음. 나라별 문화 소개와 관련된 강의 청취 기회를 가지고 싶어요(8-서비스 제공자).

기관 단체에서 다문화가족 관련 행사에 참여해서 보고 듣고 하였으나 더 많은 문화 체험 기회를 갖고 싶어요. 다양한 국가 문화 전시 및 실제 체험하는 행사나 프로그램이 개최되길 바랍니다(9-정책담당자).

다른 문화의 지식을 습득하기 위해 참여하거나 시간을 따로 할애해 본적은 없어요. 역사를 좋아해서 독서를 통해 얄팍하게 얻은 것이 전부예요. 직장으로 인해 따로 시간이 나진 않지만 만약 참여할 수 있다면 하겠어요. 하지만 참여하게 된다면 그 이유는 결혼이민여성의 문화적 차이를 이해하기 위해서가 아니라 개인적인 지식의 증가를 위해서일 것 같아요(2-이웃주민).

(2) 다른 문화와 민족에 대해 알 필요성

문화적 지식을 이해하기 위해서는 다른 나라의 문화와 민족에 관해 전반적으로 알아야 한다는 필요성을 주장하였다. 사전에 다른 문화와 민족성에 대한 이해가 이루어져야 하고 이를 통해 결혼이민자들을 더 쉽게 이해할 수 있을 것이라고 하였다. 또한 언어에 대한 필요성을 강하게 언급하였는데 언어는 문화, 성향, 국민성, 역사 등이 함축적으로 드러나기 때문으로 언급하였다.

반면 알면 좋겠지만 필요성까지는 없다고 하였다. 같이 살아가면서 알게 될 것이라는 다소 낙관적인 태도를 보였다. 그리고 평소에 지식습득을 위한 노력은 거의 기울이지 않으며 현재 주로 간접적인 체험만을 하고 있다고 하여 다소 소극적인 참여의식을 보였으며 이웃주민 간 상반된 의견을 나타내고 있다.

> 필요하다고 봅니다. 문화는 그 나라의 특징, 사람들의 정서와 민족성이 나타난 것이기 때문이에요. 우리가 다른 나라의 문화를 알고자 할 때 물론 그 나라의 언어를 먼저 배우게 되지만 가장 쉽게 알고, 빠르게 이해할 수 있는 것은 그 나라의 문화적 정서, 역사, 민족성을 아는 것이 내 시각을 넓힐 수 있을 것이라고 생각됩니다(4-이웃주민).
> 필요하다고 생각해요. 왜냐하면 문화와 민족에 대해 알고 만나게 되면 결혼이민자들을 더 쉽게 이해할 수 있을 것이기 때문이에요(7-서비스 제공자).
> 결혼 이민여성의 문화적 지식을 이해하기 위해 다른 나라의 문화와 민족에 관해 알게 되면 플러스, 알파가 되겠지만 "필요"까지라고 생각지는 않아요. 음 단순히 말하면 "예습"은 오버라고 생각해요. 같이 살아가고 부대끼면서 알게 되는 게 더 자연스럽다고 생각해요(2-이웃주민).

(3) 다른 나라 문화 존중 방법

다른 나라의 문화 존중에 대한 인식은 대부분 가지고 있으나 존중하는 방법에 대해서는 다양하게 제시되고 있다. 축제나 명절을 즐길 수 있게 하여 다른 시민들도 참여할 수 있는 장을 마련하고 지원기관이 명절을 소개하거나 대표음식을 마련하는 것 등의 방법을 이야기하였으며 적극적으로 기념일을 제정하는 것까지 언급하였다. 따라서 다른 문화에 대한 존중의식은 방법만 다를 뿐 일관되게 존중해야 한다고 인식하고 있었다.

> 존중해야 한다고 생각해요. 무조건적인 입장을 취해서 '너는 우리나라의 문화에 대해 이해하고 따라야 한다'라는 것은 서로에게 벽을 쌓아 두는 일이라고 생각됩니다. 결혼이민여성의 국가명절이나 축제를 즐길 수 있게 지역체계 및 외국인 단체 등을 알아봐서 가족 단위, 다른 시민들도 참여할 수 있는 장을 만들면 어떨까 싶어요. 결혼이민여성들에게는 자신들의 문화를 즐김으로써 소외되지 않는 소속감을 느낄 수 있게 되고, 우리나라 사람들에게는 다른 나라 문화를 체험하고 이해할 수 있는 장이 마련될 수 있다고 볼 수 있겠죠(1-이웃주민).
> 다른 나라 문화를 당연히 존중해야 한다고 생각해요. 다양성을 인정하는 풍토가 조성되어야 하는데……, 다른 나라의 명절이나 축제행사를 우리 지역에서 개최하도록 지원하고 내·외국인이 함께할 수 있도록 참여의식을 확산하는 게 필요하죠(9-정책담당자).

3) 기회균등

결혼이민여성의 기회균등은 다문화정책, 결혼이민여성의 권리, 차별 등으로 나타났다.

(1) 다문화정책

결혼이민여성을 위한 정책에 대해 결혼이민여성에게 우리나라의 문화, 관습, 언어 등에 대한 동화를 강요하고 이들을 위한 정책을 이들도 잘 모르는 현실에서 진행한다면, 피해본다는 입장과 이들 여성의 피해보다는 의무와 권리를 강조해야 하고 한국인과 유사한 수준까지 지속적으로 지원정책을 추진해 나가야 하는 등 우리나라 정책의 방향과 당위성을 언급하였다. 여기에 결혼이민여성의 역할도 요구됨을 주장하였다. 반면 내국인에게 피해가 되지 않는 범위 내에서 정책을 추진해야 한다는 다소 소극적인 지원방안을 제시하였다. 또한 현 다문화정책의 문제점을 지적하고 역량강화라는 미래의 정책기조가 제안되었다. 이상의 결과를 볼 때 결혼이민여성 자신만을 위한 정책보다는 결혼이민여성의 욕구와 기대에 기반을 둔, 보다 실질적이고 장기적인 지원책이 있어야 하겠다.

> 일반사람들보다는 결혼이민여성들에게 피해를 준다고 생각해요. 결혼이민여성들에게 무조건적으로 우리나라 문화, 관습, 언어 등을 배우라고 강압적인 면이 숨어 있는 정책 및 교육이 많이 진행되고 있기 때문이죠. 예를 들어서 다문화가족지원센터에서 하고 있는 다문화가족나들이를 생각해 봐요. 프로그램의 목적 및 목표를 결혼이민자가족이 다른 가정의 사람들과의 만남을 통해 유대감 형성 및 우리나라 적응을 위한 거겠죠. 하지만 결혼이민여성들은 결혼이민자가족이라는 틀을 유지하기 위해 노력해야 한다는 암묵적인 의미가 포함되어야 하죠. 이는 결혼이민여성들의 인권을 억압하는 결과이지 않나 싶어요(1-이웃주민).
> 그들도 인간이고 인간이란 이유만으로 그들은 법적으로 존중되어야 할 모든 자격을 가진 사람들이므로 우리나라에서 정하는 인간다운 삶을 누릴 최소한의 권리를 그들도 누려야 한다고 생각해요. 그러나 그들 또한 그런 권리를 내세우기 이전 그들이 우리나라에

들어와서 지켜야 할 의무 또한 다해야 하겠죠(3-이웃주민).
일반인들에게 큰 피해를 준다고 생각하지는 않아요. 결혼이민여성
들의 한국 사회 정착을 위해서는 다양한 서비스 지원이 필요하지
만, 다문화가정에 집중되어 있는 요즘 경우는 한국 사회에서 그들
에게 너무나 많은 중복적인 서비스 지원을 하는 것으로 보여, 보여
주는 서비스가 아닌 실질적으로 그들에게 필요한 서비스 지원을
해야 하며, 그들이 한국 사회에서 역량을 강화할 수 있는 정책을
펼쳐야 한다고 생각합니다(12-정책담당자).

(2) 결혼이민여성의 권리

결혼이민여성에 대한 권리주장에 대해서는 모두 일치된 의견을 보
였다. 그중에서 먼저 권리는 인간의 기본적인 인권이며 결혼이민여성
들의 권익을 보호해야 하며 자조모임결성으로 목소리를 갖되 지원단
체의 도움이 있어야 한다고 하였으나 현실적으로 제도나 정책이 미
흡한 점을 지적하였다. 권리에 앞서 역량강화가 전제되어야 하며 책
임을 다하면서 권리를 주장할 필요성도 제기되었다. 일부 결혼이민여
성의 경우 국적을 취득하지 않고 고국의 국적을 유지하면서 돈을 벌
어 남편과 따로 분리하여 고국에 땅을 사거나 집을 사면서 돌아갈 준
비를 하는 것을 들으면 상실감을 느끼기도 한다고 하였다. 한시적인
정책을 지양하고 실질적으로 그들에게 도움을 줄 수 있도록 결혼이
민여성에게 교육과 참여의 기회제공과 같은 문화권끼리 소통하고 정
보 교환할 수 있는 장소 제공을 하는 등 결혼이민여성의 권리보장에
한목소리를 내었다.

권리를 주장하는 것은 결혼이민여성이 선택적으로 해야 할 일이
아니라고 생각해요. 권리를 주장하는 일은 모든 인간이 기본적으로
누려야 할 인권이기 때문이죠. 결혼이민여성들이 자신의 권리를 주

장하는 일은 미시적 체계인 가족 내에서 부부관계, 부모관계 등에서 먼저 이루어져야 한다고 생각합니다(1-이웃주민).

당연하죠. 결혼이민여성을 떠나서 인간이기에 피해를 받게 되면 자신의 권리를 주장하는 것은 당연하다고 봅니다. 같은 이민여성들의 단체가 생겨서 결혼이민여성들의 권익을 보호해야 한다고 봐요. 덤으로 그것을 이상하게 생각하지 않는 우리나라 사람들의 시선도 중요하다고 생각해요(2-이웃주민).

가족의 구성원으로서 자신의 기본적인 권리를 주장해야 합니다. 그러나 본인의 책임도 다 하면서 권리를 주장할 필요가 있죠. 일부 결혼이민여성의 경우, 국적을 취득하지 않고 고국의 국적을 유지하면서 돈을 벌어 남편과 따로 분리하여 고국에 땅을 사거나 집을 사면서 돌아갈 준비를 하는 것을 들으면 상실감을 느끼기도 해요(8-서비스 제공자).

(3) 차별

결혼이민여성들은 모두 차별을 받고 있다고 하였다. 지나친 동화정책, 학대나 보수주의적 사고, 농촌지역의 경우에는 복지서비스 혜택이 낮고 무시당하고 지역사회에서 낙인감을 가지고 대하고 이러한 특성은 후진국 출신일수록 더 심하다고 하였다. 특히 외모, 언어, 사소한 일 등 모든 부분에서 차별을 받고 있다고 하였다. 그 외에 저소득국가에서 왔다는 경제적 이유, 낮은 임금, 가정에서 의사결정권의 제한과 외출제한, 언어소통의 부재에서 오는 생활전반에서 차별이 나타난다고 하였다. 이러한 결과는 우리 사회가 전반적으로 결혼이민여성을 우리와는 다른 존재로 인식하고 대처하고 다문화 수용도가 낮음을 의미하는 결과라 하겠다.

차별을 받는 부분이 많다고 봅니다. 사회문제로 대두되는 학대받는 결혼이민여성의 경우를 보게 되는 일이 많아요. 단순히 말하면 결혼 후 가정 내의 일은 접어두고서 취업을 하게 되면 노동력에 대해

서 차별하지 않고 그 보수에 대해선 차별을 둔다고 봅니다. 특히
한국인과는 다르게 더 과중한 일과 업무시간을 부여하고 보수는
더 낮은 경우예요(2-이웃주민).

아무래도 외모도 다르고 우리말에 서툴다 보니까 사소한 일에서
모든 부분에서 차별을 받는다고 생각해요(10-정책담당자).

이러한 혜택조차도 받지 못하는 여성들이 많이 있어요. 복지서비스
가 도시지역을 중심으로 많이 응집해 있고 농촌지역과 같이 지방
에는 부족하죠. 아직까지도 결혼이민여성과 같이 외국인들이 농촌
지역에 많이 있는 것 또한 도시지역에 살고 있는 여성들보다는 서
비스 접근성이 떨어지는 것 또한 사실이에요(4-이웃주민).

4) 문화적 독특성

문화적 독특성은 개인의 능력평가, 전통 춤과 노래에 대한 흥미 등
으로 나타났다.

(1) 인종, 민족적 배경에 의한 평가

인종, 민족적 배경에 상관없이 개인의 능력에 따라 평가되어야 한
다고 하였다. 그러나 실제 우리나라의 현실은 백인에게 관대하며 개
인의 주변환경에 의해 평가되고 또한 객관적 상황에서 평가되지 않
는다고 하였다. 그런 방식으로 평가받지 않으면 민주주의 사회가 아
니라고 하였다. 인종이나 민족적 배경에 의해 평가받지 않아야 한다
고 하였다. 우리 사회의 현실에 대한 부정적 측면을 지적하고 있으며
앞으로 우리 사회가 결혼이민여성에 대해 어떻게 변화되어야 하는지
에 대한 방향성이 재고되어야 한다.

개인의 능력을 평가하는 데 그 사람의 피부색, 민족적 배경, 그 나

라의 경쟁력에 따라 좌우된다는 것은 옳지 않아요. 개인이 가지고 있는 실력, 경험, 지혜를 바탕으로 평가받아야 함에도 불구하고 여전히 우리나라에서는 개인의 실력, 가치보다는 그 개인의 주변환경에 의해 평가되고 있기 때문이죠(4-이웃주민).

모든 사람은 존엄하기에 존중되어야 합니다. 그러한 인식을 바탕으로 모든 차별적 요소가 배제된 객관적인 상황에서 평가되어야 하죠(6-서비스 제공자).

(2) 전통 춤과 노래에 대한 흥미

결혼이민여성들의 전통 춤과 놀이를 보면 대다수 흥미가 가는 편이라고 하였는데 경험이 전혀 없어서 관심이 없다고 한 사례도 있었다. 흥미가 가는 경우에 결혼이민여성의 전통 춤과 놀이를 보았을 때 우리나라와 비슷한 면을 발견하여 동질감을 느끼기도 하며 그들의 춤과 놀이가 화려하고 다채롭고 신기하여 흥미가 간다고 하였다. 기회가 된다면 이들의 문화를 즐기고 싶다고 하였다. 이러한 결과로 볼 때 지역주민이나 실무자나 공무원 모두에게 인종 간, 국가 간의 이질적인 문화를 예술로서 조화시킬 수 있는 더 많은 기회가 부여되어야 할 필요성이 제기된다.

나라별로 각기 특성이 있어 흥미가 갑니다. 춤과 놀이 속에 민족의 혼과 정서가 깃들어 있기 때문에 그 나라에 대한 이해가 빠를 수 있으며, 그 속에 동질성을 찾을 수 있어 많은 관심이 갑니다(5-서비스 제공자).

본 적은 없지만 보게 된다면 흥미를 가질 것 같아요. 그렇다고 일부러 찾아서 보는 정도는 아니에요. 우리나라의 민속춤이나 민속놀이조차 찾아서 보는 편이 아닌데 외국의 춤이나 놀이라면 더 관심이 적어요(2-이웃주민).

5) 언어사용

언어사용은 한국어 유창성, 언어, 관습, 가치강요 등으로 나타났다.

(1) 한국어 유창성

결혼이민여성들이 한국에 살려면 한국어가 꼭 유창해야 한다고는 하지 않았다. 보디랭귀지를 하면서 차차 능력을 향상시켜 나가야 한다고 하였으며 특히 가정생활이나 일상생활에 있어 유창할 필요는 없다고 하였다. 또한 유창하지는 않더라도 기본적인 의사소통이 되어야 한다고 주장하는 사례도 있었다. 한국어가 서툰 사람에 대해 사회적 배려가 있어야 한다고 하였으며 한국어는 한국에 잘 정착하고 적응하는 기초가 되기 때문이다. 마지막으로 한국어의 유창성은 필수라고 하였는데 특히 자녀의 교육문제에 영향을 준다고 하였다. 서비스 제공자보다는 정책담당자가 보다 유연한 태도를 가지고 있으며 한국어교육이 결혼이민여성에 대한 보편적이고 필수적인 지원내용으로서 한국어교육이 결혼이민여성에 대한 한국 사회의 동화를 강요하는 수단이기보다는 한국 사회를 이해하고 소통증진, 나아가 자신의 역할을 충실히 수행하는 데 필수적인 도구로 이해되어야 한다.

> 유창하지는 않더라도 기본적인 언어 구사는 필요하다고 생각합니다. 모든 것이 언어를 통해 이루어져 있고, 그 속에서 상대방의 의사와 의중을 파악할 수 있기 때문에 기본적 언어 구사는 필수라고 생각합니다. 그렇지만 모든 이들이 한국어를 유창하게 해야 한다고는 생각하지 않습니다(5-서비스 제공자).
> 잘하면 좋겠지만 유창하지 않아도 된다고 생각해요. 우리 사회가 이제는 다민족사회라는 점을 이해하고 우리말이 서툰 사람들에 대

한 사회적 배려가 있으면 된다고 생각해요(6-서비스 제공자).
기본적으로 어느 정도는 해야 한다고 봅니다. 그래야지 한국의 문화, 사회 등 한국 사회를 이해할 수 있어요. 그러나 언어가 되지 않는다면 한국 사회에 적응하고 정착하는 부분이 힘든 것으로 보입니다. 그러므로 정착 및 적응에 있어서 가장 기초가 되는 것은 언어라고 봐요(12-정책담당자).
언어의 유창성이 필수라고 생각해요. 특히 자녀의 교육문제에 영향을 크게 주기 때문이에요(8-서비스 제공자).

(2) 언어, 관습, 가치 강요

결혼이민여성에게 우리나라의 언어, 관습, 가치 등을 강요하지 않아야 하거나 강요해야 한다고 하는 입장이 있었다. 강요하지 않아야 하는 상황을 만들어야 하고 부부가 서로에 대해 알고 서로 이해해야 하며 강요는 오히려 부작용을 초래한다고 하였다. 강요가 행복추구권에 위배되며 강요가 한국문화에 대한 반감을 높이고 나아가 가정파탄에 이르는 원인이 되기도 하며 본인의 필요와 주변의 안내가 있어야 한다고 하였다. 반면 강요해야 하는 경우 언어에 대한 강요가 필요하고 관습, 문화에 대한 이해, 요구를 강요해서는 안 된다고 하였다. 가족의 구성원으로서 서로의 이해를 위해 전반적으로 필요하다고 생각하지만 일방적인 강요보다 서로에게 맞추어야 한다고 하여 결혼이민여성의 입장을 고려해 주는 모습을 보였다.

강요를 통한 습득은 부작용을 초래할 수 있다고 봐요. 강요보다는 자연스럽게 한국의 문화와 전통을 접할 수 있는 기회를 제공하고 한국에서 생활하려면 이런 전통문화가 있고 사회구성원들이 가지고 있는 가치관은 이렇다는 교육과 체험을 통해 자연스럽게 몸에 밸 수 있도록 하는 것이 중요하다고 봅니다. 그러기 위해서는 우선 가족들이 많은 노력을 해야 하고, 결혼이민여성들이 체험하고 교육받을 수 있는 장소와 기회를 많이 부여해야 한다고 생각합니다(12-정책담당자).
우리나라의 언어는 강요해도 무방하다고 생각하지만 관습이나 가치까지 강요한다는 것은 강요가 아닌 이해의 차원으로 해주어야 할 것 같아요. 우리의 관습과 문화, 가치를 이해해달라고 해야지 강요하는 것은 안 된다고 생각합니다(3-이웃주민).

3. 결론 및 제언

본 연구는 이웃주민, 서비스 제공자, 정책담당자를 대상으로 심층인터뷰 방법을 활용하여 결혼이민여성에 대한 문화적 민감성을 파악하였다. 문화적 민감성은 문화적 통합정도, 문화적 지식, 기회균등, 문화적 독특성 인지, 언어사용, 결혼이민여성에 대한 개방성, 결혼이민여성 지원정책에 대한 태도, 다문화사회로의 변화에 대한 인식 등을 중심으로 조사하였다. 조사결과 이웃주민, 서비스 제공자와 정책담당자 간 큰 차이는 발견되지 않았으며 전반적으로 유사한 성향을 보였다. 먼저 문화적 민감성에서 대부분 문화적 통합은 폐쇄적인 성향이 있었으며 결혼이민여성에 대해 동정심을 가지고 있고, 문화적 참여는 소극적이지만 이들을 존중하고 권리가 보장되어야 한다는 사고와 실행 간 차이가 나타났으며, 우리 사회가 결혼이민여성을 차별하고 있다고 일치된 의견을 나타내었다. 개방성에서는 결혼이민여성에 대한 인식이 긍정적으로 변화되었으며 결혼이민여성의 우리 문화에 대한 수용은 다소 소극적이며 노력하지 않은 모습도 보고되었다. 지원정책에 대한 태도는 지원의 문제점과 미흡한 점 등이 주로 언급되었고 앞으로의 정책은 기본적으로 결혼이민여성의 의사소통능력과 자녀에 대한 지원이 필요하며 우리 사회의 다문화사회로의 인식

변화는 아직 이루어지지 않은 것으로 언급하였다.

이러한 핵심적 결과를 토대로 결혼이민여성에 대한 문화적 민감성과 관련해서 몇 가지 특성을 논의하면 다음과 같다.

첫째, 국제결혼수용에 대해 이웃주민을 비롯해 대부분 폐쇄적인 것으로 나타났다. 국제결혼을 허락하지 않은 경우 결혼이민여성에 대한 편견과 선입견이 존재하고 인종차별이 내재되어 있음을 확인하였다. 허락하지 않거나 허락한다 해도 사랑, 교제기간 등 전제조건이 주어진 것으로 볼 때 아직까지 우리 사회에 국제결혼이 보편적이라고 단언하기 어렵고, 현재 한국 국제결혼의 대다수를 차지하고 있는 중국, 베트남, 필리핀 등 저소득국가로서의 특성이 반영된 것으로 해석된다. 특히 농촌 미혼남성은 국제결혼 자체에 대한 부정적인 인식이 국제결혼부부의 문제점을 관찰을 통해 문화적 차이에 대한 우려로 증폭되었다는 연구결과(정현숙·양순미, 2009)를 볼 때 국제결혼가족의 긍정적인 측면에 대한 홍보와 이들 적응을 지원할 수 있는 프로그램개발 등이 보완되어야 함을 보여 준다고 하겠다.

둘째, 결혼이민여성과 함께할 때 편안하다는 의견이 있었지만 불편하다는 대답과 더불어 이들에 대한 동정심을 표현하였다. 이러한 결과는 결혼이민여성에 대한 우리 사회의 우월의식의 상징이며 이들에 대한 고정관념에 기인한다고 해석된다. 또한 실제로 대중매체에서 결혼이민여성과 가족에 대한 편협하고 극단적인 사례들을 자주 접한 결과, 특수한 사례가 일반화된 가능성을 배제할 수 없다. 한 문화권에 속하는 사람들의 이문화 수용성을 이해하기 위해서 문화 간 접촉 경험의 성질을 다루어야 할 필요성이 제기된 결과들(Liebkind, 2000; Nesdale & Todd, 2000)을 볼 때 이문화에 대한 객관적이고 빈번한 접촉의 경험이 서로 간 인식의 정확성에 기여할 것이다.

셋째, 결혼이민여성이 우리 사회에 미치는 영향에서 이들을 두려운 존재로 인식하는 경우도 있었으나 사회통합의 문제, 자녀의 사회화, 우리 사회의 인식 등의 현안문제를 잘 해결한다면 미래의 발전에 도움이 된다는 인식이 있었다. 따라서 우리 사회에 잘 적응하고 통합을 이루어가기 위해 결혼이민여성 자신의 노력과 문제해결능력도 필요하지만 우리 사회의 준비도와 통합실행능력에 따라 달라질 수 있음을 지적한 것이라 하겠다.

넷째, 결혼이민여성에 대한 편견, 선입견, 고정관념에서 응답자 모두 일치된 의견이 나타났다. 결혼이민여성지원에 대한 불평, 불만이나 차별의식, 억압, 낙인화가 나타났으며 전반적으로 어색한 말투, 다른 피부색 등도 이들에 대한 편견과 선입견을 갖게 하는 특징으로 나타났으며 실천현장에서 자주 접하는 결혼이민여성의 부정적 특성들도 언급되어 긍정적 면보다 부정적으로 인식하는 경향이 두드러지게 나타났다. 이에 대한 원인으로 대중매체의 조장과 근거 없는 우월의식을 들었으며 이러한 특징은 우리 사회가 다문화사회로 가는 데 큰 장애요소로 작용되고 사회통합을 지연시키는 역할을 할 수 있어 이에 대한 인식변화가 절대적으로 필요하다고 하겠다. 또한 차별대상이 아닌 다양성을 공감하는 인식확산이 이루어져야 한다.

다섯째, 다른 나라 문화지식을 습득하는 데는 대부분 적극적이든 소극적이든 참여한 경험과 참여하려는 의지가 있는 것으로 나타났다. 문화지식을 습득하려는 노력이 있었고 다른 문화에 대해 알 필요성에 전반적으로 일치된 의견을 나타내었으며 특히 다른 나라의 문화를 존중해야 한다는 점에 대해 축제나 기념일 제정 등 다양한 방법을 제안하기도 하였다. 이런 점에서 다른 나라 문화에 대한 호기심과 탐구심, 존중을 표현하는 것으로 다문화에 대한 관심과 포용의 의미를 표현하는 것으로, 반면 여성결혼이민자들이 자국의 문화를 유지하는 데 다수의 지역주민들은 명시적 또는 암묵적으로 반대하는 입장을 표명한 것을 볼 때 여성결혼이민자들에 대한 지역주민들의 인식수준이 문화 간 이해와 수용, 그리고 조화로운 융합에 바탕을 둔 진정한 의미의 다문화주의에 부합되는 수준에는 아직까지 미치지 못하고 있다(양애경 외, 2007)고 한 선행연구와 일치를 보이지 않고 있다. 결과적으로 상황과 관계맥락에 따라 유동적 자기인식을 보이는 한국인들의 자기인식의 특성(김의철·박영신, 2006)을 반영하는 것으로 추후 자세한 분석이 요구되는 부분이다.

여섯째, 결혼이민여성들이 차별을 받고 있다고 모두 응답하였다. 이러한 결과는 결혼이민여성에 대한 우리의 태도와 밀접한 관련성을 보이고 있는데 이들을 위한 우리의 동화정책이나 낮은 복지서비스를 들었고 또한 저소득국가 출신과 외모, 언어 등으로 인한 생활전반의 차별은 아직까지 우리 사회의 GNP 차별주의가 내재되어 있음을 단적으로 드러낸 결과라 보이며 여성결혼이민자들에 대한 인식내용이 출신국 경제수준에 대한 인식과 강하게 연결되었다는 선행연구(최훈석 외, 2008)와 맥을 같이 한다. 따라서 이미 언급한 편견, 선입견과 같이 우리 사회의 성숙한 다문화주의를 유도하는 데 걸림돌이 될 수 있어 이에 대한 전 국민적 의식개선과 홍보 등이 요구된다.

일곱째, 문화독특성에서 대다수가 결혼이민여성의 전통 춤과 노래에 흥미를 갖는다고 하였다. 그러나 경험이 전혀 없어서 관심이 없다고 한 사례도 있어 그동안 전시적이고 일회적인 행사보다는 지역사회의 생활 속에서 지속적으로 다문화를 공유하고 전달하는 생활친화형 다문화체험프로그램 모색이 절실하다. 이로 인한 경험의 축적이 다문화에 대한 인식의 전환과 문화적 민감성의 성장도 함께 가져다줄 것이다.

여덟째, 문화적 민감성에서 전체적으로 관념과 현실 간 일치가 나타나지 않았다. 즉, 응답자들은 현실적으로 결혼이민여성에 대한 편견과 차별이 존재하고 있는 사회로 인식하면서도 이들에 대한 대우와 기대는 이상적인 모범답안(?)을 제시하고 있는 것으로 나타났다. 결론적으로 다문화에 대한 인식과 현실 간의 불일치를 보이고 있으며 우리 사회가 다문화주의와 동화주의가 혼재된 상황임을 알 수 있으며 다문화주의에 도달하는 데 우선적으로 결혼이민여성에 대한 편견과 차별의 시각 변화가 이루어져야 함을 확인할 수 있었다.

이와 같은 심층면접 결과를 토대로 몇 가지 정책적 함의를 도출할 수 있다.

첫째, 한국 사회의 결혼이민여성에 대한 편견, 선입견이 존재해 있고 차별의식이 존재한다는 것에 일치된 의견을 보이고 있어 다문화를 이해하고 수용하는 데 있어 결혼이민여성과 가족에 집중된 협소한 차원보다는 그들과 함께하는 이웃, 사회 등 폭넓은 우리 사회 모두의 인식의 전환과 개선의지가 전제된 시각과 정책방향이 필요함을 확인할 수 있었다. 또한 우리 사회의 다문화주의에 대한 현주소를 확인하였고 앞으로 한국 사회가 배타적인 자민족 중심적 사고의 전통에서 벗어나 다문화주의를 어떻게 수용하는지에 대한 방향설정이 필요한 때임을 알 수 있다.

둘째, 서비스 제공자를 제외한 나머지 응답자들은 다른 국가의 문화에 참여의사를 밝히고 있지만 기회의 부족을 언급하고 있었으며 이 기회의 부족은 타문화에 대한 관심과 이해의 부족을 낳는 결과를 확인하였다. 즉, 지역주민은 결혼이민여성과의 상호작용을 통해서 경험하는 내용이 그들의 문화적 민감성수준에 영향을 줄 수 있음을 시사한다고 하겠다. 따라서 결혼이민여성들에게 한국 문화를 일방적으로 강요하기보다는 한국 사회도 다른 국가의 문화를 이해하기 위한 구체적 노력을 보여 주어야 하는데 한국 문화와 다른 국가 문화를 동시에 체험할 수 있는 공연과 전시회 그리고 캠프 등 다른 문화에 대한 대중적 이해와 체험의 기회를 제공하고 나아가 문화적 민감성개발을 위한 다양한 교육과 훈련프로그램이 이루어져야 할 것이다.

셋째, 지역사회성원으로서 함께 살아가고 있는 공동체의식이 확산되었고 미래 국가발전의 토대가 된다는 결과는 결혼이주자의 경우 다른 유형에 비해 '지역주민'으로 느끼는 비율이 높게 나타났다는 연구(이경자·이의미, 2009)와 일치되고 있다. 이러한 결과는 결혼이민여성들이 우리 사회의 다문화사회형성의 견인차로서 인식되고 지역사회의 중요한 인적자원이라는 인식을 증진시킴으로써 효율적인 지원서비스, 정책과 함께 지역사회를 통합하는 역할자로 자리매김되어야 함을 보여준 것이다.

본 연구는 그동안 결혼이민여성에 초점을 두고 진행되어온 연구에서 벗어나 이들과 더불어 살고 있는 이웃주민, 서비스 제공자, 정책담당자가 인식하는 문화적 민감성을 조명하고자 하였다. 이러한 이유로 심층면접을 통한 질적 방법을 적용하여 연구를 진행하였다. 몇 가지 본 연구의 제한점으로는 문화적 민감성의 제 단면을 드러내줄 수 있는 질문접근 방법을 사용하였으므로 응답자들의 원인규명과 자연스러운 의견도출에 한계가 있으며 본 연구의 대상은 결혼이민여성과의 접촉과 경험의 정도가 고려되지 않아 일상적인 대면을 하는 대상에서 친밀한 관계를 형성하고 있는 대상자 간 차이가 있을 가능성이 있다. 추후연구에서는 이러한 연구의 제한점을 개선하여 결혼이민여성과 긍정적이고 친밀한 관계를 형성하고 있는 수준에서 갈등을 경험하는 사례까지를 포괄하는 연구가 진행될 필요가 있다. 또한 실천의 모든 차원(개인 실천가, 전문직, 서비스 조직, 제도 차원)에서 활용될 문화적 민감성의 평가도구를 개발해야 할 과제가 남는다.

결론적으로 결혼이민여성에 대한 문화적 민감성은 현시점에서 결혼이민여성에 대한 편견과 차별이 존재하는 가운데 이웃주민, 서비스 제공자와 정책담당자들은 우리 사회가 이러한 특징을 극복해 내는 것이 보다 성숙한 다문화사회로 나아가는 것이라는 입장을 주장하고 있으며 동화를 전제로 한 다문화주의에 머물러 있음을 확인하였다. 결혼이민여성에 대한 이웃주민, 서비스 제공자, 정책담당자의 문화적 민감성에 대상자들 간 차이가 크지 않았으며 실제 편견과 고정관념이 내재된 상태에서 결혼이민여성과의 관계가 피상적인 수준에 머물고 있다고 하겠다. 따라서 다문화사회에서 공적, 사적 영역에서의 활발한 상호작용과 사회통합이 이루어지기 위해서는 다른 국가 문화에 대한 폭넓은 경험 시도와 수용이 전제된 문화적 민감성이 증진되어야 할 것이다.

4. 다문화 역량 강화를 위한 실천방안

다문화사회가 궁극적으로 지향해야 할 바는 일상을 살아가는 시민들이 생활 속에서 대면하는 다양한 민족적, 문화적 배경의 주체들과 소통하면서 생산적 시너지를 구현해 가는 데 있다(김이선 외, 2007). 이를 실현하기 위해서는 이주민을 대상으로 하는 통합정책만이 아닌 일반시민을 대상으로 한 문화 간 상호 이해 증진을 바탕으로 하는 쌍방향적인 사회통합 정책의 수립이 필요하다. 다문화사회에서 사회통합 정책은 이민자들의 인간으로서의 기본권을 보장하고 종교적, 정치적, 문화적, 인종적 차이에 따른 차별과 불평등문제를 해결하는 제도적 장치의 마련과 함께 다인종·다문화사회에서 여러 인종과 문화가 함께 공존할 수 있는 방안을 모색하기 위한 것이다. 다양한 문화가 공존하는 생활세계에 대한 이해를 깊게 하고 문화와 가치관의 차이를 편견 없이 바라볼 수 있는 태도를 기르기 위해서는 소수집단을 대상으로 하는 시민교육뿐 아니라 일반시민을 대상으로 한 다문화교육이 절실히 필요하다. 새로운 다문화 환경에 적응하고 다른 차이를 가진 사람들과 함께 살아가야 하는 과제는 이주민만이 아닌 주류사회의 시민들에게도 눈앞에 닥친 현실이기 때문이다.

세계화와 전 지구적 이주의 증가 등으로 여러 민족적 배경을 가진 사람들과의 일상적인 접촉이 증대하면 할수록 문화적 차이와 다양성에 대한 인식과 존중, 자기성찰성은 점차 중요한 가치를 지니게 된다. 이에 따라 다문화적 인식, 다문화 지식과 의사소통능력 배양, 다문화 환경에서의 문화적 개입을 위한 기술의 축적은 중요한 의미를 지닌다. 이를 통해 전문가의 역량을 증진시킬 수 있을 뿐 아니라 다문화사회로의 이행에 대비한 정부와 사회 조직 전반의 문화적 역량을 확충시킬 수 있고 더 나아가 세계화 시대의 성숙한 시민으로서의 윤리의식도 고양시킬 수 있기 때문이다. 이러한 전반적인 상황을 고려할 때 제도적 차원에서 구성원으로서의 평등한 권리의 확보, 이주민에 대한 차별 철폐, 타문화와 소수문화에 대한 이해와 일상에서의 차별과 편견을 극복하기 위한 문화적 실천을 포괄하는 다문화 역량의 모색은 21세기의 중요한 사회적, 정책적 관심으로 부각되고 있다고 하겠다.

08
다문화가족에 대한 수용

1절에서 3절까지 김이선 외(2007)의 「다민족 · 다문화사회로의 이행을 위한 정책 패러다임 구축(Ⅰ): 한국 사회의 수용 현실과 정책과제」를 참조하였다.

# 제1절 이주의 증대와 '다수자' 수용 의식의 의미

　대내외 환경의 급격한 변화는 한국 사회가 산업화·근대화 시대의 지배담론이었던 이른바 단일민족이나 순혈주의 이데올로기에 더 이상 안주할 수 없으며, 국경을 넘어서 인간과 문화의 이동이 확대되는 다민족·다문화사회라는 새로운 도전에 직면하고 있음을 보여주는 것이다. 나아가 달라진 '이민 환경'은 이민자 유입으로 인한 사회갈등과 사회통합의 필요성이 향후 한국 사회의 중요한 정치적, 사회적 이슈로 자리매김하게 될 것이라는 전망을 가능하게 해준다.

　외국의 경험을 보면 이주가 본격적으로 늘어나고 본격적인 다문화·다민족 사회로 진입함에 따라서 관심의 시선이 이주자 집단에 국한되지 않고 이주자와 정주자 간의 갈등, 이주자를 수용하는 새로운 사회통합에 대한 성찰로 확대되는 사례가 나타난다. 물론 미국·캐나다. 호주와 같이 처음부터 이주민들로 형성된 국가의 양상은 이와 다르겠지만, 비교적 동질적인 민족으로 국가가 형성된 이후 이민을 받아들인 일본이나 독일의 경험은 우리에게 시사하는 바가 크다.

　일본의 경우 2차 대전 종전 이전부터 일본에 거주해 온 구식민지 출신자들인 이른바 '올드커머'와는 달리, 1980년대 이후 일본사회로 유입된 '뉴커머' 증대를 계기로 하여 일본 사회 내 외국인의 존재가 처음으로 가시화되었다고 볼 수 있다. 1990년대부터 이주자를 바라보는 새로운 시각들, 즉 외국인 문제를 개별 이주자 집단의 문제가 아닌 일본 사회 내부의 문제로서 바라보는 관점이 제시되었다. 1990년 대에는 외국인의 수가 급격히 증가했고, 이를 바라보는 정주화 경향도 증대하여 생활의 장, 사회적 공간에서 이들의 존재가 가시화되고 기존의 제도나 관행이 외국인의 인권자를 침해한다든가 문화적 차이로 인한 갈등과 긴장, 기회의 불평등을 야기함으로써, 동질성을 전제로 한 일본사회 제반 시스템의 문제들이 노정된다. 이러한 배경에서 이른바 '다문화 공생' 담론이 일본 사회의 중요한 관심사로 나타나게 된다(한영혜, 2006).

독일은 2차 세계대전 종전 뒤 경제재건 과정에서 산업인력의 부족으로 인해 적극적으로 외국인 인력을 수입하였는데, 당시 외국인 노동자에게는 1년 동안만 체류가 가능한 단기 저소득노동자 지위가 부여되었고 이로 인해 외국인 노동자에 대한 사회적 분위기는 대체로 긍정적이었다. 그러나 이러한 우호적 분위기는 차츰 부정적으로 전환되기 시작하였다. 특히 1980년 들어서 독일의 국내경기가 냉각되자 사회적 불안감이 고조되고 특히 외국인에 대한 내국인들의 경직된 태도와 혐오감이 확산됨에 따라 새로운 사회통합 논쟁이 촉발되었다(이용일, 2007: 이진숙 2005).

이런 시각에서 보면 한국의 이주 양상과 관련 정책들은 최근 패러다임 전환기를 맞이하고 있다 해도 과언이 아니다. 지금까지 고용정책의 차원에서 외국인 근로자의 단신·단기체류만을 허용하던 소극적인 정책이 한계에 이르렀기 때문이다. 2000년대 들어 국제결혼의 급속한 증대와 이른바 다문화가족 지원정책의 필요성 대두, 외국인 근로자의 사실상 정주화 경향과 지역사회 및 지역경제에 미치는 영향의 증대, 조선족을 비롯한 해외 한인들의 국내 취업 증대, 해외 전문기술인력 유치 필요성 증대, 저출산·고령화 지속에 따라 장기적이고 거시적인 노동력 구조의 변화 등이 그 배경에 있다. 이주의 문제가 한국 사회 전반의 문제로 확대되는 시점에서 이에 대한 한국인들의 인식과 태도는 점차 중요한 요인으로 등장할 것이다. 다양성과 차이를 수용하는 새로운 사회통합의 가능성은 다수자 한국인들의 인식과 태도에 달려 있기 때문이다.

제2절 다민족·다문화사회에 대한 한국인의 태도

　다민족·다문화 사회에 대한 한국인의 태도에서 특징으로 부각된 것은 다음의 네 가지로 정리할 수 있다. 첫째, 한국인들은 전반적으로 이주민의 증대나 이주민 지원정책에 대해 관용적인 태도를 취하고 있다. 국제비교를 통해서도 이주에 대한 한국인들의 거부감은 다른 나라에 비해 낮은 수준으로 나타난다. 그러나 이러한 관용적 응답태도는 이주문제로 촉발된 사회갈등의 수준이 아직 낮다는 현실을 반영하는 것이며, 실제로 이주를 적극적으로 수용하는 태도의 표명으로 보기는 어렵다. 실제 이주자의 존재로 인해 자신에게 손해가 되거나, 복지정책 등 한국인에게 주어지는 혜택을 이주자들과 나누어 가져야 하는 문제 등 이주자로 인한 사회적 갈등의 수준이 높아질 경우 한국인들의 관용적인 태도에 변화가 나타날 가능성을 배제할 수 없다.

　둘째, 대다수 한국인들은 외국인이나 이주자에 대한 사회적 거리감을 멀게 느끼고 있으며 자신의 일상생활이나 친밀한 관계 안으로 외국인을 받아들이는 것을 비교적 꺼리는 경향이 나타난다. 외국의 연구결과와 비교해 보면 외국인과의 결혼을 통한 가족관계의 형성을 꺼리는 것뿐 아니라, 이들을 '국민'으로 수용하는 것에 대한 동의 수준도 낮다.

셋째, 이주자와 이들의 문화적 배경에 대한 관심은 한국인 내부에서도 다양한 집단 특성에 따라 서로 다른 경향이 나타나며, 특히 연령이나 교육 수준에 따라 상이한 태도들이 공존하고 있다. 젊은 연령의 고학력층들은 현실적으로 한국 사회에 존재하는 아시아 지역 출신 이주자들의 문화에 그다지 관심이 없으며 세계화의 중심부, 이른바 선진국이 주도하는 다문화나 일부 선진국 언어의 습득에 관심이 치우쳐 있다. 즉, 앞으로 세계화와 문화다양성의 증대라는 시대적 흐름을 주도할 집단들은 '위로부터의 세계화'만을 주시하고 있으며 '아래로부터의 세계화'나 아시아 지역 수준에서 일어나는 교류에 대해 많은 관심을 갖지 않는 경향이 있다. 반면 연령이 많고 교육수준이 낮은 사람들은 외국문화나 교류 증대에 대한 관심 자체가 낮은 수준에 머물러 있다. 그러나 이들은 조선족과 같이 언어적 동질성이나 계층적 동질성이 있는 집단에 대해서는 거리감을 적게 느끼고 있다.

넷째, 현실적으로 일터에서 이주자들과 자주 접촉하는 한국인 직원의 태도를 일반국민 의식 조사 결과와 비교했을 때, 접촉의 효과가 다문화 수용성을 증대시키는 방향으로 작용하고 있다고 보기는 어렵다. 사회적 거리감에 대한 분석 결과를 보면, 한국인 직원들은 일반국민들에 비해 외국인에 대한 사회적 거리감을 더 멀게 느끼는 경향이 있다. 물론 이주의 증대와 다문화 사회로의 변화에 대한 태도를 전반적으로 측정하는 종족적 배제주의를 분석해 보면, 외국인 근로자와 의사소통이 원활하고 친하게 지내는 한국인일수록 배제적 태도가 낮아지는 경향이 있다. 이 부분은 접촉이 긍정적 영향을 미치는 것으로 해석할 수 있다. 그럼에도 불구하고 전반적인 종족적 배제주의 태도에서 한국인 직원들은 외국인 근로자의 현실적인 존재는 인정하면서도, 이들의 노동권이나 시민권, 문화적 다양성에 대해서는 전체 국민보다 오히려 더 소극적이고 부정적인 태도를 보이고 있다.

다민족·다문화 사회로의 변화가 진전될수록 이주민을 받아들이는 다수자 한국인의 인식 변화가 필연적으로 요구된다. 그런데 오랜 기간 동안 내면화해온 규범이나 가치관은 쉽게 바뀌지 않으며 급속한 변화에 대해 자신의 원래 입장을 지키려는 방어적이고 보수적인 경향이 나타날 가능성이 크다고 하겠다. 지금까지의 외국인 정책이 이주자들에게만 초점을 맞추었다면, 앞으로는 보다 장기적인 전망에 입각하여 다민족·다문화 사회를 전향적이고 긍정적으로 인식하는 다수자들의 인식 변화에도 관심을 기울여야 한다.

이와 관련하여 본격적인 다민족·다문화 시대를 살아가게 될 젊은 이들의 가치관을 주목할 필요가 있다. 이들이 서구 선진문화만을 편향적으로 받아들일 것이 아니라 아시아 지역의 중요성과 '아래로부터의 세계화'의 의미에 관심을 가질 수 있도록 유도하는 다양한 노력이 필요한 시점이다. 세계화에 능동적으로 대처하기 위해서는 맹목적인 다문화 추종에서 탈피하여 세계화의 중심부와 주변부 관계, 로컬문화의 다양성의 가치 등을 균형 있게 인식할 수 있는 미래지향적 인재 양성이 중요하기 때문이다.

아울러 한국인들 내부에서도 사회계층적·문화적 배경에 따라 이주민을 인식하는 태도에 차이가 나타나고 있음을 간과해서는 안 될 것이다. 이주민의 국적에 따라 우호적 혹은 적대적 입장에 차이가 있기도 하지만, 다른 한편 한국인들 자신의 계층적 위치에 따라 이주민에 대한 공감의 수준이 달리 나타나고 있다. 이러한 양상은 앞으로 한국 사회의 사회통합에 새로운 과제를 제기할 것이다. 보다 장기적인 시각에서 한국인이라면 누구나 공감할 수 있는 다문화·다민족 사회에 대한 기본적인 가치관과 공감대를 형성하고자 하는 다각적인 노력, 국제이해교육이나 다문화 이해교육의 체계화, 시민사회와의 적극적인 협력관계 구축 등에 대한 정책적 관심이 필요하다.

제3절 다문화가족 자녀를 대하는 교사와 교우들의 태도와 지역 주민의 태도

    학교생활 속에서 다문화가족 자녀를 대하는 교사와 교우들의 태도와 지역사회에서 일상적 생활사건을 통해 또는 공적 업무를 통해 여성결혼이민자를 대면하는 지역주민이나 정책·서비스 실무자들의 태도를 살펴보았다(김이선 외, 2007).

    이주민에 대한 수용성 측면에서 보다 우려되는 점은 다문화가족 자녀나 여성결혼이민자가 일상에서 흔히 차별적 언행에 직면해 있음에도 불구하고 바로 그 언행의 주체인 주위의 교사나 교우, 지역주민 대다수는 이를 심각하게 받아들이지 않을 뿐 아니라 문제 자체를 인식하지 못하고 있다는 점이다. 이러한 언행은 대부분 별다른 의도 없는 행동이나 '친해지는 과정' 정도로 취급되는 경향이 농후하다.

    여성결혼이민자나 다문화가족 자녀들이 한국인과 맺고 있는 관계의 양상이 가장 극명하게 드러나는 부분은 이들 대부분에게 가족 이외에 한국 사회와의 친밀한 관계는 공백에 가깝다는 점이다. 관계가 진척되지 않는 이유에 대해 주위의 한국인들은 언어소통의 문제로 돌리는 경향이 뚜렷하다.

    여성결혼이민자나 다문화가족 자녀와 개인적 차원의 친밀 관계가 진전되지 못하고 있는 것은 다양한 사회, 경제, 문화적 배경을 지니고 있으면서 한국 사회에서 다양한 방식으로 살아가는 이들을 바라보는 한국인의 시선에 결정적인 영향을 미치고 있다. 대부분의 교우나 교사, 지역주민이나 서비스 담당자들의 관심은 다문화가족 자녀나 여성결혼이민자의 다양성, 개별성보다는 집단으로서 이들을 보고 있으며, 이에 기대되는 공통적 특징을 찾는 데 집중되어 있다.

다문화가족 자녀들이나 여성결혼이민자 중에는 부정적 함의를 띤 일반화로 인해 '집단적 낙인찍기'의 대상이 되는 것에 상당한 심리적 부담을 느끼는 경우까지 발생할 정도로 이러한 경향은 팽배해 있다.

여성결혼이민자나 다문화가족 자녀를 대하는 데 있어 두드러지는 또 하나의 지배적인 태도는 한국 사회의 틀에 대한 동화를 바람직하고 자연스러운 것으로 받아들이는 것이다. 다문화가족 자녀에 대해서는 한국어 능력을 갖추고 한국인 학생과 같은 수준의 학습 성취가 요구되며, 여성결혼이민자에 대해서는 한국 사회의 가족 재생산을 해결하는 존재로서 가치가 부여되고 무엇보다 가족 관계에 충실할 것이 요구된다. 심지어 여성의 적절한 위치를 가내 역할에 한정짓는 가부장적 가족구조와 성별분리구조에 대한 동화가 요구되기도 한다. 이러한 점을 충족시키기 위해 노력하는 해당자에게는 비교적 긍정적인 평가가 내려지지만 그렇지 못할 경우에는 명백히 부정적 평가가 내려지고 있다.

사회 일각에서 발견되는 이주민을 향한 명백히 부정적인 태도 역시 간과할 수 없는 부분이다. 여성결혼이민자 집단에 비해 외국인 노동자를 향한 태도에서 부정적 경향이 두드러지는데, 이들은 흔히 경제상황이나 생활안전 측면에서 위협적 존재로 간주되는 경향이 있다.

일부 도시 지역에서는 위협의식이 이미 상당 수준에 이르고 있는 것으로 보인다. 이주민을 향한 부정적 태도의 또 다른 단편은 제한된 사회적 자원이 이주민들에게 돌아감으로써 자신들이 상대적으로 불이익을 받을 수 있다는 우려로, 이러한 태도는 학교생활 중에서도 나타나며 일반 시민들의 적극적 조치에 대한 부정적 견해 역시 이러한 맥락에서 이해될 수 있다.

여성결혼이민자나 다문화가족 자녀가 직면한 문제의 요인에 대해서는 흔히 그들의 능력 부족이 지적되고 있을 뿐, 이들에 대한 한국사회의 수용성에 대한 비판적 자성의식, 이를 변화시키기 위한 실천의 필요성에 대한 인식 등 다문화사회를 살아가는 시민의식의 핵심적 기초는 확립되지 못한 상황이다. 사회 주체로서 여성결혼이민자나 다문화가족 자녀들이 지니는 역량을 긍정적으로 평가하는 경향이 발전하지 않은 상황에서 자칫 이들을 일방적 보호와 수혜의 대상으로 보는 선입견을 강화시킬 우려가 있으며 결과적으로 사회에 기여하는 생산적 주체로서보다는 부담이 되는 존재라는 인식을 확산시킬 우려도 배제할 수 없다.

대부분의 교사들이 이러한 역할을 수행할 충분한 준비가 되어 있는지에 대해서는 의문이 제기된다. 적지 않은 교사들이 '다문화' 개념 자체가 생소한 상황에서 상식적 수준에서 다문화가족 자녀의 문제를 파악하여 접근하고 있다. 다만, 이주자 집단과 비교적 밀접한 관계를 맺으면서 교육적, 정책적 실천을 추진하고 있는 일부 교사나 서비스 담당자들 사이에서는 이주자에 대한 일반적 시각과 동정 일변도의 접근에 대한 비판적 관점이 형성되고 있어 실천적 대안을 찾기 위한 움직임으로 발전될 가능성도 있는 것으로 보인다.

상황 전개에 따라 부정적인 방향으로 선회할 가능성도 상당부분 발견된다. 무엇보다 이주민들의 범죄가 사회문제로 부각될 경우 이들을 향한 부정적 태도는 상당히 빠른 속도로 확산될 것으로 예측된다. 또한 시민권이나 사회 참여에 대한 이주자들의 요구가 확대되면서 일견 관용적으로 보이는 한국 사회의 수용성은 시험대에 오를 수 있는 것으로 보이며 적극적 조치에 대한 논의 역시 논란으로 비화되면서 관용적 태도를 저해하는 결과를 야기할 가능성도 배제할 수 없다.

다른 한편으로 긍정적 방향으로 전개될 가능성도 상당부분 존재하는데, 그 열쇠는 서로 다른 민족적, 문화적 배경을 지닌 개인들 간에 친밀관계가 발달하면서 이주민을 단순히 동정과 보호의 대상이 아닌 사회 주체로 받아들이는 한편, 이들에 대한 부정적 편견과 선입견에 대한 문제의식이 높아지고 사회적 수용성에 대한 자성적 인식이 확산되는 데 있는 것으로 보인다. 이러한 가능성이 실현되기 위해서는 실제 삶 속에서 이주민과의 상호 이해를 증진하고 관계를 발전시킬 수 있는 실천적 역량을 강화하고 관계의 경험을 통해 체득한 문제의식을 공유하고 대안을 찾아 사회적으로 확산시킬 수 있는 기제가 필요한 상황이다.

 제4절 지역사회 수용성 선행 연구

　이 절은 양애경 외(2007)의 「여성결혼이민자에 대한 지역사회의 수용성 연구」를 주로 참조하였다.

1. 여성결혼이민자 접촉 경험

　여성결혼이민자들에 대한 지역사회의 수용성 정도를 파악하기 위해서는 우선 지역사회 구성원들과 여성결혼이민자들 간 접촉 경험의 성질을 이해할 필요가 있다. 한 문화권에 속하는 사람들의 이문화 수용성을 이해하기 위해서 문화 간 접촉경험의 성질을 다루어야 할 필요성은 문화 간 상호작용 및 문화적응을 다룬 서구의 선행연구들에서도 반복적으로 제기되었다(Gudykunst, 1998; Liebkind, 2000; Nedale & Todd, 2000). 여성결혼이민자들과 지역사회 구성원들 간 접촉 경험의 성질을 이해하는 한 가지 유용한 틀은 집단 간 접촉(intergroup contact)에 관한 심리학 연구에서 찾을 수 있다. 집단 간 접촉에 대한 수용성을 증진하는 방향으로 기여하기 위한 몇 가지 핵심 조건은 방향충족에서 찾아야 한다(Allport, 1954; Stephen, 1985).

첫째, 집단 간 접촉의 빈도가 높아야 한다. 둘째, 피상적 수준의 접촉이 아닌 친밀관계를 수반하는 심층수준의 접촉이 이루어져야 한다. 셋째, 일상생활, 여가, 직업활동, 지역사회 활동 등을 포함하는 다양한 차원에서 접촉이 이루어져야 한다. 넷째, 접촉당사자들의 사회적 지위가 동등해야 한다. 다섯째, 접촉 당사자 간 신뢰에 기반하여 접촉이 이루어져야 한다. 여섯째, 집단 간 접촉의 긍정적 경험이 접촉 당사자들뿐만 아니라 그들이 관계를 맺고 있는 다른 사람들에게까지 전이될 수 있어야 한다. 일곱째, 집단 간 조화와 통합을 고무하고 장려하는 사회문화적 토양이 수반되어야 한다.

본 연구에서는 지역주민과 여성결혼이민자들 간의 접촉은 서로 다른 문화적 배경을 가진 집단 간 접촉으로 이해할 필요가 있다고 보고, 집단 간 접촉에 관한 선행연구에 근거하여 접촉의 경험을 파악하고자 하였다. 이러한 목적에서 첫째, 지역주민과 정책담당자 및 서비스 제공자들의 여성결혼이민자들과의 접촉이 친교를 할 수 있는 정도까지 발전하는지를 알아보았다. 둘째, 지역주민들과 여성결혼이민자들이 단순하게 일상적 접촉을 하는 것만이 아니라 조직화된 형태의 접촉을 하는지 알아보기 위해 이들이 지역사회 활동에 참여하는지를 질문하였다.

2. 여성결혼이민자 문화에 대한 인식

집단 간 접촉에서 한 집단의 구성원들이 상대방 집단의 구성원들에 대해서 지니고 있는 전반적 태도와 행동 경향성은 상대방 집단에 대한 전반적 인식수준과 인식의 내용에 의해서 영향을 받으며, 이는 집단 간 갈등, 인종편견 및 성 고정관념 등에 대한 심리학 연구에서 오랫동안 강조되어온 바이다(Brewer 2003; Crocker & Major 1998; Fiske 1998; Kunda 1999).

이러한 견해와 일관되게 문화 간 접촉에서 이문화 수용성을 이해하기 위해서는 접촉 당사자들의 상대방 문화에 대한 인식 수준과 내용을 파악해야 한다는 주장이 여러 연구자들에 의해서 제기되었다(Gudykistm Ting-Toomey, Sudweeks, & Stewart 1995). 또한 Triandis(1994)에 따르면, 특정 문화에 관한 사람들의 인식은 가시적, 실체적 문화요소(예: 의식주, 문화적 인공물 등)와 비가시적, 비실체적 문화요소(예: 가치관, 태도, 행위규범 등)에 대한 인식으로 구분할 수 있다(Triandis, 1994).

이에 근거하여 본 연구에서는 여성결혼이민자들에 대한 지역사회 수용성의 근간을 이루는 이문화 인식의 수준 및 내용을 알아보고자, 우선 여성결혼 이민자의 일상적인 생활습관 및 문화의 차이에 대한 지역주민과 정책 및 서비스 제공자들의 인식정도를 살펴보았다. 다음으로 부부관계 및 가족관계 등을 통해 드러나는 여성결혼이민자의 가치관에 대한 인식정도를 알아보았으며, 어울러 여성 결혼 이민자들의 우리 문화 수용에 대한 태도를 질문하였다.

3. 여성결혼이민자에 대한 개방성

문화 간 접촉 장면에서 상대방 문화에 대한 이해와 수용은 전통적으로 접촉 당사자들이 상대방 문화에 대해서 지니고 있는 태도와 행동의 차원에서 연구되었다(Berry, 1997: Ward, 1996 참조). 이와 유사한 맥락에서 일부 연구자들(Cushner 1986; Loo 1999)은 이문화에 대한 개방적 태도와 이문화 수용 의도를 중심으로 개인의 문화적 민감성 (cross-cultural sensitivity)을 측정하여 이문화 수용성을 개방하는 지표로 활용한다. 또한 이문화에 대한 개방적 태도와 수용 의도는 다양한 문화 간(inter-cultural) 훈련 프로그램의 근간을 이루기도 한다(Bennett, 2001: Black & Mendenhall, 1990; Chen & Starosta, 2000; Gudykunst, Guzley, & Hammer, 1996; Pruegger & Rogers, 1994).

본 연구에서는 여성결혼이민자들에 대한 개방성을 이해하기 위해서 지역 주민과 정책 담당자·서비스 제공자들이 여성결혼이민자들에 대해서 지니고 있는 태도와 행동의도 차원에서 알아보았다. 여성결혼이민자들에 대한 지역 사회 구성원들의 태도는 여성결혼이민자에 대한 전반적 태도와 여성결혼이민자들의 한국문화 적응에 관한 태도를 구분하여 살펴볼 필요가 있다. 전자는 태도 대상으로서의 여성결혼이민자들에 대한 주관적 신념과 지식/정보 및 감정을 반영할 가능성이 큰 반면, 후자는 여성결혼이민자들의 한국문화 적응행동에 관한 주관적 평가를 반영할 가능성이 크기 때문이다.

본 연구에서는 지역주민과 동등한 권리보장, 지역사회 참여허용, 생활보호지원, 이혼자 지원, 취업허용 및 지원, 지역 기여도에 대한 평가, 추가적 유입의 필요성 등을 포함하는 중다 차원에서 지역주민과 정책 담당자·서비스 제공자들의 태도를 조사하는 방법으로 여성결혼이주민에 대한 개방성을 조사하였다. 이와 같은 방식은 사회심리학 분야에서 성이나 인종과 연합된 고정관념 및 편견을 연구할 때 주로 사용하는 방식이기도 하다(McConahay, 1986; Swim, Aikin, Hall, & Hunter, 1995; Tougas, Brown, Beaton, & Joly, 1995; Pettigrew & Meertens, 1995 참조).

지역주민과 정책 담당자·서비스 제공자들이 여성결혼이민자들의 한국문화적응에 대해서 지니고 있는 태도는 다양한 차원에서 여성결혼이민자들의 문화적응 노력을 평가하도록 함으로써 알아보았다.

본 연구에서는 다수와 소수문화 간 쌍방향적 문화적응을 설명하는 Berry의 모델에 근거하여 지역주민과 정책 담당자·서비스 제공자들이 여성결혼이민자들의 한국문화 적응 노력을 어떻게 이해하고 평가하는지 알아보았다. 이를 위해서 여성결혼이민자들의 지역사회 적응 노력에 대한 평가 및 지역사회 적응의 판단 기준, 여성결혼이민자들의 문화적응을 위한 지역주민의 노력 등을 살펴보았다. 여성 결혼이민자에 대한 행동의도로서는 외국인과의 결혼 수용, 그들을 가족구성원으로 수용할 의도, 여성결혼이민자 자녀에 대한 행동 의도 등을 파악했다.

4. 여성결혼이민자 지원 대책

여성결혼이민자들에 대한 각종 지원 대책에 관한 지역사회 구성원들의 응답은 정책대안 마련을 위한 기초자료로서뿐만 아니라, 여성결혼이민자들에 대한 개방성에 관한 부가적 자료로서의 의미도 지닌다. 소위 상징적 인종차별주의(symbolic racism) 또는 현대적 인종차별주의(modern racism)에 관한 심리학연구(Dovidio & Gaertner 1996; Kinder & Sears 1981)에 따르면, 표적 집단에 대한 고정관념과 편견은 그 집단에 대한 응답자들의 직접적이고 명시적인 의견 및 감정을 묻는 방식으로서는 그 실체를 파악하기 어렵고, 그 대신 표적 집단에 대한 다양한 지원이나 정책 등에 대한 응답자들의 태도를 조사함으로써 보다 신뢰롭게 측정할 수 있다.

따라서 여성결혼이민자 지원에 관한 응답은 지역사회 구성원들이 여성결혼이민자들에 대해서 지니고 있는 태도 및 수용성을 파악할 수 있는 부가적 자료로 활용할 수 있다. 이에 본 연구에서는 빈곤이나 이혼 등의 이유로 여성결혼이민자를 국가적으로 지원하는 데 대한 태도, 여성결혼이민자에게 가장 시급한 대책에 대한 의견, 여성결혼이민자를 위한 정부나 공공기관의 배려에 대한 태도 등을 질문하였다.

5. 여성결혼이민자와의 갈등경험

갈등은 거의 모든 인간관계에서 필연적으로는 발생하는 하나의 보편 현상이다. 이와 마찬가지로, 문화 간 접촉에서 접촉당사자들은 사고와 행동, 생활습관에서의 차이 등으로 인해서 다양한 종류의 갈등을 경험하며, 실제로 문화 간 접촉에서 발생하는 갈등의 전반적 수준 및 성질은 문화 수용성의 중요한 지표 가운데 하나로 간주된다(Gudykunst, 1998; Liebkind, 2000; Ting & Toomey, 1994).

따라서 여성결혼이민자들에 대한 지역사회 수용성을 이해하기 위해서는 문화 간 접촉 과정에서 발생하는 갈등의 전반적 수준 및 갈등의 근원을 이해할 필요가 있다. 문화 간 접촉에서 발생하는 갈등은 접촉 당사자들이 서로의 행동을 이해하지 못하거나 잘못 귀인(attribution)하는 데서 비롯되며, 이러한 오해는 주로 언어 장벽 및 행동의 원인과 결과에 대한 상이한 시각에 기인하는 경우가 흔하다(Ting & Toomey, 1994). 문화 간 접촉에서 발생하는 갈등의 또 다른 주요 원인은 이문화 구성원들에 대한 양립불가능성(incompatibility) 지각이다.

즉, 접촉 당사자들이 상대방 집단의 성격이나 사고방식, 행동스타일 등이 자기 집단의 그것들과 결코 양립할 수 없다고 생각하는 데서 갈등이 발생한다. 여성결혼이민자들과의 상호작용과정 중에서 지역사회 구성원들이 경험하는 갈등을 이해하기 위해서는 우선 갈등 발생의 원인에 대한 그들의 주관적 지각을 이해해야 한다. 본 연구에서는 지역주민과 정책 담당자·서비스 제공자 들이 여성결혼이민자들과 상호작용하는 과정에서 경험한 의사소통이나 문화 인식 차이상의 문제를 중심으로 그들이 느끼는 갈등 경험을 살펴보았다.

6. 다문화 사회로의 변화에 대한 인식

다문화주의 또는 문화적 다양성에 관한 접촉 당사자들의 전반적 인식은 문화 간 접촉의 성질 및 이문화 수용에 관한 접촉 당사자들의 태도 및 행동에 중요한 영향을 미친다(Berry, 1997; Cushner & Brislin, 1996; Gudykunst et al., 1995; Liebkind, 2000).

본 연구에서는 문화 간 접촉의 성질, 이문화에 대한 개방성 및 행동 의도, 갈등의 발현 및 관리 등과 같은 구체적 차원들에서의 이문화 수용성을 이해하는 것에 대해서, 여성결혼이민자들의 한국 사회 유입이 지니는 보다 포괄적 의미, 즉 한국의 다문화 사회로의 변화에 관해서 지역주민과 정책 담당자·서비스 제공자들이 지니고 있는 인식의 내용을 알아보았다. 이러한 시도는 여성결혼이민자와의 접촉을 개인 혹은 대인 수준의 구체적 생활사건들에 국한시켜서 이해하는 것에 더해서, 전반적 문화변화에 관한 지역사회 구성원들의 인식 차원에서 접근해야 할 필요성에 근거한 것이다.

 제5절 수용에 대한 연구[9]

1. 연구방법

1) 조사대상 선정

본 연구대상은 결혼이민여성의 존재를 인식하고 있는 이웃주민과 결혼이민여성 관련 서비스 제공자, 이들에 대한 정책담당관계자 집단으로 나누어 심층적인 인터뷰 조사를 실시하였다. 조사지역은 한국인 남성과 외국인 여성 간 결혼의 비율이 다른 곳에 비해 상대적으로 높은 곳을 고려해서 C시, K시, G시, K군, H군으로 나눠 설정한다. 총 조사대상자는 이웃주민 4명과 결혼이민여성 대상의 서비스 제공에 관여하는 담당자들 4명, 정책 담당자들 4명 등 총 12명으로 하였다.

---

9) 본 연구는 김민경(2010), 「결혼이민여성에 대한 지역사회구성원의 문화적 민감성에 대한 연구」, 『한국가정관리학회지』, 28(1), pp.69~86에 게재된 내용의 일부임.

<표 8-1> 조사대상자의 일반적 특성

사례	성별	연령	학력	직업	경력	결혼유무	선정조건
1	남	31	대졸	사회복지사	7	미혼	이웃주민
2	남	26	고졸	군인	7	미혼	이웃주민
3	여	37	고졸	부동산컨설팅	5	기혼	이웃주민
4	여	29	대졸	회사원	3	미혼	이웃주민
5	남	43	대졸	시민활동가	5	기혼	실무자
6	남	40	대학원졸	지원센터장	10	미혼	실무자
7	여	27	대졸	건강가정사	3	미혼	실무자
8	여	49	대학원졸	한국어강사	5	기혼	실무자
9	남	49	대졸	공무원	24	기혼	정책담당자
10	남	28	대졸	공무원	1	미혼	정책담당자
11	여	32	대학원졸	공무원	5	기혼	정책담당자
12	여	27	대졸	공무원	2	미혼	정책담당자

* 사례 1, 3, 6, 7, 9, 11은 도시지역 출신

조사대상자의 기준은 이웃주민인 경우 결혼이민여성과 같은 지역에 거주하면서 이들을 일상생활에서 접촉하거나 사회적으로 상호작용을 할 수 있는 지역주민이며, 정책 및 서비스 제공에 관여하는 담당자들인 경우는 결혼이민여성을 위한 정책을 담당하거나 이들을 위해 지역에서 서비스를 제공하는 담당자들로 한정하였다. 조사대상자는 여성 6명, 남성 6명이었으며, 이들 학력은 고졸 2명을 제외하고 모두 대졸 이상으로 나타났다. 이들 연령은 20대 후반에서 50대 초반으로 골고루 분포되었다. 조사대상자의 일반적 특성은 <표 8-1>과 같다.

<표 8-2> 심층면접의 문항범주 및 세부내용 결과 예시

	면접 문항범주	세부내용 결과
수용	결혼이민여성의 경험	결혼이민여성과 대면 친교경험, 지역주민과 결혼이민여성들의 지역활동 참여, 결혼이민여성과의 갈등경험
	결혼이민여성의 문화에 대한 인식	생활습관 및 문화차이, 부부관계 및 가족관계 차이, 결혼이민여성의 우리문화 수용에 대한 태도
	결혼이민여성에 대한 개방성	지역사회 성원으로서 결혼이민여성에 대한 태도, 결혼이민여성의 한국문화에 대한 태도, 외국인의 수용 의도
	결혼이민여성 지원에 대한 태도	국가적 지원에 대한 태도, 가장 시급한 대책, 공공기관의 배려
	다문화사회로의 변화에 대한 인식	결혼이민여성에 대한 일반적인 견해, 다문화사회로의 변화에 대한 견해, 결혼이민여성에 대한 인식 및 태도의 변화 방향

본 연구는 결혼이민여성을 접촉하고 있는 이웃주민, 정책담당자와 서비스 제공자의 문화적 민감성을 구체적이고 심층적으로 조명하는 한편 사례 간 비교를 통해 다문화수용의 전반적인 양상을 도출하는 데 초점을 두었다. 이 방식은 한국에서 사회문제를 조사한 선행연구들(양애경 외, 2007; 한성열 외, 2007)에서도 사용된 바 있다.

지역주민, 서비스 제공자와 정책담당자를 중심으로 결혼이민여성에 대한 수용을 파악한 결과는 다음과 같다.

2. 연구결과

1) 결혼이민여성과의 접촉 및 경험

(1) 결혼이민여성과의 대면 및 친교 경험

① 없는 경우

그런 경험은 별로 없다고 할 수 있다. 결혼이민여성들에게 사회복지서비스를 제공하는 일을 하지 않고 주변에 다문화가정의 여성들이 별로 없기 때문에 결혼이민여성들과 부딪히는 일이 거의 없는 편이다(1).

② 있는 경우

다문화가정 지원 단체의 실무자로 일하고 있어서 거의 매일 접촉을 하고 있습니다. 또한 다문화 관련 각종 행사 및 프로그램들을 운영하고 있는 관계로 결혼이민여성 각자의 이름이나 특성들에 대해 어느 정도 이해하고 있는 편입니다(5).
한국어 수업과 이주여성을 위한 프로그램에서 주로 만납니다. 개인적으로 자주 모임에 초대받기도 하고 결혼식 또는 생일잔치, 자녀들의 돌, 백일잔치에서 만나기도 합니다(8).
특별한 대면 및 친교의 경험은 없지만 상담이나 방문조사를 통해 대면한 적은 있습니다(10).

일반적으로 지역주민의 경우 결혼이민여성의 대면경험은 거의 없는 것으로 나타났다. 반면 결혼이민여성을 위한 서비스 제공자나 관련 업무를 담당한 사례는 접촉을 가졌으며 특히 서비스 제공자의 경우 다문화가족의 일상의 삶에 초대되는 관계까지 형성하고 있음을 알 수 있다.

(2) 지역주민과 결혼이민여성들의 지역활동(예: 여성단체나 부녀회 등)
   참여정도

① 잘 모름

결혼이민여성들의 지역활동 참여도의 정도에 대해서는 잘 모릅니다. 하지만 결혼이민여성들이 현재 사회체계를 이해하고 적응하기 위해서 많은 노력 및 참여도가 높다는 사실은 신문 및 주변인들의 말을 통해서 알 수 있어요(1).

② 참여저조

회원으로서의 참여는 거의 없으며 각 기관에서 하는 프로그램의 대상자로 참여한다. 이주여성만이 아닌 주민대상의 교육은 초기에는 참여하나 중간에 포기하는 경우가 많다(8).
극히 미약하고 아직 그 정도 수준에 이르지 못하고 있다고 본다(9).
참여정도는 저조하다고 생각한다. 그분들이 많이 참여해서 더욱 더 우리 문화에 친숙하고 흥미를 느꼈으면 한다(10).
지극히 미미한 것으로 알고 있다(11).
참여정도는 낮습니다. 일단 입국하여 가정을 이루면 대부분 한국생활에 적응하기 위해 힘든 상황이고 대부분 다문화 관련 센터에서 한국어 교육이나 정착 프로그램들에 참여하기 때문에 다른 활동에 대한 참여가 낮을 수밖에 없습니다. 또한 현재 여성단체나 부녀회에서 결혼이민여성들의 참여를 위해 적극적으로 나서지 않는 상황도 한몫을 하고 있습니다(5).

③ 참여를 유도

종종 참여합니다. 센터에서 되도록 지역 활동에 참여할 수 있도록 프로그램을 운영합니다(7).

결혼이민여성이 지역사회에 참여하는 정도를 정확히 인지하고 있는 지역주민, 서비스 제공자와 정책담당자는 많지 않다. 센터에서 지역활동에 참여하도록 결혼이민여성을 위한 프로그램을 실시한 경우를 제외하고 대부분 결혼이민여성 자신을 위한 교육프로그램에 치중하고 있는 것으로 나타났다. 특히 주민들과 함께하는 교육에 지속적으로 동참하지 못한다는 것은 아직까지 우리 사회와의 통합이 이루어지지 않았음을 의미한다고 하겠다.

(3) 결혼이민여성과의 갈등경험(상호과정에서 경험한 의사소통, 문화인식 차이)

① 갈등경험 없음

아직까지는 접촉의 경험이 부족하여 그런 경험은 없었지만 일단 언어가 두려워 내가 접근을 하지 못하는 경우가 많은 것 같습니다(3).

결혼이민여성과의 직접적인 만남이 없었기 때문에 큰 갈등을 경험한 점은 없지만 간혹 길을 가다 외국인이 길을 묻거나 나에게 말을 걸어올 때는 의사전달이 잘 되지 않았던 경험은 있다. 물론 한국어를 유창하게 하는 분들도 보았지만 대체적으로 자신의 의사표현이 서툰 분들이 많아요(4).

갈등 경험은 없어요. 그들을 볼 때 담당자가 색안경을 끼고 본다면 물론 갈등이 존재하겠지만, 나는 있는 그대로의 모습을 보고 받아들이기 때문에 갈등경험은 없어요(7).

② 갈등경험 있음

본인의 출신국가 방식으로 일을 처리하려 해요 특히 베트남, 필리핀의 경우 약속이 잘 안 지켜지고 일에 명확성이 없어요. 날씨에 따라 움직임이 다르죠. 이혼문제나 성문제에 대한 개념이 대체로 약해요(6).

의사소통의 부족으로 인한 경우가 대부분이며, 세대차이도 있어요. 남편이 경제적으로 능력이 부족한 경우 본인이 돈을 벌 때 아기양육을 시어머니에게 맡김에도 불구하고 시어머니가 아이를 돌보는 것은 당연하다고 생각하며-아들이 돈을 많이 못 버니까-자기가 번 돈은 자기가 마음대로 써도 된다고 주장할 때 많이 난감해요(8).

갈등이 없는 경우는 크게 2가지로 나누어진다. 결혼이민여성과 접촉 자체가 없어 갈등이 없는 경우와 결혼이민여성을 적극적으로 수용하려는 태도로 인해 갈등이 발생하지 않았다고 응답하였다. 반면 갈등이 있는 경우 국가적 문화차이와 의사소통능력의 부족 등이 갈등의 원인을 제공하는 것으로 나타났다.

2) 결혼이민여성의 문화에 대한 인식

(1) 생활습관 및 문화의 차이(음식, 생활방식의 차이 등)

① 생활습관 및 문화의 차이

아마 문화에 대한 차이가 많이 있을 거라고 생각됩니다. 우리나라 생활 및 관습에 맞게 생활하기를, 이기적인 모습에서 말이에요. 이런 문제를 극복하기 위해서 결혼이민여성들의 문화 및 관습에 대해서 알고 우리도 그 사람들의 문화 및 음식을 알고 함께 즐기는 모습을 배우면서 살아가야 하지 않나 싶어요(1).
1년 내 따뜻한 기후에 사는 국가들의 경우 시간을 잘 지키지 않는 경향이 있습니다. 그리고 목욕문화에 대한 차이가 있는 것 같습니다. 음식의 경우는 손으로 음식을 먹는 국가나 각종 향신료를 넣어 음식을 만드는 국가의 경우 음식 맛을 느끼는 차이가 있으며, 차를 마시는 전통적 습관의 차이가 있어 국가별로 차이는 굉장히 폭넓다 하겠습니다(5).
동남아시아 여성의 경우 진한 향료와 조미료 사용, 힘들고 인내를

요하는 작업을 피하는 경향 경험. 사람에 따라 다르지만 청결의 문제도 있어요(8).

② 잘 모름

방송매체나 책 등을 통해 배운 정보이기 때문에 각 나라에 대한 인식은 한정되어 있는 것 같아요. 또한 실생활에서도 결혼이민여성과의 교류가 부족하고 알게 된다 하더라도 매일 보는 관계가 아니기 때문에 결혼이민여성들의 생활습관 및 문화적 차이가 얼마나 되는지는 알기 어려워요(4).

결혼이민여성과의 생활습관 및 문화의 차이에서 문화의 차이를 언급하고 있으며 특히 음식의 차이를 언급하고 있다. 현장에 있는 서비스 제공자의 입장에서는 생활방식의 차이를 지적하고 있는데 동남아시아 여성이 힘든 것을 싫어한다고 하는 고유한 특성들을 밝히고 있다. 또한 실제 다른 문화에 대한 정보가 제한되어 있고 교류도 많지 않아 정확히 잘 모른다고 하였다. 이를 통해 다양한 문화를 접할 기회가 주어진다면 다른 문화에 대한 진정한 관심과 이해를 도모할 수 있을 것이다.

(2) 부부관계 및 가족관계의 차이

① 차이 있음

같은 결혼이민자여성이라도 연애결혼을 통해 결혼한 부부와 결혼정보업체를 통해 혼인을 맺은 부부는 다르죠. 가장 큰 차이는 남편 및 가족이 부부관계 및 가족관계는 수평적인 관계가 아닌 수직적인 관계라고 생각하는 부분이 제일 커요. 그러나 이민자여성들은 수평적인 관계라고 생각을 해도 가족 및 남편은 수직적 관계라고 생각하는 것이 다르며, 때론 이런 생각의 차이로 문제가 발생하는 경우도 있어요(7).

부부간 협력·동반자의 의식은 부족한 듯하며 다른 사람에게 남편을 이야기할 때 이름을 부르는 여성이 많죠. 사회생활을 중시하는 우리와는 달리 가족 중심적 사고 강해요. 남편의 밤 외출로 가정불화 겪는 가정이 많아요(8).

② 차이 없음

어느 나라를 막론하고 부부관계나 가족관계의 틀은 같다고 봅니다. 하지만 가부장적인 사고를 지니고 있는 남편의 태도나 시집살이를 한다는 일반적인 풍토에 대해 이해 못하는 여성들이 많은 편이며, 교육열이 높은 한국에서의 자녀 교육에 대한 생각들이 달라 자녀 교육에 어려움을 겪고 있는 여성분들이 많은 편입니다(5).

부부평등의식은 일치하지 않고 있다. 특히 한국남편들은 자신이 결혼이민여성으로부터 대접받기를 원하지만 실제 여성들은 그렇지 않아 갈등의 원인이 되기도 한다. 가부장적 사고를 가진 남편과 이를 이해하지 못하는 여성들 간 간극이 존재할 가능성이 있으며 자녀교육에 대한 태도에서도 부부간 일치하고 있지 않다.

(3) 결혼이민여성의 우리문화 수용에 대한 태도

① 적극적 긍정

긍정적인 것 같아요. 교육참여나 행사참여에 적극적이고 새로운 활동에 흥미를 가지고 참여하는 것 같아요. 결혼이민여성뿐만 아니라 그 가족, 자녀들을 포함한 다양한 활동을 많이 개발해야 할 것입니다. 결혼이민여성을 위한 프로그램이 많이 생겨나고, 국가에서 이들을 위한 다양한 제도나 정책을 펼쳐 결혼이민여성의 한국 생활이 향상되었으면 합니다(4).

자라온 성장과정과 수년간 몸에 익은 자국의 생활문화로 인하여 우리문화를 수용하는 데는 많은 어려움이 있을 수밖에 없어요. 하지만 이해하고 적응하려는 노력은 매우 적극적이에요(9).

② 소극적, 비호의적

우리의 말을 되도록 많이 하려 노력하는 듯하나 우리 문화와 생활에는 그렇게 빠르게 적응하려 하지 않는 것처럼 느껴집니다. 그녀들이 우리나라로 시집을 오기 전에 우리 문화의 좋은 면뿐 아니라 그 이면의 생활을 제대로 아니, 조금이라도 관심을 가지고 느껴 보고 왔으면 합니다. 또한 이 나라에 들어와서도 누군가 자신들을 위해 무엇을 해주기를 바라기보다는 그녀들 또한 알고 싶고 모르는 것에 대한 것을 알기 위해 이웃이나 가족과 함께 배우는 태도가 필요할 것입니다(3).

개인차가 있고, 민족별, 국가별 차이가 있지만 베트남 출신 여성들이 어려움을 많이 느끼는 듯합니다. 전혀 노력을 하지 않는 사람들도 있는데 안타까운 생각이 듭니다(6).

수용하기 위해 노력하지만 '우리는 외국인이어서 잘 몰라'하며 자기 방식을 고수하는 측면도 보이며, 힘든 것은 피하는 측면도 다소 있습니다(8).

결혼이민여성의 한국 사회에서 살아가는 모습은 크게 두 가지로 대별된다. 교육프로그램이나 행사참여 등 적극적인 여성과 한국문화를 이해하고 적응하려는 여성이 있는 반면 한국 사회에서 어려움을 느끼지만 노력을 기울이지 않은 여성, 자신의 문화를 고집하는 분리의 문화정체성을 보이기도 한다.

3) 개방성 정도

개방성 정도는 결혼이민여성에 대한 태도, 한국문화 수용도, 수용의도 등으로 나타났다.

(1) 결혼이민여성에 대한 태도

지역사회성원으로서 결혼이민여성에 대한 태도는 수용적인 입장으로 과거에 비해 지역사회성원들이 결혼이민여성에 대해 부정적이거나 신기하게 바라보는 시선의 변화가 있었다는 모든 응답자들의 의견과 한국국민으로서 생활하고 있고 현실에서 부족한 점이 많지만 한국인들이 누려야 할 권리를 가지고 있어야 한다고 하였다. 또한 이웃이라는 인식이 확산되었고 적극적인 개념으로 저출산, 고령화를 위한 이민유입정책을 효율적으로 추진해야 한다고도 주장하였다. 반면 차별적인 입장을 보유하고 있다고 한 우리 사회의 이들에 대한 편견을 바로 정립하기 힘들 것이며 나약하고 부정적인 시각을 가지고 있으며 결혼이민여성 스스로 지역사회구성원으로서의 태도를 찾기 어렵다는 의견과 함께 여성 자신이 지역사회성원임을 자각하고 이해할 수 있어야 한다고 하였다. 또 다른 의견으로 결혼이민여성은 타인이며 타인에 대한 관용적 모습을 보이므로 취업이나 이혼에 대한 지원이 부족한 상황이라고 언급하였다. 따라서 서비스 제공자이든 정책담당자이든 결혼이민여성에 대해 과거에 비해 현재 긍정적인 변화가 이루어졌고 지역사회성원으로 인식하고 있었다.

> 몇 년 전에 비해 많이 발전을 한 것이 사실입니다. 다문화가정을 사회구성원으로 인정하고 함께 살아가야 할 이웃이라는 인식이 급속도로 확산이 되고 있다고 생각합니다. 다문화가족지원센터의 국가지원 및 이주여성 전용쉼터와 긴급지원센터, 또한 각종 제도적 지원들이 다양하게 진행되고 있으며, 사회적 관심이 집중되어진 영향으로 다문화가정을 바라보는 인식들이 점차 변하고 있으며, 공익광고나 학교에서의 다문화이해 교육을 통해 어린이들로부터 인식개선이 많이 되고 있습니다. 이런 상황이 꾸준히 지속된다면 지역

사회 성원으로서의 역할들을 잘 수행해 나갈 것으로 기대합니다(5-서비스 제공자).

결혼이민여성은 우리와 함께 살아가야 할 소중한 이웃이며 미래 국가발전의 토대가 될 것으로 봐요. 이들에 대한 차별과 무시는 국가경쟁력 측면에서 역행하는 마이너스 요인이며 지역사회 적응지원을 확대하고 자녀교육과 자립역량을 제고하는 시책을 활성화하여 지역사회발전에 함께 참여하고 저출산 고령화 사회에 대비한 적극적인 이민유입정책을 효율적으로 추진해야 한다고 생각해요 (9-정책담당자).

지역사회 참여를 유도하면 잘 따라옵니다. 그러나 스스로 결혼이민 자여성이 지역사회구성원으로서의 태도를 찾는 것은 어려워요. 다문화 센터나 이민자사업을 하는 기관에서 지역사회성원이라는 것을 찾을 수 있도록 기회를 만들어야 한다고 생각해요. 또한 지역주민들과 함께 자연스럽게 어울릴 수 있는 자리를 통해 지역사회성원으로서 이민자여성들이 이해할 수 있고 깨달을 수 있으면 좋을 것 같아요(7-서비스 제공자).

이주여성은 아직도 타인이며 한국인은 타인에 대한 관용적 모습을 보이고 있고 관에서 하는 취업이나 지원은 막일 수준이며, 지역주민으로서 교육의 기회는 제한이 없으며 이혼자에 대한 지원은 전무하다고 생각합니다(8-서비스 제공자).

(2) 결혼이민여성의 한국문화 수용태도

결혼이민여성의 우리문화 수용에 대한 태도에 대해 교육이나 행사 참여에 적극적이고 새로운 활동에 흥미를 가지고 참여한다. 우리문화를 수용하는 데 많은 어려움이 있겠지만 이해하고 적응하려는 노력은 매우 적극적이라고 하였다. 또한 수용과정 중 한국어 노력은 하지만 문화나 생활적응에는 소극적이라고 하였다. 결혼이민여성의 개인차를 언급하였는데 전혀 노력하지 않거나 베트남 등 특정국가의 경우 어려움을 갖거나 노력하지 않는다고 하였으며 자기방식을 고수하거나 힘든 것을 피하는 측면도 있다고 언급하였다. 따라서 결혼이민여성의 개인의 특성과 출신국에 따라 한국문화를 수용하는 태도가 다름을 알 수 있으며 이에 따른 개입도 고려되어야 하는 시사점을 얻을 수 있다. 특히 서비스 제공자의 경우 결혼이민여성들이 한국문화에 대한 적극적인 수용태도를 보이지 않고 있음을 지적하였다. 이들에게 무조건적 수혜보다는 의식변화와 동기부여를 위한 교육이 필요함을 알 수 있다.

> 긍정적인 것 같아요. 교육참여나 행사참여에 적극적이고 새로운 활동에 흥미를 가지고 참여하는 것 같아요. 결혼이민여성뿐만 아니라 그 가족, 자녀들을 포함한 다양한 활동을 많이 개발해야 할 것 같아요. 결혼이민여성을 위한 프로그램이 많이 생겨나고, 국가에서 이들을 위한 다양한 제도나 정책을 펼쳐 결혼이민여성에게 한국의 생활이 향상되었으면 해요(4-이웃주민).
> 우리의 말을 되도록 많이 하려 노력하는 듯하나 우리 문화와 생활에는 그렇게 빠르게 적응하려 하지 않는 것처럼 느껴집니다. 그녀들이 우리나라로 시집을 오기 전에 우리 문화의 좋은 면뿐만 아니라 그 이면의 생활을 제대로 아니 조금이라도 관심을 가지고 느껴보고 왔으면 합니다. 또한 이 나라에 들어와서도 누군가 자신들을 위해 무엇을 해주기를 바라기보다는 그녀들 또한 알고 싶고 모르는 것에 대한 것을 알기 위해 이웃과 가족과 함께 배우는 태도가 필요할 것입니다(3-이웃주민).
> 개인차가 있고, 민족별, 국가별 차이가 있지만 베트남 출신 여성들이 어려움을 많이 느끼는 듯합니다. 전혀 노력을 하지 않는 사람들도 있는데 안타까운 생각이 듭니다(6-서비스 제공자).
> 수용하기 위해 노력하지만 '우리는 외국인이어서 잘 몰라'하며 자기 방식을 고수하는 측면도 보이며 힘든 것을 피하는 측면도 다소 있습니다(8-서비스 제공자).

4) 결혼이민여성지원에 대한 태도

결혼이민여성지원에 대한 태도는 국가적 지원, 가장 시급한 대책, 공공기관의 배려로 나타났다.

(1) 국가적 지원

결혼이민여성이 한국에 온 이상 남편의 영향 아래 있고 특히 국적 취득 시 영향력을 행사하며 가부장적 태도를 고수한다고 하였다. 대부분 국가적 지원의 방향성과 문제점 및 미흡한 점에 대해 지적하였는데 앞으로의 국가적 지원은 자녀에 대해 보육료 면제나 감면 등의 지원을 요청하였고 국가통합의 일환으로 실질적인 지원정책프로그램을 개발하고 지금까지 프로그램의 다양성의 부재를 언급하였으며 일회성 행사나 생색내기 예산집행이 많고 여러 부처의 정책시행으로 일관성이 없고 비효과적이며 비효율적이라고 지적하였다. 특히 서비스 제공자는 현장에서 다양한 경험을 바탕으로 정책수혜대상, 예산, 철학적 배경까지 포괄적인 측면에서 언급하였다. 향후 결혼이민여성의 입장을 고려한 다양한 프로그램과 국가적 지원방향의 개선에 필요함을 알 수 있다.

> 과거에 비해 많아졌어요. 그러나 실질적으로 다문화 가정에 필요한 지원이 필요하다고 봅니다. 예를 들면 다문화가정의 자녀들이 많이 늘어나는 시점에서 경제적으로 어려운 가정에게 보육료를 면제하거나 감면해 주는 정책이 필요하다고 생각합니다(7-서비스 제공자). 나름대로 많은 예산들을 책정하여 지원하고 있습니다. 하지만 아직도 일회성 행사가 많은 편이고 생색내기용 예산으로 집행하다 보니 실수요자인 이주여성들은 피부체감도가 낮은 편입니다(5-서비

스 제공자).

현안으로 받아들이고 있으나 근본적으로 다문화주의에 대한 철학
적 바탕은 없는 것 같아요. 여러 부처에서 정책을 시행하다보니 일
관성이 없으며 비효과적이고 비효율적이에요. 또한 정부의 지원을
받는 기관들은 정부의 지나친 간섭이 이루어지고 종사자들의 기본
적인 삶이 보장되지도 않을 만큼 비인간적인 것 같아요(6-서비스
제공자).

(2) 가장 시급한 대책

가장 시급한 대책으로 우선 한국어와 문화이해교육이 우선적으로
이루어져야 한다고 하였으며 자녀 2세대를 대상으로 한 서비스 지원
및 국가적 정책지원과 사교육비에 대한 대책이 요구되며 그 외 여성
을 위한 폭력예방대책, 국제결혼중개업소의 관리와 결혼이민여성지
원기관의 전문화, 문화, 복지 의료서비스, 전달체계정리가 요구된다
고 하였다. 결론적으로 결혼이민여성을 위한 과제가 결혼이민여성의
입장에서 다양하게 전개되어야 함을 알 수 있으며 대상을 확대하여
자녀에게도 서비스 지원이 이루어져야 하겠다.

법, 제도, 정책은 한순간에 바뀔 수 없는 상황이니만큼 이 여성들
이 한국생활에 잘 적응하고 대처할 수 있도록 문화·복지·의료적
서비스가 개선되어야 하지 않을까 생각됩니다. 지역사회에서는 보
다 많은 여성들이, 자신이 살고 있는 지역사회 내에서 배울 수 있
는 기회를 많이 제공해 주어야 할 것입니다(4-이웃주민).
다문화 가정의 자녀들에 대한 서비스 지원 및 국가적 정책지원이
라고 생각해요. 기하급수적으로 늘어나는 다문화가정의 아이들에
대한 대책이 필요해요(7-서비스 제공자).
가장 절실한 의사소통수단을 해결하기 위해 한글 교육과 문화 이
해 교육에 중점을 두고 수준별 단계별 교육을 추진하고(9-정책담당
자), 결혼이민여성들이 언어습득의 부족으로 인한 의사소통의 어려
움, 가정폭력문제 등(10-정책담당자), 우리나라 문화 및 언어를 습

득하고 이해할 수 있도록 지원정책과 그들의 인권이 존중받고 보호받을 수 있도록 하는 정책 두 가지인 것 같아요(11-정책담당자).

(3) 공공기관의 배려

공공기관의 배려에 대해서는 교육적 측면에서 다문화가정 자녀들을 위한 별도의 교육과정이 아닌 차별 없는 교육이 진행되도록 교육기관의 배려가 필요하며 결혼이민여성을 위한 다양한 제도나 교육의 부족을 지적하기도 하였다. 지금까지 관공서에서 외국어를 지원하는 배려계획이 없었으며 영문증명서 발급 등 통역시스템 도입, 지자체에서 출입국관리사무소 업무대행 등 종합적 안내가 필요한 민원문제 등이 제안되었다. 산학연 지원프로그램과 사회통합 체계를 구축하여 시너지 효과를 극대화해야 하는 것도 강조하였다. 즉, 사업에 대한 홍보와 민원지원이 주를 이루고 있고, 그런 현실적 문제에서 여성 참여 부족으로 효과성이 저하되는 점도 지적되었다. 관공서에서 민원해결이나 자녀의 학교에서의 배려 등 다각적인 측면에서의 시스템을 갖추는 것이 필요함을 알 수 있다.

> 학교를 예를 들어서 말하면 어떠한 자세의 배려가 필요한지 쉽게 알 수 있습니다. 일반적으로 학교에서 다문화가정들을 위한 별도의 교육을 강화하는 차원에서 방을 나누거나, 방과후 교육, 주말교육 등을 진행하고 있어요. 사회적인 배려에서 하는 모습일지 몰라도, 그 수업에 참여하는 다문화가정 아이들은 '왜 나는 다른 친구들과 다르게 교육을 받고 있는 것일까?'라는 생각을 가질 수 있는데……, 즉 이런 상황은 다문화가정 아이들이 다른 일반적인 아이들과 다르다고 생각하는 차별적 상황에 빠질 수 있다고 볼 수 있죠(1-이웃주민).
> 현재 내가 거주하는 이곳에도 결혼이민 여성들이 거주를 하고 있으나 난 그녀들을 위한 어떠한 계획이 이루어지고 있는지 잘 모르

고 있다. 이것은 아마도 내가 거주하는 관공서조차도 어떠한 배려를 위한 계획은 없는 듯합니다. 또한 일단 외국인들이 오게 되면 공공기관에서 그녀들을 위해 영어라든가 외국어는 거의 나오지 않는 것 같아요. 그들이 알아들을까? 이 나라에 왔으니 이 나라 언어를 해야지! 이런 뜻인가 아직까지 그녀들을 위한 아니 그들을 위한 배려는 없는 것 같아요(3-이웃주민).

장애인들에 대한 배려로 이동편의시설 제공 및 화상전화기 설치가 정착화되고 있습니다. 따라서 다문화 가정에 대한 배려로서 통역시스템 도입과 영문으로 등본만 발급 가능한데 가족관계증명서 발급 또한 영문으로 발급 가능하게끔 하는 등에 대한 노력이 더욱 병행되어져야 한다고 봅니다(5-서비스 제공자).

지역기관, 단체, 대학이 유기적으로 협력하여 지원프로그램과 사회통합체계를 구축하여 시너지 효과를 극대화해야 할 것입니다(9-정책담당자).

5) 다문화사회로의 변화에 대한 인식

다문화사회로의 변화에 대한 인식은 다문화사회로의 변화에 대한 견해와 결혼이민여성에 대한 의식 및 태도의 변화방향성으로 나타났다.

(1) 다문화사회로의 변화에 대한 견해

다문화사회로의 변화에 대한 견해는 무조건적 수용보다는 다문화사회로의 정책이 지역사회의 지원망 등이 강구될 때 긍정적 다문화사회로 될 것이라는 생각과 다문화사회로의 변화는 아직 이루어지지 않았고 인식의 변화가 부족한 편이라고 지적하였다. 현실적인 부분에서 우리 사회의 기정사실로 받아들일 수밖에 없는 문제로 우리의 인식변화와 적응이 필요하다는 입장도 제시되었다. 이러한 현실이 우리 사회에 도움이 될 것이라는 희망적 의견도 있었다. 그러나 다문화사회의 변화가 두렵고 그로 인해 파생되는 2세 문제 등에 대한 걱정을 강하게 나타내고 있다. 현재 다문화사회로 진입된 상황에서 지역주민은 양가적 감정이 존재하고 있으며 다문화사회를 우리 사회 현실에 맞게 해결책을 모색하고 진행해 나가는 것이 앞으로의 과제일 것이다.

> 오랫동안 유지되어온 단일민족 사상이 뿌리 깊게 잔재되어 있어 부정적 시각이 많은 것도 사실입니다. 그러나 이미 국제결혼을 통한 다문화 가정이 급속도로 확산되어 있고, 그 자녀들이 사회 구성원으로 엄청난 증가세를 보이고 있어 이미 우리 사회는 다민족 다문화 사회로 접어든 것도 또한 사실입니다. 따라서 다문화 가정에 대한 인식개선을 위한 노력들이 더해지고 다문화가정에 대한 공동체적 사회 분위기가 확산되어지면 자연스럽게 다문화사회로의 변화를 기정사실로 받아들일 수밖에 없을 것이라는 생각을 합니다(5-서비스 제공자).
> 변화가 나쁘다고 생각하지 않는다. 아직까지 폐쇄적인 성향이 남아있는 우리나라 사회에 이러한 다문화사회로의 변화는 도움이 될 것이라고 생각해요(2-이웃주민).

(2) 결혼이민여성에 대한 의식 및 태도의 변화방향성

다문화사회로의 변화에 대한 견해는 일단 부정적인 인식에 대한 개선이 필요하다고 하였다. 같은 맥락에서 제도, 정책, 사회조직, 의료적 지원, 서로 함께 살아가는 것, 화합의 노력이 더 중요하다고 하였다. 개성 있는 존재이고 우리와 같은 존재라는 존중이 필요하다. 동원식 행사나 사회의 구경거리가 되지 않도록 하는 것과 낙인감을 주는 지원, 무분별한 설문조사에 따라 불만을 토로하였다. 결혼이민여성의 자존감을 살리고 그들 능력과 특성에 맞는 지원이 이루어져야 하며 여성 자신들도 수동적인 입장에서 벗어나 자신의 노력이 전제되어야 하겠다. 결혼이민여성의 동기부여와 임파워먼트 향상 프로그램 등이 이루어져 주체적이고 주도적인 존재로 성장하도록 지원되어야 한다.

> 현재 사회적으로 결혼이민여성에 대한 태도는 부정적인 인식에 대한 개선이 필요하다고 생각되어요. 보편적으로 일반사람들의 인식을 개선하기 위해 노력하기보다는 결혼이민여성이 속한 소그룹, 즉 결혼이민여성이 속한 가정과 민첩하게 활동하는 외부자원체계들의 중점으로 인식차이 줄이기를 위한 교육활동이 이루어져야 할 것입니다(1-이웃주민).
> 아직 이들 여성에 대한 많은 과제가 남아 있죠. 결혼이민가정이 늘어남에 따라 그들을 위한 정책 및 복지지원이 이루어지고 있지만 외국과 비교해 보면 아직까지는 부족한 실정인 것 같아요. 실제 그들이 한국 사회에서 적응하고 살아가는 데 가장 중요한 것은 제도, 정책, 사회적 지원, 의료적 지원 등이 반드시 뒤따라야 하지만 사람과의 관계 속에서 살아가는 것 또한 배제해서도 안 된다는 것이죠. 내가, 내 아이가, 우리 가족이 지역사회에서, 한국이라는 나라에서 서로 공존하며 살아갈 수 있도록 그들만을 위한 서비스보다는 한국인들과의 교류, 인식을 개선할 수 있는 교육적 시스템도 마련해야 할 것입니다(4-이웃주민).
> 근거 없는 우월의식이나 측은지심은 생략하고 동등한 인격체로서 대우하고 보호하는 태도로 변화해야 한다고 생각해요(11-정책담당자).
> 대한민국 국민으로서 생활하려고 마음먹은 이상 한국생활의 빠른 정착을 위해 나름대로 많은 노력이 전제되어야 합니다. 수혜의 대상이 아닌 사회구성원으로서의 일원이라는 생각으로 끊임없는 자기계발과 노력으로 한국 사회에서의 성공한 아내와 엄마로서의 모습을 보여 주며 살아갈 수 있는 마음가짐과 계획을 가져야 한다고 생각합니다(12-정책담당자).

3. 결론 및 제언

첫째, 결혼이민여성과의 접촉이나 경험에서 친교경험은 전반적으로 지역주민과 서비스 제공자와는 차이를 보이고 있었다. 아직까지

지역사회에서 지역주민은 결혼이민여성과의 접촉을 많이 갖지 않지만 서비스 제공자는 역할 특성상 접촉의 양상이 일상생활까지 침투되는 등 지역주민과 사뭇 다르게 나타나고 있다. 반면 결혼이민여성의 지역활동에 대해 지역주민, 서비스 제공자, 정책담당자 모두 잘 알지 못하는 상황이었다. 결혼이민여성과의 갈등상황은 많지 않은 접촉의 결과로 갈등이 발생하는 경우도 있었는데 이에 대한 원인은 의사소통과 문화차이로 나타나 아직까지 프랑스의 경우처럼 인종 간 갈등에 이르는 갈등문제는 없는 것으로 파악된다. 특히 갈등이 나타나지 않은 이유로는 접촉 자체의 빈도가 낮고 접촉하더라도 우리 국민의 수용하려는 태도가 강한 결과로 해석된다.

따라서 지역사회에서 결혼이민여성의 위치가 크게 부각되고 있는 상황은 아니라고 보인다. 그러나 결혼이민여성, 그 가족과 지역사회 모든 주민들과의 갈등이 존재하지 않는다고 해서 결혼이민여성이 지역사회에 통합되었는지에 대해서는 미지수이다. 지역사회통합의 정도를 파악하고 그 정도에 따른 통합을 위한 대책마련은 우리의 과제로 남는다.

둘째, 결혼이민여성의 문화에 대한 인식에서 생활습관 및 문화의 차이와 부부관계 및 가족관계의 차이에 대해 전반적으로 결혼이민여성들이 차이를 인식하는 것으로 보인다고 지역주민, 서비스 제공자와 정책담당자가 응답하였으며 흥미로운 것은 결혼이민여성의 우리문화수용에 대한 태도로 한국 사회에 적응하려는 여성과 어려움 속에서도 소극적 태도를 보이는 여성들의 유형을 확인할 수 있었다. 따라서 한국 사회의 적응을 유도하는 동화주의적 입장을 견지하는 것은 아니지만 이들 여성이 한국 사회에서 살아가는 데 문제를 해결해 주는 지원이 이루어져 보다 편리한 삶이 영위되도록 해야 하겠다.

셋째, 결혼이민여성의 개방성 정도에서 지역사회성원으로 결혼이민여성을 수용하고 있었으나 이들에 대한 차별적 입장으로부터 벗어나고 결혼이민여성 자신이 지역사회성원임을 깨닫는 태도가 필요하다고 하였다. 또한 결혼이민여성이 한국문화수용에 대한 태도에서 적극적인 여성도 있지만 소극적이며 자기방식을 고수하고 힘든 것을 피하는 측면도 있다고 언급하고 있어 지역사회에서 통합이 이루어지기 위해서는 어느 한쪽만의 노력으로는 불가능하며 우리 사회가 결혼이민여성을 수용하려는 태도와 결혼이민여성도 우리 문화를 포용하려는 의지가 수반될 때 진정한 사회통합이 이루어질 수 있음을 알 수 있다.

넷째, 결혼이민여성에 대한 지원태도에서 지원 방향의 문제점과 미흡한 점 등이 일치하였다. 특히 프로그램의 다양성 부족, 일회성 행사나 생색내기 예산집행 등으로 결혼이민여성의 정책 체감온도는 높지 않았으며 특히 가장 시급한 대책으로 자녀교육에 대한 지원 부분이 언급되고 있어 우리 입장에서 일방적으로 수혜하는 측면만을 강조하는 정책일변도에서 충분한 고민과 논의를 통해 결혼이민여성의 욕구와 기대를 고려한 정책개발과 시행이 이루어져야 하겠다. 농촌 미혼남성의 경우 국제결혼에 대한 지원요구도에서 전반적인 환경개선(주택과 자녀교육지원책)을 통한 문화적 수준을 높이는 것에 대한 요구도가 높게 나타났다는 결과(정현숙·양순미, 2009)와 부분적으로 일치되고 있다.

다섯째, 다문화사회 변화에 대한 인식에서 우리 사회는 다문화사회가 아직 이루어지지 않았으며 다문화사회 변화로 인한 걱정과 두려움이 언급되었고 결혼이민여성에 대한 태도도 부정적인 인식의 개선이 시급하다는 지적이 공통적으로 나타나 앞으로 다문화사회로 이행해가는 데 많은 과제가 산적해 있음을 알 수 있다.

여섯째, 결혼이민여성에 대한 개방성정도에 대해서는 지역사회성원으로서 결혼이민여성에 대한 태도를 살펴보면 대부분 수용하는 입장을 가지고 있으며 서비스 제공자의 경우 지역사회접촉에 대한 기회를 제공하고자 하였다. 하지만 어떤 노력에도 불구하고 이들에 대한 편견이 존재할 것이라는 다소 비낙관적 견해를 보이기도 하였다. 외국인과의 결혼수용이나 가족구성원으로 수용할 의도에 대해서는 소수의 적극적 수용과 다수의 조건적 수용의 입장을 밝히고 있어 우리 사회의 국제결혼에 대한 완전한 수용은 이루어지지 않았음을 알 수 있다. 따라서 우리 사회의 다문화에 대한 수용의 변화는 외국인의 유입정도나 시간이 필요하지만 수용성을 증진시킬 수 있는 지원과 노력이 요구된다고 하겠다.

일곱째, 결혼이민여성 지원에 대한 대책은 실제 수혜자의 입장을 고려한 정책이 마련되어야 함을 강조하였으며 현 정책의 비일관적이고 비효과적, 비효율적인 측면을 비판하였다. 가장 시급한 대책으로서 한국어교육에서 가부장적 지원책의 변화, 지원기관의 전문화, 결혼이민여성을 지원하는 전달체계의 조정까지 다양하게 제공되어야 한다고 하여 지원대책의 정비가 필요하고 특히 지원방향의 패러다임의 변화가 요구됨을 알 수 있다. 이러한 측면은 공공기관의 배려가 변화되어야 하는 면을 지적한 부분과 일맥상통한다. 내적 프로그램의 변화에서 산학연네트워크까지 다각적인 부분의 모색이 필요하다. 따라서 결혼이민여성의 욕구에 기반을 둔 정책 마련이 필요하며 특히 현 사회에서 존재하는 불합리한 의식(예: 가부장적 사고)을 강조하는 정책이 유지되고 있지는 않는지 점검할 필요가 있다.

여덟째, 다문화사회로의 변화에 대한 인식에서 먼저 결혼이민여성에 대한 일반적인 견해는 다른 나라 사람이거나 같은 한국사람, 그들의 도전에 대한 평가 등을 언급하였다. 사실 이들 수용에 대한 우리 사회의 현주소이다. 다문화사회로의 변화에 대한 태도에 대해서는 무조건적 수용보다는 다문화사회로의 정책을 강구해야 한다는 견해와 결혼이민여성의 존재가 우리 사회에 도움이 될 것이라는 긍정적 입장과 이들 존재에 대한 두려움까지 다양한 태도가 내재되어 있어 다문화사회로 이행되기 위해서는 체계적이고 철저한 준비와 대책이 마련되어야 하겠다. 특히 결혼이민여성에 대한 인식 및 태도에 대해 부정적인 인식에 대한 개선이 우선적으로 필요하다는 것이 일치된 의견이다. 특히 이와 관련된 의견으로 다양한 정책개발도 중요하지만 한국인과의 관계성에 대한 고민이 필요하다는 것과 결혼이민여성 자신의 한국 사회에서 성공한 엄마와 아내로서의 모습의 변화가 요구된다고 하였다. 사실 아직까지 한국 사회에서 외국인이라는 존재가 나타나는 데 짧은 기간 동안 우리 사회에서도 준비가 필요했다. 결혼이민여성이 한국 사회에 와서 적응하는 데 갖는 어려움만큼이나 갑작스러운 이들의 등장이 우리에게도 적응해야 하는 마음가짐과 노력이 필요한 것이다.

아홉째, 다문화사회의 실현은 양방 간 원활한 소통이 이루어질 때 가능함을 알 수 있다. 이웃주민, 서비스 제공자, 정책담당자가 결혼이민여성에 대한 개방성과 결혼이민여성의 우리 문화 수용도 간 차이가 나타나 이러한 상황에서 우리 사회의 다문화 역량은 발휘될 수 없다고 하겠다. 분명한 것은 결혼이민여성과 가족뿐만 아니라 지역주민이 함께 상호 차이를 인정하고 인식하며 둘 간의 긍정적인 상호작용을 위한 다문화역량강화 향상 프로그램 등이 절실히 필요하다. 또한 결혼이민여성의 한국 사회에 대한 적응을 유도하고 지역주민에게는 결혼이민여성에 대한 인식과 태도의 변화를 유도할 수 있는 영향력을 발휘할 수 있으며 결혼이민여성에 대한 지역주민의 반응은 정책 관련자에게 또 다른 정책의 방향성을 제공할 수 있을 것이다. 따라서 다문화사회에서 공적·사적 영역에서의 활발한 상호작용과 통합이 이루어지기 위해서는 결혼이민여성을 포함한 모든 대상자 간 상호관계성이 증진되어야 할 것이다.

마지막으로, 우리 사회의 다문화현실에 대한 인식은 부정적이지 않지만 현재와 미래 우리사회가 나아가야 할 방향성을 보다 넓은 시각에서 제공한 결과를 볼 때 그동안 한국에서의 다문화주의의 정책 담론과 비전이 관주도의 하향식 정책이었다면 민간 및 시민사회와 이주민의 다양한 요구가 반영되어야 함을 보여 주었다. 결론적으로 이러한 과정이 수반될 때 다문화주의의 정책목표와 성과의 수혜자는 이주민뿐만 아니라 한국인들 자신이며 다문화주의는 이주민뿐만 아니라 한국인과 한국에 체류하는 모든 이들을 위한 것임을 상기시킬 필요성이 제기된다.

09

다문화사회 가족을
위한 과제

# 제1절 다양성·사회통합 정책으로의 전환

　이미 한국 사회에서는 '다문화사회'가 공식적 정책의제에 통합되어 있을 뿐 아니라, 어떤 점에서는 정책목표로까지 채택되어 있다고 할 수 있다. 2006년 4월 이후 각종 정책계획에서 '다문화정책'은 '다문화사회'를 비전이라는 정책목표로 제시하고 있기 때문이다. '다문화사회'라는 목표하에서 실제 계획, 추진되는 정책의 내용을 보아도 문화적 다양성을 사회의 기본적 구성 원리로 인정하는 근본 취지와는 무관한 내용이 대부분을 차지하고 있으며 심지어 모순되는 방향의 정책도 포함되어 있는 것이 현실이다. 더욱이 이러한 정책이 실현되는 현장에서는 정책추진 역량이 갖추어지지 않은 상황에서 '위로부터 아래로' 정책을 추진하는 과정에서 일방적으로 시행되는 상황까지 발견되고 있다. 또한 현재의 정책은 여성결혼이민자와 다문화가족 자녀를 중심으로 한 특정한 이주민 집단이 입국과 한국 사회 적응상에서 겪는 문제로 이미 가시화된 부분에 초점을 맞추고 있을 뿐, 다양성의 가치와 인정 범위와 방식, 이주민의 사회적 위상 등 다문화사회의 전개과정에서 제기되는 핵심의제에 대한 종합적 접근은 시도하지 못하고 있다.

파편화된 현안 대응 중심에서 벗어나 '다문화사회'에 대한 총체적 정책을 수립, 추진하기 위해서는 이주민 대상 정책으로서의 제한된 틀에서 탈피해 다양성에 기초한 사회통합을 모색하기 위한 종합적 정책으로 재규정되어야 할 것이다. 이를 위해서는 우선 다문화사회의 현실을 진단하고 향후 전개 가능성을 예측하며, 이를 기초로 중장기적 차원에서 한국적 상황에 적합한 이념적 지향을 형성하고 그에 입각해 정책과제를 도출하는 작업이 진행되어야 한다.

제2절 다문화정책에 거버넌스 도입

　다양한 배경을 지닌 사회 주체가 존재하는 다문화사회에서는 사회 각 부문에서 다양한 주체들이 함께 참여하고 활동할 수 있는 기반을 형성하는 것이 무엇보다 중요하다. 이러한 점에서 보면 한국 사회는 이주민 집단이 이미 가시화되고 사회적 관심사로 등장했다는 점에서 현실적으로는 다문화사회에 진입해 있다고 할 수 있지만, 이들을 사회 주체로 인정하는 경향이 현저히 제한되어 있다는 점에서는 진정한 의미의 다문화사회에는 이르지 못하고 있다.

　이주민이 증가하는 현실에 적합한 사회 질서로서의 다문화사회를 구현해 가기 위해서는 정책적 차원에서 이주민을 완전한 역량을 지닌 사회성원으로 인정하고 이들의 참여를 제도화하기 위한 거버넌스 기제가 마련되어야 할 것이다. 그런데 현재의 상황에서 국민으로서의 위상과 직접 관련된 대안을 논의하는 것은 사회적 수용에 제한이 따를 수 있으므로 우선적으로는 합법적 자격으로 체류하고 있는 외국인을 지역사회의 주민으로 공인하고 그 가운데 일정한 자격을 갖춘 이들이 지역 사회의 주요 의사결정과정에 공식적으로 참여할 수 있는 제도적 장치를 마련하는 것이 현실적인 대안으로 고려될 수 있을 것이다. 또한 다문화가족 자녀에 대해서는 각종 교육 정책을 통해 한국 사회의 미래 인적 자원으로서의 위상을 분명히 하고 이러한 역량을 발현할 수 있도록 교육제도와 학교 환경을 전면적으로 개편해야 할 것이다. 그 하나의 방안으로 다양한 배경의 주민, 동료가 함께 참여하여 새로운 질서를 만들어 가는 '다문화 지역사회', '함께하는 작업장' 모델을 개발하고 교육과학기술부나 시·도 교육청 차원에서 현재 시행되고 있는 다문화교육 시범학교도 이러한 방향에서 모델을 개발, 확산하는 작업이 추진되어야 할 것이다.

제3절 시민적 통합 증진을 위한 정책 도입: 다문화 시민교육의 확산

　이주민의 증대와 다문화사회로의 변화는 다양성과 차이를 존중하면서 동시에 사회통합을 이룰 수 있는 성숙한 민주주의를 전제로 하는 만큼, 민주주의의 성숙과 문화적 관용의 확산을 결합하여 한국적 현실에 맞는 시민적 역량을 정착시키기 위한 정책 방안이 마련되어야 할 것이다. 그 큰 방향은 두 가지로 볼 수 있는데, 첫째 다문화사회의 주체들인 '다문화 시민'을 양성하는 다각적인 교육 프로그램이 대폭 확대되고 체계적으로 운영될 필요가 있다. 둘째, 다민족·다문화 사회는 곧 시민적 관용성이 확대된 사회라고 볼 수 있으며, 따라서 정부 주도의 정책적 노력 못지않게 시민사회의 다양한 주체들이 참여하는 파트너십의 형성이 중요하다.

　다문화 시민교육을 확산시키기 위해 가장 먼저 주목해야 할 것은 제도화된 학교교육 시스템이다. 유치원에서 대학에 이르는 각급 교과 과정에 다문화 시민교육을 포함시킬 필요가 있으며, 이를 위한 적절한 교재 개발과 전문적인 교육인력의 양성도 시급하다. 특히 인성과 가치관이 형성되는 유아교육 및 초등교육에서 다양한 문화의 공존과 차이에 대한 관용성을 강조할 필요가 있으며, 최근 관심이 높아지고 있는 인권교육, 양성평등교육과 연계하여 통합적인 시민적 관용성 교육과정을 개발하는 것도 바람직한 방안이 될 수 있다. 이와 함께 교사와 지역의 정책·서비스 담당자들과 같이 실제 생활의 장에서 다문화 주체들 간의 관계 형성에 영향을 미치는 이들을 위한 재교육 과정에 다문화 시민교육을 의무적으로 실시하여 다문화 촉매자로서 활동할 수 있도록 하는 제도적 방안도 적극적으로 고려될 필요가 있다.

젊은 세대들은 이주의 증대와 다양한 문화의 확산에 대해 개방적 태도와 배타적인 태도를 동시에 갖고 있다. 젊은 세대는 선진국의 대중문화, 취업에 유리한 외국어 습득, 외국 여행이나 연수 등에 관심이 많지만, 실제 세계화의 다양한 측면과 사회적 가치로서의 다양성과 관용성의 중요성 등을 깊이 있게 인식할 기회는 의외로 적다. 이들은 '소비자'의 시각에서 다양한 외국문화를 접하고 있지만 이러한 소비자로서의 체험이 다양성을 수용하는 시민성의 함양으로 이어질지는 의문이다.

다민족·다문화 시대의 주역이 될 미래 세대에게 균형 잡힌 국제 감각과 성숙한 시민의식을 교육하는 보다 체계적인 프로그램이 필요하며 일차적으로 학교 교육과정 안으로 다문화 이해과정이 흡수될 필요가 있다. 일차적으로 학교장 재량학습 프로그램, 동아리 활동 등에 다문화 이해교육을 도입하고 담당 교사들을 위한 연수 프로그램을 운영하는 것이 바람직하다. 외국으로의 수학여행이나 교환학생 프로그램 등을 운영할 때에도 다문화 이해교육을 연계할 필요가 있다.

장기적으로는 교과과정에 다문화 이해와 관련된 내용을 포함하며 사회, 도덕, 역사, 외국어 등 관련 교과서에서 다문화 이해교육을 다루는 것을 검토해야 한다. 다문화 이해교육은 조기에 시작하는 것이 바람직하므로 유아교육부터 초·중등학교, 나아가 고등교육기관인

대학에서도 교과과정을 개발하여 운영하는 것이 필요하다. 사회적 약자나 소수자에 대한 균형 잡힌 시각을 교육하는 차원에서 인권교육, 양성평등교육 등과 연계하여 실시할 수 있다.

둘째, 최근 이주자들을 대상으로 하는 한국어 교육이나 한국문화 교육프로그램들이 급속히 확대되고 있는데, 다문화 시민교육의 관점에서 이러한 교육방향과 내용을 전면적으로 재검토할 필요가 있다. 다문화 시민교육의 이상에 따르면 이주자에 대한 교육도 일방적인 것이 아니라 쌍방향적으로 이루어져야 한다. 즉, 이주자들에게 일방적으로 한국어나 한국 문화를 주입할 것이 아니라, 이주자들이 본래 지니고 있는 문화나 역량을 강화하고 자존감을 제고하는 동시에 한국 사회 역시 새로운 문화를 흡수하는 방향으로 교육의 목표를 설정하는 것이 바람직하다. 더 나아가 이주자들이 다문화 이해교육의 주체가 될 수 있도록, 즉 자신의 출신 문화를 한국인에게 소개하는 문화전달자의 역량을 갖출 수 있도록 양성하여 각급학교의 다문화 이해교육 강사로 활용하는 방안을 적극적으로 고려할 수 있다.

여기에서 중요하게 고려되어야 할 점은 세계화의 진전 과정에서 문화적 다양성에 대한 관심이 선진국 중심적으로 전개되어 가고 있는 상황에서 일반적인 차원에서의 문화적 다양성에 대한 강조는 자칫 글로벌 상호문화지향(global interculturalism)을 확산하는 데 역점을 두어야 할 것이다.

셋째, 시민교육은 제도화된 학교 교육만으로는 효과를 거두기 어려우며 사회교육 내지 평생교육을 포괄하는 것이어야 한다. 그런데 정부가 직접 주도하는 시민교육은 다양성과 역동성을 결여한 획일적 프로그램이 될 우려가 있다. 따라서 다양한 민간 교육기관이나 시민단체들이 시민교육에 적극 참여하고 지역별·시기별 수요에 부응하는 다양한 교육프로그램이 운영될 수 있도록 지원하는 정책이 필요하다. 특히 다문화 시민교육은 '문화'를 매개로 하기 때문에 지식의 습득보다는 체험과 실천, 참여가 중심이 되어야 하는 만큼, 시민 참여 문화활동을 추진하는 민간단체를 육성·지원하고 지역단위의 문화사업이 활성화될 수 있도록 지원하는 것이 중요하다. 이를 위해서는 중앙 및 지역단위에서 다문화 시민교육이나 문화활동과 관련된 각급 단체와 주체들이 모여 네트워크를 형성하는 것도 적극적으로 모색되어야 할 것이다. 이 밖에 이주민이 집중되어 있는 아시아 개도국을 비롯한 세계 각지의 문화에 대한 연구를 활성화하고 그 성과를 대중적으로 확산하는 인프라를 갖추는 방안도 강구될 필요가 있다.

한국의 현실에 맞는 '다문화 이해교육'을 다양한 수준의 사회교육 프로그램으로 확산시키는 것이 필요하다. 유네스코 등 일부 단체에서 '국제이해교육'을 실시하고 있는데, 외국어나 외국문화에 대한 일반적인 이해의 확장도 필요하지만 최근의 이주 증대를 고려할 때 아시아 국가에 대한 일반인들의 인식을 높일 수 있는 프로그램이 필요한 상황이다. 이를 위해서는 교육 프로그램의 개발과 강사양성, 각급 프로그램에서의 운영 지원 등이 갖추어져야 한다. 특히 다문화 이해교육이 필요한 집단의 성격에 따라 다양하고 차별화된 교육내용을 마련할 필요가 있다.

다문화 이해 교육은 공적 지원과 민간의 참여가 파트너십을 형성하는 것이 바람직하다. 민간 전문가, NGO와 시민단체 등이 활발하게 참여하고, 특히 외국인 이주자 관련 단체와 연계함으로써 이주자들이 직접 자국 문화를 소개하는 교육프로그램에 참여하는 것이 바람직하

다. 다문화 이해교육은 시민교육, 시민사회의 성숙차원에서도 중요한
기여를 할 수 있다.

제4절 지역사회의 자원활동 확대 및
지자체의 네트워크 활성화

　이주민과 접촉이 이루어지는 현장은 지역사회이며 지역 공동체 수준에서 다문화 이해를 넓히는 다양한 기회를 제공하는 것이 매우 중요하다. 현재 많은 지방자치단체들이 외국인 이주자 지원 정책을 도입하고 있는데, 한국어 교육이나 사회적응 지원 활동에 필요한 자원봉사자들을 적극적으로 양성하고 네트워크화하는 것이 필요하다. 일본의 경우 지자체에서는 재정 지원 및 공간, 프로그램 기획과 같은 기본 인프라를 제공하고, 자원봉사자들이나 도우미들이 적극적으로 참여하여 이주자 지원 정책을 운영하는 사례가 많았다. 이러한 방식은 단지 정책의 비용절감이나 실효성 제고뿐 아니라, 이주자나 문화 다양성에 대한 인식을 풀뿌리 수준으로 확산시키는 차원에서 의미를 갖고 있다. 자원봉사 활동을 체계적으로 운영함으로써 지역사회의 여성 및 노년층들에게 보람 있는 사회참여 기회를 제공할 수 있으며 나아가 지역사회를 활성화시키는 다양한 시너지 효과를 기대할 수 있다.

제5절 다민족·다문화사회에 대한 의식 조사의 지표화 및 연구 활성화

다민족·다문화사회로의 변화에 대한 한국인의 인식을 체계적으로 조사, 분석하는 연구는 아직 많지 않다. 우선 통계청에서 정례적으로 실시하는 사회의식조사 등의 조사 항목에 다민족·다문화 사회와 관련한 항목을 추가하여 정기적으로 국민의식의 변화를 비교 분석할 수 있는 기초자료를 제공하는 것이 필요하다. 다양한 기초자료를 축적함으로써 이에 관한 전문가들의 연구와 심층 분석을 활성화할 수 있을 것이다.

보다 심층적인 분석을 위해서는 국제적인 비교연구를 활성화할 수 있도록 외국의 조사와 연계한 분석이 필요하다. 이주민에 대한 태도나 문화 다양성에 대한 인식은 한 사회의 인구 구성이나 역사적 경험에 많은 영향을 받기 때문에, 한국의 현실에 맞는 '다민족·다문화 지향성' 지표체계를 구축하는 것이 바람직하다.

이주와 이주자 지원에 대한 정책은 다른 어떤 정책보다도 국민의 태도와 여론에 민감한 특성을 가지고 있다. 최근 이주자 지원정책이 각 부처에서 확산되는 것은 일견 바람직해 보이지만, 실제 이주자의 정책 수요와 한국인들의 이주 문제에 대한 인식수준을 어느 정도 고려하고 있는지는 의문이다. 외형적인 정책의 도입과 제도 개선을 서

두르는 것 못지않게, 한국인들의 인식과 수요에 대한 조사와 분석에 기초하여 체계적이고 중장기적인 정책의 비전과 계획을 수립하는 것이 중요하다고 하겠다. 이를 위해서는 정책의 기초자료가 되는 조사와 연구를 체계적으로 축적하려는 노력이 필요하다.

 ## 제6절 사회적 지원체제 활성화

1. 협력 체제 구축 · 운영

다문화 교육은 구체적으로는 학교와 다른 학교 및 기관과의 협력, 지역청과 다른 지역청 및 기관과의 협력, 시도 교육청과 다른 교육청 및 기관과의 협력, 정부와 타부처 및 기관과의 협력, 민간 · 사회단체 와 유관 단체 및 기관과의 협력, 대학 · 연구기관과 타대학 · 연구기관 및 기관과의 협력 등이 윤활해야 한다. 그 밖에도 교육 기관과 기업 등과의 긴밀한 협력도 필요하다

2. 사회적 인식 제고

다문화 사회에서 사회의 인식은 학교 교육에 매우 중대한 영향을 미칠 수 있다. 사회적 인식이 학교의 다문화 교육에 긍정적 영향을 미칠 수 있도록 하기 위해서는, 사회적 합의를 위한 용역 보급 및 사용, 대중 매체를 통한 다문화 교육의 목적 및 필요성에 대한 인식 제고, 외국에 서 차별받는 한국인 사례와 한국에서 차별받는 외국인 사례 소개 등 다문화 교육에 대한 지속적인 홍보 활동이 뒷받침되어야 할 것이다.

3. 협력 체제 구축·운영

　다문화 교육을 위한 교수·학습 활동을 강화하고 이를 위한 지원을
활성화하기 위해서는 이와 관련된 모든 개체들이 적극 참여하고 협력
하는 체제가 구축되고 운영되어야 한다. 협력체제의 핵심에는 교수·
학습을 실행하는 학교가 있어야 하며, 이러한 학교의 노력은 유사한
상황에 처한 다른 학교와 이를 지원하는 지역청, 관내 다문화 교육 실
태를 고려하여 종합적인 기획을 하게 될 교육청, 그리고 이를 행·재
정적으로 뒷받침해 줄 정부의 협력이 뒷받침될 때 그 효과를 기대할
수 있다. 그 밖에도 교육사회 밖에서 직접 혹은 간접적으로 도움을 주
게 될 기관들의 연계와 협력 또한 중요한 역할을 할 수 있다.

 참고문헌

강휘원(2006), 「한국다문화사회의 형성 요인과 통합 정책」, 『국가정책연구』, 20권 2호 5-34.

국가인권위원회(2003), 『기지촌 혼혈인 인권실태조사』.

권복순·차보현(2006), 「농촌지역 코시안 가정주부의 의사소통능력, 문화적 정체성이 결혼만족도에 미치는 영향」, 『한국 사회복지학』, 58(3), pp.109~134.

김남국(2005), 「다문화시대의 시민: 한국 사회에 대한 시론」, 『국제정치논총』, 45권 4호.

김두섭(2006), 「한국인 국제결혼의 설명들과 혼인 및 이혼신고 자료의 분석」, 『한국인구학』, 29(1), pp.25~56.

김인경(2010). 결혼이민여성에 대한 지역사회구성원의 문화적 민감성에 대한 연구 「한국가정관의 학회지」, 28(1), pp 69-86

김상학(2004), 「소수자 집단에 대한 태도와 사회적 거리감」, 『사회연구』, 1호, pp.169~206.

김세훈(2006), 「다문화 사회의 문화정책」, 『한국행정학회 하계학술대회 발표논문집』.

김연희(2006), 「문화적 역량을 갖춘 사회복지실천」, 『평택대학교 다문화가족센터·한국가족사회복지학회 공동 추계학술대회 자료집』, pp.151~164.

김연희(2007), 「한국 사회의 다문화에 따른 사회복지실천의 문화적 역량 개발전략」, 『사회복지』, 겨울호 175, pp.56~69.

김이선·한건수·김민정(2006), 「여성 결혼이민자의 문화적 갈등 경험과 소통증진을 위한 정책과제」, 한국여성개발원.

김이선·황정미·이진영(2007), 「다민족·다문화사회로의 이행을 위한 정책패러다임 구축(Ⅰ): 한국 사회의 수용 현실과 정책과제」. 한국여성정책연구원 경제·인문사회연구회.

김이선(2007a), 「제자리를 찾아야 할 여성결혼이민자 정책」, 『젠더리뷰』, 봄호.

김이선(2007b), 「결혼이주여성의 한국생활에 대한 기대와 현실」, 정신보건사회사업학회 춘계학회.

김정진(2008), 「문화적 역량 훈련과 수퍼비전」, 『다문화사회복지 실천 매뉴얼』.

김현미(2006), 「국제결혼의 전 지구적 젠더 정치학 - 한국남성과 베트남 여성
의 사례를 중심으로」, 『경제와 사회』, 여름호(통권 제70호), pp.10~37.

김혜순(2006), 「한국의 '다문화사회' 담론과 결혼이주여성」, 「"다문화" 시대 한
국 사회의 변화 와 통합」, 『대통령자문 동북아시대위원회 자료집』.

김희정(2007), 「한국의 관주도형 다문화주의: 다문화주의 이론과 한국적 적용」,
『한국에서의 다문화주의-현실과 쟁점』, 서울: 한울아카데미.

남영호(2008), 「주둔지 혼혈인과 생물학적 시민권」, 『한국문화인류학』, 41(1),
pp.91~128.

박단(2006), 「2005년 프랑스 '소요사태'와 무슬림 이민자 통합문제」, 『프랑스
사 연구』, 14호(2월) pp.225~261

박병섭(2006), 「다문화적 소수자 문제에서 한국의 특수성」, 『사회와 철학』, 제
12호. pp.99~126.

박수미 · 정기선(2006), 「사회적 소수자에 대한 편견적 태도에 관한 연구」, 『여
성연구』, 제70호, pp.10~37.

박은경(2002), 「한국인과 비한국인: 단일 혈통의 신화가 남긴 차별의 논리」, 『당
대 비평』.

박지영(2008), 「다문화가족의 사회지원체계」, 『다문화사회복지 실천 매뉴얼』,
평택대학교 다문화가족센터.

보건복지부(2005), 「국제결혼 이주여성 실태조사 및 보건 · 복지 지원정책방안」.

서울시정개발연구원(2007), 『다문화가족 지역정착을 위한 사회적 지원방안 연구』.

설동훈 · 홍승권 · 고현웅 · 김인태(2005), 「외국인 노동자 보건의료 실태 조사
연구」, 국제보건의료발전재단.

설동훈(2006), 「한국인결혼이민자가족: 현황과 정책」, 『한국가정관리학회 추계
학술대회 자료집』, 『결혼이민자가족: 다양성과 공존을 향하여 자료집』,
pp.1~20.

설동훈(2007), 「혼종 혹은 혼혈에 대한 인문학적 성찰: 혼혈인의 사회학: 한국
인의 위계적 민족성」, 『인문연구』, 52, pp.125~160.

송종호(2005), 「현대의 난민문제와 한국: 난민인더뷰; "비마" 민주돠 운동가 마
웅저」, 『민족연구』, 23호 pp.104~111

신은주(2007), 「다문화가족복지 외국사례연구: 미국을 중심으로」, 평택대학교
특성화사업단.

아시아평화인권연대(2006), 『아시아 문화교육 사례집』.

양애경 · 이선주 · 최훈식 · 김선화 · 정혁(2007), 「여성결혼이민자에 대한 지역 사회의 수용성 연구」, 한국여성정책연구원 경제 · 인문사회연구회.

오은순 · 강창동 · 진의남 · 김선혜 · 정진운(2007), 「다문화교육을 위한 교수학 습 지원 방안 연구(Ⅰ)」. 한국여성정책연구원 · 한국교육과정평가원.

오다기리 마사타케(2009), 「다민족 · 다문화사회로의 이행을 위한 정책 패러다 임 구축(Ⅲ): Migration Social Integration in Asia, 일본의 이주와 사회통 합: Bottom-up 운동과 정책개발」, 한국여성정책연구원.

외국인정책위원회(2007), 「외국인정책 추진경과 및 향후 계획」, 외국인정책위 원회.

외국인정책위원회(2008a), 「제1차 외국인정책기본계획(2008~2012)」, 법무부 출입국 · 외국인정책본부.

외국인정책위원회(2008b), 「2009년도 중앙부처 시행계획: 제1차 외국인정책기 본계획(2008~2012)」, 법무부 출입국 · 외국인정책본부.

외국인정책위원회(2008c), 「2009년도 지방차지단체시행계획Ⅱ: 제1차 외국인 정책기본계획(2008~2012)」, 법무부 출입국 · 외국인정책본부.

유희정(2007), 「다문화가정 영유아의 보육시설 이용 실태조사 및 지원방안」, 『여 성정책 전략센터 자료집-동향분석 · 정책지원 · 기초연구』, 여성가족부.

이경자 · 이의미(2009), 「외국인 이주와 적응과정 개관과 특성」, 한국지리지역 학회 학술대회, pp.55~59.

이용일(2007), 「이민과 다문화사회로의 도전: 독일의 이민자 사회통합과 한국 적 함의」, 『서양사론』, 제92호, pp.219~254.

이정우(2007), 「다양한 인종, 민족 집단에 대한 예비교사의 고정관념: 사회과 예비교사교육에의 함의」, 『시민교육연구』, 39(1), pp.153~178.

이진숙(2005), 「사회통합과 외국인 가족복지정책: 독일 사민당 정부하에서의 정책변화를 중심으로」, 『한국사회복지학』, 57(2), pp.231~252.

이혜경(2005), 「혼인이주와 혼인이주 가정의 문제와 대응」, 『한국인구학』, 28(1), pp.73~100.

이희숙(2008), 「지역사회의 다문화와 사회통합 정책」, 『2008년 한국지역지리 학회 동계학술대회 자료집』, pp.56~58.

인권모임(2005), 『초등학생을 위한 아시아문화이해 수업 자료집』.

장미혜 · 김혜영 · 정승화 · 김효정(2008), 「다민족 다문화 사회로의 이행을 위 한 정책 패러다임 구축(Ⅱ): 다문화역량 증진을 위한 정책 · 사회적 실 천현황과 발전방향」, 한국여성정책연구원.

장승진(2002), 「이민통제와 국가 시민권의 형성: 1962~1981의 영국 이민정책

연구」, 서울대학교 정치학 석사학위논문.

장원순(2006), 「우리 안의 차별과 배제, 일상적 삶에서의 다문화교육 접근법」, 『사회과 교육의 논리』, 서울: 과학사, pp.127~153.

장인실(2006), 「미국 다문화교육과 교육과정」, 『**교육과정연구**』, 26(4), pp.27~53.

장혜경·김혜경·오학수·이기영(2003), 「이국인 노동자 가족 관련 정책 비교 연구」, 한국여성개발원.

정현숙·양순미(2009), 「농촌의 혼인관련 인구학적 현황과 농촌미혼남성의 혼인과 국제결혼관련 태도분석」, 『**한국가정관리학회지**』, 27(1), pp.17~29.

조영아·전우택·엄진섭(2006), 「북한이탈 주민의 우울예측 요인: 3년 추적 연구」, 『**한국심리학회지: 상담 및 심리치료**』, 17(2), pp.467~484.

최금해(2005), 「한국남성과 결혼한 조선족 여성들의 한국에서의 적응기 생활 체험에 관한 연구」, 『**아시아 여성연구**』, 44(1) pp.329~364

최종렬·김정규·임윤택·최인영(2008), 「다민족·다문화사회로의 정책 패러다임 구축(Ⅱ): 다문화역량 증진을 위한 정책·사회적 실천현황과 발전방향」, 한국여성정책연구원.

최현미·이혜경·신은주·최승희·김연희·송성실(2008), 『**다문화가족복지론**』, 양서원.

최훈석·양애경·이선주(2008), 「여성결혼이민자에 대한 지역사회 수용성: 안산과 영암의 지역주민을 대상으로」, 『**한국심리학회지: 사회문제**』, 13, pp.33~54.

출입국·외국인정책본부(2011), 『출입국·외국인정책 통계월보』(2011년 10월호).

평택대학교 특성화사업단(2007), 「다문화가족연구」, 다문화가족센터.

통계청(2009), 혼인통계·이혼통계.

통계청(2011), 혼인통계·이혼통계.

한성열·이종한·금명자·채정민·이영이(2007), 「남한주민과 북한이탈 주민의 대인관계와 문화적응 향상을 위한 프로그램」, 『**한국심리학회지: 사회문제**』, 13, pp.33~54.

한승준(2008), 「다문화사회 이행단계별 거버넌스 전략에 관한 연구」, 『**국정관리연구**』, 3(2), pp.99~122.

한승준(2009), 「다민족·다문화사회로의 이행을 위한 정책 패러다임 구축(Ⅲ). 아시아 지역의 이주와 사회통합; 다문화사회 형성에 따른 정책추진체계 구축방안: 한국적 모델의 탐색」, 한국여성정책연구원, pp.27~56.

한영혜(2006), 「일본의 다문화공생 담론과 아이덴티티 재구축」, 『**사회와 역사**』, 71, pp.155~184.

행정안전부(2008), 지방자치단체 외국인주민 현황.

황정미 · 김이선 · 이명진 · 최현 · 이동주(2007), 「한국 사회의 다민족 · 다문화 지향성에 대한 조사연구」, 한국여성정책연구원.

Allport, G. W.(1954), *The nation of prejudice*. Reading. MA: Addison-Wseley.

American Association for Counseling and Development(1989), *Ethical principles.* Alexandria, Virginia.

American Psychological Association(1999), Guidelines for providers of psychological services to ethnic, linguistic, and culturally diverse opulations, retrieved from www.apa.org/pi/guide.html.

Association of American Medical Colleges(1999), *Cultural competence compendium.* Chicago, American Medical Association.

Bade, K. J.(2006), *Intergration und Politikaus der Geschichte lernen?* Aus der Politik und Zeitgeschichte, pp.40~41.

Bennett, C. I.(1995), *Comprehensive multicultural education: Theory and practice.* MA: Allyn & Bacon.

Bennett, C. I.(2001), *Comprehensive multicultural education: Theory and practice*(6th ed.). Pearson.

Berry, J.(1997), Immigration, acculturation, and adaptation. *Applied Psychology: An International Review,* 46: pp.5~34

Bitoni, C., Albers, E. & Reilly, T.(1996), Multicultural competence in Nevada human service: A statewide survival. *Journal of Multicuural Social Work,* 4(4), pp.67~83.

Black, J. S. & Mendenhall, M.(1990), Cross-cultural training effectiveness: A review and theoretical framework for future reseach. *Academy of Management Review.* 15, pp.113~136.

Boyle, D. P. & Springer, A.(2001), Toward cultural competency measure for social work with specific populations. *Journal of Ethnic and Cultural Diversity in Social Work,* 9(3/4), pp.53~77.

Brewer, M. B.(2003), *Intergroup relations.* 2nd ed. Open University Press.

California Endowment(2003), *Principles and recommend standards for cultural competence education of health care professionals.* CA.: Thousands Oaks.

Castles, S.(2000), *Migration as a factor in social transformation in East Asia.*

Castles, S. & Miller, M. J.(2003), *The age of migration*(Third Edition), New York & London: The Guilford Press.

Chen, G. M. & Starosta, W. J.(2000), The development and validation of the Intercultural communication sensitivity scale. *Human Communication,* 3, pp.1～15.

Choi, Hyun Mi & Choi, Myung Min(2007), The development of a multicultural curriculum for Korean social work education, *the 19th APASWE International Conference Abstract Book.*

Clark, J. A. & Legge J. S. Jr.(1997), Economics, racism, and attitudes toward immigration in the News Germany. *Political Research Quarterly,* 50, pp.901～917.

Commonwealth of Australia(2003), 2003 Multicultural Australia: United in diversity: Updating the 1999 New Agenda for multicultural Australia: Strategic directions for 2003～2006.

Crocker, J., & Major, B., & Steele, C.(1998), Social Stigma. in D. T. Gilbert, S. T. Fiske, and G. Lindzey. eds. *The Handbook of Social Psychlogy.* 4th ed. pp.504～553. New York: McGraw-Hill.

Cross, T. L., Bazron, B. J., Dennis, K. W., & Issaccs, M. R.(1989), *Towards a culturally competent system* of care. Washington, DC: Georgetown University Child Development Center.

Cushner, K.(1986), *The inventory of cross-cultural sensitivity.* Kent State University Press.

Devore, W. & Schlesinger, E. G.(1999), *Ethnic-sensitive social work practice*(5th ed.). Boston: Allyn and Bacon.

Diller, J. V.(2004), *Cultural Diversity*: A primer for the human services. Thomson: Brooks/Cole.

Dovidio, J. & Gaertner, S.(1996), Affirmative action, unintentional racial biases, and intergroup relations. *Journal of Social Issues.* 52, pp.51～75.

Elder, D.(2007), *Becoming cuturally competent.* International symposium of multicultural family center at Pyeongtaek University, pp.167～182.

Eurostat(2006)(mars), Note statistiques sur les populations non nationales dans les -Etats membred l'Union europeenne.

Fiske, S. T.(1998), Stereotyping, prejudce, and discrimination. in D. T. Gilbert, S. T. Fiske, and G. Lindzey. eds. *The Handbook of Social Psychology.* 4th ed. pp.357～411. New York: Mcgraw-Hill.

Green, J.(1999), *Cultural awareness in the human service*: A multi-ethnic approach. Boston, MA: Allyn & Bacon.

Gudykunst, W. B.(1998), *Bridging difference*: Effective intergroup communication. 3rd ed. Thousand Oaks, CA: Sage Publications.

Gudykunst, W. B., Ting-Toomey, S., Sudweeks, S., & Stewart, L.(1995), *Building bridges.* Boston: Houghton: Mifflin.

Gudykunst, W. B., Guzley, R. M., & Hammer, M. R.(1996), Designing intercultural training. *Handbook of intercultural training.* 2nd ed. pp.61~80. Thousand Oaks, CA: sage. Habits of the Heart: Individualism and Commitment in American Life, University of California Press.

Hainmueller J. & Hiscox M. J.(2007), Educated preferences: Explaining attitudes toward immigration in Europe. *International Organization*, 61, pp.399~442.

Hyerm, M.(2005), What the Future May bring: Xenophobia among Swedish adolescents. *Acta Sociologica.* 48(4), pp.292~307.

Jupp, J.(2002), *From white Australia to Woomera.* Cambridge Univ. Press.

Kim, W.(1995), A training guideline of cultural competence for child and adolescent psychiatric residencies. *Child Psychiatry and Human Development,* 26(2), pp.125~136.

Kinder, D. R. & Sears, D. O.(1981), Prejudice and politics: Symbolic racism versus racial threats to the Good Life. *Journal of Personality and Social Psycholgy.* 40, pp.414~431.

Kunda, Z.(1999), *Social cognition: Making sense of people.* Cambridge, MA: MIT Press.

Lewin-Epstein N. & Levanon, A.(2005), National identity and xenophobia in an ethnically divided society. *International Behavior,* 12, pp.119~128.

Liebkind, K.(2000), Acculturation. in R. Brown and S, Gaertner. eds. Blackwell *Handbook of social psychology.* 4: pp.386~404. Oxford: Blackwell.

Loo, R.(1999), A structured exercise for stimulation cross-cultura sensitivity. *Career Development International,* 4, pp.321~324.

Lum, D.(Ed.)(1999), *Culturally Competent Practice: A framework for growth and action.* Belmont, CA: Wadsworth.

Lum, D.(Ed.)(2005), *Cultural competence, practice stage, and client system: a case study approach.* Belmont, CA: Brooks/Cole.

Lum, D.(Ed.)(2007), *Culturally competent practice: a framework for understanding divers groups and justice issue*(3rd ed.). Belmont, CA: Brooks/Cole.

Maki, M.(1997), Is a pluralistic multicultural approach to practice preferable to acculturation approaches? In de Anda, D.(Ed.), *Controversial issues in multiculturalism.* Boston: Allyn & Bacon.

Manoleas, P.(1994), An outcome approach to assessing the cultural competence of MSW students. *Journal of Multicultural Social Work*, 3, pp.43～57.

Mariani, T.(2006), *Les politiques d'intégration des migrants dans l'union Européenne.* Délégation de L'Assemlée Nationale.

Marshall, T. H.(1950), *Citizenship and social class.* Cambridge: Cambridge University press.

McGillivray, A. & Watson, S.(1995), Planning in a multicultural environment. in Troy, P. N. (ed.) *Austrailian cities: Issues, strategies and polinies for urban Australia in the 1990s.* Melbourne: Cambridge University Press.

Medrano, J. D.(2005), Nation, citizenship, and immigration in contemporary Spain. *International Journal on Multicultural Societies*, 7, pp.133～156.

Medrano, J. D. & Koenig, M.(2005), Nationalism, citizenship, and immigration in social science research. *International Journal on Multicultural Societies*, 7, pp.82～89.

Miley, K., O'melia, M., & Dubois, B.(1998), *Generalist social work practice: Anempowering approach.* Boston: Allyn & Bacon.

Nesdale, D. & Todd, P.(2000), Effect of contact on intercultural acceptance: A field study. *International Journal of Intercultural Relations*, 24, pp.341～360.

Nieto, S.(2005), School reform and student learning: A multicultural perspective. In J. A. Banks & C. A. M. Banks(Eds.), *Multicultural education-issues and perspective*(5th ed.) (pp.401～420). WILEY.

Okin, S. M.(1999), *Is multicultural bad women*, Princeton N. J,: Princeton University Press.

Pettigrew, T. F., & Meertens, R. W.(1995), Subtle and blatant prejudice in Western Europe. *European Journal of Intercultural Relations,* 18, pp.369～387.

Pruegger, V. J., & Rogers, T. B.(1994), Cross-cultural sensitivity training: Methods and assessment. *International Journal of Intercultural Relations,* 18, pp.369～387.

Ruefle, W., Ross, W. H. & Mandell, D.(1992), Attitudes toward southeast Asian immigrations in a Wisconsin community. *International Migration Review*, 26, pp.877~898.

Saleeby, D.(2006), *The strengths perspective in social work Practice*. Boston: Pearson/Allyn & Bacon.

Sassen, S.(1996), *Losing control? sovereignty in an age of globalization.* Columbia University Press.

Stephen, W. G.(1985), Intergroup relation. in G. Lindzey & E. Aronson. eds. *Handbook of social psychology.* 2: pp.599~658. New York: Random House.

Stuart, G., Tondora, J., & Hoge, M.(2004), Evidence-based teaching practice: implications for behavioral health. *Administration and Policy in Mental Health*, 32(2), pp.107~130.

Sue, S.(1998), Multicultural counseling competencies: individual and organizaitonal development. *Multicultural aspects of counseling series* 11. Thousand Oaks, CA: Sage publications.

Sue, S. & Sue, D.(2003), *Counseling the culturally diverse: Theory and practice.* Pacific Grove, CA: Brooks/Cole.

Suh, E.(2004), The model of cultural competence through an evolutionary concept analysis. *Journal of Transcultural Nursing.*

Suleiman, M. F.(2004), Multicultural education: A blueprint for deucators In G. S. Goodman & K. T Carey(Eds.). *Critical multicultural conversations.* pp.9~22. Hammpton Press.

Swim, J. K., Ailin, K. J., Hall, W. S., & Hunter, B. A.(1995), Sexism and racism: old-fashaned and modern prejudice. *Journal of Personaility and Social Psychology.* 68, pp.199~214.

Ting-Toomey, S.(1994), Managing intercultural conflict effectively. in L. Samovar and R, Porter. eds. *Intercultural Communication: A Reader.* 7th ed. Belmont, CA: Wadsworth.

Tougas, F., Brown, R., Beaton, A. M., & Joly, S.(1995), Neosexism. *Personality and Social Psychology Bulletin,* 21, pp.842~849.

Triandis, H.(1994), *Culture and social behavior.* New York: McGraw-Hill.

Ward, C.(1996), Acculturation: in D. Landis and R. Bhagat eds. *Handbook of international Training.* 2nd. ed. pp.124~147. Newbury Park, CA: Sage.

Wimmer, A.(1997), Explaining xenophobia and racism: A critical review of current research approches, *Ethnic and Racial Studies*, 20(1), pp.17~41.

http://www.moj.go.kr

http://shc.seoul.go.kr

http://unesco.or.kr

http://www.choike.org/nuevo_eng/informes/1278.html

http://www.unhchr.ch/huricane.nsf/view01/B87E9E85C7147498C1256CEF00385E50
        ?opendocument

http://www.ohchr.org/english/countries/ratification/13.htm

http://www.whrnet.org/docs/issue-migrantwomen.html

http://www.un.org/esa/gopher-data/comf/fwcw/off/plateng/9520p1.en

http://www.unchr.ch/html/menu2/6/cerd-thematic_disc.htm

http://www.unchr.ch/Huridocda/Huridocal.nsf/TestFrame/C41d8f479a2e9757802566d
        6004c72ab?Opendocument

http://www.un.org/womenwatch/daw/cedaw/recommendations/recomm.htm#recom19

http://www.unchr,ch/huridocda/huridoca.nsf/(Symbol)/A.CONF.157.23.En

http://www.unchr,ch/huridocda/huridoca.nsf/(Symbol)/A.CONF.157.23.En?OpenDoc
        ument

http://www.iisd.ca/Cairo/program/p10000.html

http://www.un.org/esa/socdev/wssd/agreements/poach3.htm

http://www.whrnet.org/docs/issue-migrantwomen.html

http://www.migrationinformation.org/Feature/display.cfm?id=291

http://www.choike.org/nuevo_eng/informes/1278.html

http://www.iom.int/en/what/managing_migration.html

http://www.ilo,org/public/english/protection/migrant/projects/index.htm

http://www.portal.unesco.org/shs/en/ev.php-URL_ID=1258&URL_DO=DO_TOPIC
        &URL_SECTION=201.HTML

http://www.portal.unesco.org/shs/en/ev.php-URL_ID=1254&URL_DO=DO_TOPIC
        &URL_SECTION=201.HTML

http://www.migrantwatch.org/

http://www.december18.net/web/general/page.php?pageID=19&menuID=29&lang=E
        N&seclang=0

http://www.icmc.net/docs/en/about/droch2002

http://www.hrw.org/about/whowear/html

http://www.mfasia.org/mfaAbout/AboutMFA.html

http://www.iom.int/en/know/idm/index.shtml

http://www.iom.int/en/know/berneinitiative/index.shtml

http://www.baliprocess.net

http://www.wmigrant.org/bbs/data/data1/070307이주민가족의보호와지원에관한법
　　　률.hwp

http://news.hankooki.com/1page/society/200702/h2007021119353921980.htm

http://www.bamf.de/cln_042/nn_565184/ShareDocs/Anlagen/DE/Integration/Downlo
　　　ads/Integrationskure/Kurstraeger/fp-jah-resbilanz-kurse-2005.pdf(검색:
　　　2008. 4. 30.)

http://www.iom.int/DOCUMENTS/GOVERNING/EN/Migration_change.phd

 부록

제1조 (목적)

이 법은 다문화가족 구성원이 안정적인 가족생활을 영위할 수 있도록 함으로써 이들의 삶의 질 향상과 사회통합에 이바지함을 목적으로 한다.

제2조 (정의)

이 법에서 사용하는 용어의 뜻은 다음과 같다.

1. "다문화가족"이란 다음 각 목의 어느 하나에 해당하는 가족을 말한다.

가. 「재한외국인 처우 기본법」 제2조 제3호의 결혼이민자와 「국적법」 제2조에 따라 출생 시부터 대한민국 국적을 취득한 자로 이루어진 가족

나. 「국적법」 제4조에 따라 귀화허가를 받은 자와 같은 법 제2조에 따라 출생 시부터 대한민국 국적을 취득한 자로 이루어진 가족

2. "결혼이민자 등"이란 다문화가족의 구성원으로서 다음 각 목의 어느 하나에 해당하는 자를 말한다.

가. 「재한외국인 처우 기본법」 제2조 제3호의 결혼이민자

나. 「국적법」 제4조에 따라 귀화허가를 받은 자

제3조 (국가와 지방자치단체의 책무)

① 국가와 지방자치단체는 다문화가족 구성원이 안정적인 가족생
활을 영위할 수 있도록 필요한 제도와 여건을 조성하고 이를 위
한 시책을 수립·시행하여야 한다.

② 국가와 지방자치단체는 이 법에 따른 시책 중 외국인정책 관련
사항에 대하여는 「재한외국인 처우 기본법」 제5조부터 제9조까
지의 규정에 따른다.

제4조 (실태조사 등)

① 보건복지가족부장관은 다문화가족의 현황 및 실태를 파악하고
다문화가족 지원을 위한 정책수립에 활용하기 위하여 3년마다
다문화가족에 대한 실태조사를 실시하고 그 결과를 공표하여야
한다.

② 보건복지가족부장관은 제1항에 따른 실태조사를 위하여 관계
공공기관 또는 관련 법인·단체에 대하여 필요한 자료의 제출
등 협조를 요청할 수 있다. 이 경우 자료의 제출 등 협조를 요
청받은 관계 공공기관 또는 관련 법인·단체 등은 특별한 사유
가 없는 한 이에 협조하여야 한다.

③ 보건복지가족부장관은 제1항에 따른 실태조사를 실시함에 있어
서 외국인정책 관련 사항에 대하여는 법무부장관과의 협의를
거쳐 실시한다.

④ 제1항에 따른 실태조사의 대상 및 방법 등에 필요한 사항은 보건복지가족부령으로 정한다.

제5조 (다문화가족에 대한 이해증진)

국가와 지방자치단체는 다문화가족에 대한 사회적 차별 및 편견을 예방하고 사회구성원이 문화적 다양성을 인정하고 존중할 수 있도록 다문화 이해교육과 홍보 등 필요한 조치를 하여야 한다.

제6조 (생활정보 제공 및 교육 지원)

① 국가와 지방자치단체는 결혼이민자 등이 대한민국에서 생활하는 데 필요한 기본적 정보를 제공하고, 사회적응교육과 직업교육·훈련 등을 받을 수 있도록 필요한 지원을 할 수 있다.

② 제1항에 따른 정보제공 및 교육에 필요한 사항은 대통령령으로 정한다.

제7조 (평등한 가족관계의 유지를 위한 조치)

국가와 지방자치단체는 다문화가족이 민주적이고 양성평등한 가족관계를 누릴 수 있도록 가족상담, 부부교육, 부모교육, 가족생활교육 등을 추진하여야 한다. 이 경우 문화의 차이 등을 고려한 전문적인 서비스가 제공될 수 있도록 노력하여야 한다.

제8조 (가정폭력 피해자에 대한 보호·지원)

① 국가와 지방자치단체는 다문화가족 내 가정폭력을 방지하기 위하여 노력하여야 한다.

② 국가와 지방자치단체는 가정폭력의 피해를 입은 결혼이민자 등에 대한 보호 및 지원을 위하여 외국어 통역 서비스를 갖춘 가정폭력 상담소 및 보호시설의 설치를 확대하도록 노력하여야 한다.

③ 국가와 지방자치단체는 결혼이민자 등이 가정폭력으로 혼인관계를 종료하는 경우 의사소통의 어려움과 법률체계 등에 관한 정보의 부족 등으로 불리한 입장에 놓이지 아니하도록 의견진술 및 사실확인 등에 있어서 언어통역, 법률상담 및 행정지원 등 필요한 서비스를 제공할 수 있다.

제9조 (산전 · 산후 건강관리 지원)

국가와 지방자치단체는 결혼이민자 등이 건강하고 안전하게 임신 · 출산할 수 있도록 영양 · 건강에 대한 교육, 산전 · 산후 도우미 파견, 건강 검진과 그 검진 시 통역 등 필요한 서비스를 지원할 수 있다.

제10조 (아동 보육 · 교육)

① 국가와 지방자치단체는 아동 보육 · 교육을 실시함에 있어서 다문화가족 구성원인 아동을 차별하여서는 아니 된다.

② 국가와 지방자치단체는 다문화가족 구성원인 아동이 학교생활에 신속히 적응할 수 있도록 교육지원 대책을 마련하여야 하고, 특별시 · 광역시 · 도 · 특별자치도의 교육감은 다문화가족 구성원인 아동에 대하여 학과 외 또는 방과 후 교육 프로그램 등을 지원할 수 있다.

③ 국가와 지방자치단체는 다문화가족 구성원인 아동의 초등학교

취학 전 보육 및 교육 지원을 위하여 노력하고, 그 아동의 언어
발달을 위하여 한국어교육을 위한 교재지원 및 학습지원 등 언
어능력 제고를 위하여 필요한 지원을 할 수 있다.

제11조 (다국어에 의한 서비스 제공)

국가와 지방자치단체는 제5조부터 제10조까지의 규정에 따른 지원
정책을 추진함에 있어서 결혼이민자 등의 의사소통의 어려움을 해소
하고 서비스 접근성을 제고하기 위하여 다국어에 의한 서비스 제공
이 이루어지도록 노력하여야 한다.

제12조 (다문화가족지원센터의 지정 등)

① 보건복지가족부장관은 다문화가족 지원 정책의 시행을 위하여
  필요한 경우에는 다문화가족 지원에 필요한 전문인력과 시설을
  갖춘 법인이나 단체를 다문화가족지원센터(이하 "지원센터"라
  한다)로 지정할 수 있다.

② 지원센터는 다음 각 호의 업무를 수행한다.

1. 다문화가족을 위한 교육·상담 등 지원사업의 실시

2. 다문화가족 지원서비스 정보제공 및 홍보

3. 다문화가족 지원 관련 기관·단체와의 서비스 연계

4. 그 밖에 다문화가족 지원을 위하여 필요한 사업

③ 지원센터에는 다문화가족에 대한 교육·상담 등의 업무를 수행
  하기 위하여 관련 분야에 대한 학식과 경험을 가진 전문인력을
  두어야 한다.

④ 국가와 지방자치단체는 제1항에 따라 지정한 지원센터에 대하

여 예산의 범위에서 제2항 각 호의 업무를 수행하는 데에 필요
한 비용의 전부 또는 일부를 보조할 수 있다.

⑤ 지원센터의 지정기준, 지정기간, 지정절차 등에 필요한 사항은
대통령령으로, 제3항에 따른 전문인력의 기준 등에 필요한 사항
은 보건복지가족부령으로 각각 정한다.

제13조 (다문화가족 지원업무 관련 공무원의 교육)

국가와 지방자치단체는 다문화가족 지원 관련 업무에 종사하는 공
무원의 다문화가족에 대한 이해증진과 전문성 향상을 위하여 교육을
실시할 수 있다.

제14조 (사실혼 배우자 및 자녀의 처우)

제5조부터 제12조까지의 규정은 대한민국 국민과 사실혼 관계에서
출생한 자녀를 양육하고 있는 다문화가족 구성원에 대하여 준용한다.

제15조 (권한의 위임과 위탁)

① 보건복지가족부장관은 이 법에 따른 권한의 일부를 대통령령으
로 정하는 바에 따라 특별시장, 광역시장, 도지사, 특별자치도지
사(이하 "시·도지사"라 한다) 또는 시장·군수·구청장(자치구
의 구청장을 말한다)에게 위임할 수 있다.

② 국가와 지방자치단체는 이 법에 따른 업무의 일부를 대통령령
으로 정하는 바에 따라 비영리법인이나 단체에 위탁할 수 있다.

제16조 (민간단체 등의 지원)

① 국가와 지방자치단체는 다문화가족 지원 사업을 수행하는 단체나 개인에 대하여 필요한 비용의 전부 또는 일부를 보조하거나 그 업무수행에 필요한 행정적 지원을 할 수 있다.

② 국가와 지방자치단체는 결혼이민자 등이 상부상조하기 위한 단체의 구성·운영 등을 지원할 수 있다.

부칙 [2008.3.21. 제8937호]

① (시행일) 이 법은 공포 후 6개월이 경과한 날부터 시행한다.

② (결혼이민자가족지원센터에 관한 경과조치) 이 법 시행 당시 보건복지가족부장관, 시·도지사 또는 시장·군수·구청장이 지정·운영 중인 결혼이민자가족지원센터는 이 법에 따라 지정된 다문화가족지원센터로 본다.

재한외국인 처우 기본법
법률 제8442호 신규제정 2007. 05. 17.

제1장 총칙

제1조 (목적)

이 법은 재한외국인에 대한 처우 등에 관한 기본적인 사항을 정함으로써 재한외국인이 대한민국 사회에 적응하여 개인의 능력을 충분히 발휘할 수 있도록 하고, 대한민국 국민과 재한외국인이 서로를 이해하고 존중하는 사회 환경을 만들어 대한민국의 발전과 사회통합에 이바지함을 목적으로 한다.

제2조 (정의)

이 법에서 사용하는 용어의 정의는 다음과 같다.

1. "재한외국인"이란 대한민국의 국적을 가지지 아니한 자로서 대한민국에 거주할 목적을 가지고 합법적으로 체류하고 있는 자를 말한다.
2. "재한외국인에 대한 처우"란 국가 및 지방자치단체가 재한외국인을 그 법적 지위에 따라 적정하게 대우하는 것을 말한다.
3. "결혼이민자"란 대한민국 국민과 혼인한 적이 있거나 혼인관계에 있는 재한외국인을 말한다.

제3조 (국가 및 지방자치단체의 책무)

국가 및 지방자치단체는 제1조의 목적을 달성하기 위하여 재한외국인에 대한 처우 등에 관한 정책의 수립·시행에 노력하여야 한다.

제4조 (다른 법률과의 관계)

국가는 재한외국인에 대한 처우 등과 관련되는 다른 법률을 제정 또는 개정하는 경우에는 이 법의 목적에 맞도록 하여야 한다.

제2장 외국인정책의 수립 및 추진 체계

제5조 (외국인정책의 기본계획)

① 법무부장관은 관계 중앙행정기관의 장과 협의하여 5년마다 외국인정책에 관한 기본계획(이하 "기본계획"이라 한다)을 수립하여야 한다.

② 기본계획에는 다음 각 호의 사항이 포함되어야 한다.

1. 외국인정책의 기본목표와 추진방향

2. 외국인정책의 추진과제, 그 추진방법 및 추진시기

3. 필요한 재원의 규모와 조달방안

4. 그 밖에 외국인정책 수립 등을 위하여 필요하다고 인정되는 사항

③ 법무부장관은 제1항에 따라 수립된 기본계획을 제8조에 따른 외국인정책위원회의 심의를 거쳐 확정하여야 한다.

④ 기본계획의 수립절차 등에 관하여 필요한 사항은 대통령령으로 정한다.

⑤ 법무부장관은 기본계획을 수립함에 있어서 상호주의 원칙을 고려한다.

제6조 (연도별 시행계획)

① 관계 중앙행정기관의 장은 기본계획에 따라 소관별로 연도별 시행계획을 수립·시행하여야 한다.

② 지방자치단체의 장은 중앙행정기관의 장이 법령에 따라 위임한 사무에 관하여 당해 중앙행정기관의 장이 수립한 시행계획에 따라 당해 지방자치단체의 연도별 시행계획을 수립·시행하여야 한다.

③ 관계 중앙행정기관의 장은 제2항에 따라 수립된 지방자치단체의 시행계획이 기본계획 및 당해 중앙행정기관의 시행계획에 부합되지 아니하는 경우에는 당해 지방자치단체의 장에게 그 변경을 요청할 수 있고, 당해 지방자치단체가 수립한 시행계획의 이행사항을 기본계획 및 당해 중앙행정기관의 시행계획에 따라 점검할 수 있다.

④ 관계 중앙행정기관의 장은 소관별로 다음 해 시행계획과 지난 해 추진실적 및 평가결과를 법무부장관에게 제출하여야 하며, 법무부장관은 이를 종합하여 제8조에 따른 외국인정책위원회에 상정하여야 한다.

⑤ 그 밖에 시행계획의 수립·시행 및 평가 등에 관하여 필요한 사항은 대통령령으로 정한다.

제7조 (업무의 협조)

① 법무부장관은 기본계획과 시행계획을 수립·시행하고 이를 평가하기 위하여 필요한 때에는 국가기관·지방자치단체 및 대통령령으로 정하는 공공단체의 장(이하 "공공기관장"이라 한다)

에게 관련 자료의 제출 등 필요한 협조를 요청할 수 있다.

② 중앙행정기관 및 지방자치단체의 장은 소관 업무에 관한 시행계획을 수립·시행하고 이를 평가하기 위하여 필요한 때에는 공공기관장에게 관련 자료의 제출 등 필요한 협조를 요청할 수 있다.

제8조 (외국인정책위원회)

① 외국인정책에 관한 주요 사항을 심의·조정하기 위하여 국무총리 소속으로 외국인정책위원회(이하 "위원회"라 한다)를 둔다.

② 위원회는 다음 각 호의 사항을 심의·조정한다.

1. 제5조에 따른 외국인정책의 기본계획의 수립에 관한 사항

2. 제6조에 따른 외국인정책의 시행계획 수립, 추진실적 및 평가결과에 관한 사항

3. 제15조에 따른 사회적응에 관한 주요 사항

4. 그 밖에 외국인정책에 관한 주요 사항

③ 위원회는 위원장 1인을 포함한 30인 이내의 위원으로 구성하며, 위원장은 국무총리가 되고, 위원은 다음 각 호의 자가 된다.

1. 대통령령으로 정하는 중앙행정기관의 장

2. 외국인정책에 관하여 학식과 경험이 풍부한 자 중에서 위원장이 위촉하는 자

④ 위원회에 상정할 안건과 위원회에서 위임한 안건을 처리하기 위하여 위원회에 외국인정책실무위원회(이하 "실무위원회"라 한다)를 둔다.

⑤ 제1항부터 제4항까지 외에 위원회 및 실무위원회의 구성과 운

영에 관하여 필요한 사항은 대통령령으로 정한다.

제9조 (정책의 연구·추진 등)

① 법무부장관은 기본계획의 수립, 시행계획의 수립 및 추진실적에 대한 평가, 위원회 및 실무위원회의 구성·운영 등이 효율적으로 이루어질 수 있도록 다음 각 호의 업무를 수행하여야 한다.

1. 재한외국인, 불법체류외국인 및 제15조에 따른 귀화자에 관한 실태 조사
2. 기본계획의 수립에 필요한 사항에 관한 연구
3. 위원회 및 실무위원회에 부의할 안건에 관한 사전 연구
4. 외국인정책에 관한 자료 및 통계의 관리, 위원회 및 실무위원회의 사무 처리
5. 제15조에 따른 사회적응시책 및 그 이용에 관한 연구와 정책의 추진
6. 그밖에 외국인정책 수립 등에 관하여 필요하다고 인정되는 사항에 관한 연구와 정책의 추진

② 제1항 각 호의 업무를 효율적으로 수행하기 위하여 필요한 사항은 대통령령으로 정한다.

제3장 재한외국인 등의 처우

제10조 (재한외국인 등의 인권옹호)

국가 및 지방자치단체는 재한외국인 또는 그 자녀에 대한 불합리한 차별 방지 및 인권옹호를 위한 교육·홍보, 그 밖에 필요한 조치를 하기 위하여 노력하여야 한다.

제11조 (재한외국인의 사회적응 지원)

국가 및 지방자치단체는 재한외국인이 대한민국에서 생활하는 데 필요한 기본적 소양과 지식에 관한 교육·정보제공 및 상담 등의 지원을 할 수 있다.

제12조 (결혼이민자 및 그 자녀의 처우)

① 국가 및 지방자치단체는 결혼이민자에 대한 국어교육, 대한민국의 제도·문화에 대한 교육, 결혼이민자의 자녀에 대한 보육 및 교육 지원 등을 통하여 결혼이민자 및 그 자녀가 대한민국 사회에 빨리 적응하도록 지원할 수 있다.

② 제1항은 대한민국 국민과 사실혼 관계에서 출생한 자녀를 양육하고 있는 재한외국인 및 그 자녀에 대하여 준용한다.

제13조 (영주권자의 처우)

① 국가 및 지방자치단체는 대한민국에 영구적으로 거주할 수 있는 법적 지위를 가진 외국인(이하 "영주권자"라 한다)에 대하여 대한민국의 안전보장·질서유지·공공복리, 그 밖에 대한민국의

이익을 해치지 아니하는 범위 안에서 대한민국으로의 입국·체류 또는 대한민국 안에서의 경제활동 등을 보장할 수 있다.

② 제12조제1항은 영주권자에 대하여 준용한다.

제14조 (난민의 처우)

① 「출입국관리법」 제76조의2에 따라 난민의 인정을 받은 자가 대한민국에서 거주하기를 원하는 경우에는 제12조제1항을 준용하여 지원할 수 있다.

② 국가는 난민의 인정을 받은 재한외국인이 외국에서 거주할 목적으로 출국하려는 경우에는 출국에 필요한 정보제공 및 상담과 그 밖에 필요한 지원을 할 수 있다.

제15조 (국적취득 후 사회적응)

재한외국인이 대한민국의 국적을 취득한 경우에는 국적을 취득한 날부터 3년이 경과하는 날까지 제12조제1항에 따른 시책의 혜택을 받을 수 있다.

제16조 (전문외국인력의 처우 개선)

국가 및 지방자치단체는 전문적인 지식·기술 또는 기능을 가진 외국인력의 유치를 촉진할 수 있도록 그 법적 지위 및 처우의 개선에 필요한 제도와 시책을 마련하기 위하여 노력하여야 한다.

제17조 (과거 대한민국국적을 보유하였던 자 등의 처우)

국가 및 지방자치단체는 과거 대한민국의 국적을 보유하였던 자

또는 그의 직계 비속(대한민국의 국적을 보유한 자를 제외한다)으로서 대통령령으로 정하는 자에 대하여 대한민국의 안전보장·질서유지·공공복리, 그 밖에 대한민국의 이익을 해치지 아니하는 범위 안에서 대한민국으로의 입국·체류 또는 대한민국 안에서의 경제활동 등을 보장할 수 있다.

제4장 국민과 재한외국인이 더불어 살아가는 환경 조성

제18조 (다문화에 대한 이해 증진)

국가 및 지방자치단체는 국민과 재한외국인이 서로의 역사·문화 및 제도를 이해하고 존중할 수 있도록 교육, 홍보, 불합리한 제도의 시정이나 그 밖에 필요한 조치를 하기 위하여 노력하여야 한다.

제19조 (세계인의 날)

① 국민과 재한외국인이 서로의 문화와 전통을 존중하면서 더불어 살아갈 수 있는 사회 환경을 조성하기 위하여 매년 5월 20일을 세계인의 날로 하고, 세계인의 날부터 1주간의 기간을 세계인주간으로 한다.

② 세계인의 날 행사에 관하여 필요한 사항은 법무부장관 또는 특별시장·광역시장·도지사 또는 특별자치도지사가 따로 정할 수 있다.

제5장 보칙

제20조 (외국인에 대한 민원 안내 및 상담)

① 공공기관장은 재한외국인에게 민원처리절차를 안내하는 업무
를 전담하는 직원을 지정할 수 있고, 그 직원으로 하여금 소정
의 교육을 이수하도록 할 수 있다.

② 국가는 전화 또는 전자통신망을 이용하여 재한외국인과 그 밖
에 대통령령으로 정하는 자에게 외국어로 민원을 안내·상담하
기 위하여 외국인종합안내센터를 설치·운영할 수 있다.

제21조 (민간과의 협력)

국가 및 지방자치단체는 외국인정책에 관한 사업 중의 일부를 비
영리법인 또는 비영리단체에 위탁할 수 있고, 그 위탁한 사업수행에
드는 비용의 일부를 지원하거나 그 밖에 필요한 지원을 할 수 있다.

제22조 (국제교류의 활성화)

국가 및 지방자치단체는 외국인정책과 관련한 국제기구에 참여하
거나 국제회의에 참석하고, 정보교환 및 공동 조사·연구 등의 국제
협력사업을 추진함으로써 국제교류를 활성화하기 위하여 노력하여
야 한다.

제23조 (정책의 공표 및 전달)

① 국가 및 지방자치단체는 확정된 외국인정책의 기본계획 및 시
행계획 등을 공표할 수 있다. 다만, 위원회 또는 실무위원회에

서 국가안전보장·질서유지·공공복리·외교관계 등의 국익을 고려하여 공표하지 아니하기로 하거나 개인의 사생활의 비밀이 침해될 우려가 있는 사항에 대하여는 그러하지 아니하다.

② 국가 및 지방자치단체는 모든 국민 및 재한외국인이 제1항에 따라 공표된 외국인정책의 기본계획 및 시행계획 등을 쉽게 이해하고 이용할 수 있도록 노력하여야 한다.

부칙 [2007.5.17. 제8442호]
이 법은 공포 후 2개월이 경과한 날부터 시행한다.

재한외국인 처우 기본법 시행령
대통령령 제21214호(행정안전부와 그 소속기관 직제)
일부개정 2008. 12. 31.

제1조 (목적)

이 영은 「재한외국인 처우 기본법」에서 위임된 사항과 그 시행에 필요한 사항을 규정함을 목적으로 한다.

제2조 (외국인정책 기본계획의 수립)

① 법무부장관은 「재한외국인 처우 기본법」 (이하 "법"이라 한다) 제5조제1항에 따른 외국인정책에 관한 기본계획(이하 "기본계획"이라 한다)의 효율적인 수립을 위하여 미리 기본계획 작성지침을 정하여 관계 중앙행정기관의 장에게 통보하여야 한다.

② 관계 중앙행정기관의 장은 제1항의 기본계획 작성지침에 따라 소관별로 기본계획안을 작성하여 법무부장관에게 제출하여야 하고, 법무부장관은 이를 종합하여 법 제5조제1항의 기본계획을 수립하여야 한다.

③ 법무부장관은 법 제5조제3항에 따라 기본계획이 확정되면 이를 관계 중앙행정기관의 장과 지방자치단체의 장에게 통보하여야 한다.

제3조 (기본계획의 변경)

관계 중앙행정기관의 장은 확정된 기본계획 중 소관사항을 변경하려면 기본계획 변경안을 작성하여 법무부장관에게 제출하여야 한다. 법무부장관은 제1항의 기본계획 변경안을 고려하여 기본계획을 수정하고 법 제5조제3항에 따라 기본계획을 확정하여야 한다.

제4조 (연도별 시행계획의 수립)

① 법무부장관은 법 제6조제1항·제2항에 따른 연도별 시행계획(이하 "시행계획"이라 한다)의 효율적인 수립을 위하여 시행계획 수립지침을 정하여 매년 7월 말까지 관계 중앙행정기관의 장과 지방자치단체의 장에게 통보하여야 한다.

② 관계 중앙행정기관의 장은 제1항의 시행계획 수립지침에 따라 소관별로 다음 해 시행계획을 수립하여 지방자치단체의 장에게 통보하여야 한다.

③ 관계 중앙행정기관의 장은 법 제6조제4항에 따라 다음 해 시행계획에 지방자치단체의 장이 법 제6조제2항에 따라 수립한 시행계획을 종합하여 소관별로 매년 10월 말까지 법무부장관에게 제출하여야 한다.

④ 법무부장관은 제3항에 따라 제출된 시행계획에 관하여 법 제8조에 따른 외국인정책위원회(이하 "위원회"라 한다)의 심의·조정을 거친 후, 그 결과를 관계 중앙행정기관의 장과 지방자치단체의 장에게 통보하여야 한다.

제5조 (시행계획의 추진실적 및 평가결과)

① 법무부장관은 법 제6조제4항 및 제5항에 따른 지난 해 추진실적 및 평가결과의 효율적인 작성을 위하여 미리 추진실적 및 평

가결과 작성지침을 정하여 관계 중앙행정기관의 장과 지방자치단체의 장에게 통보하여야 한다.

② 지방자치단체의 장은 제1항의 추진실적 및 평가결과 작성지침에 따라 지난해 추진실적 및 평가결과를 작성하여 매년 1월 말까지 관계 중앙행정기관의 장에게 제출하여야 한다.

③ 관계 중앙행정기관의 장은 법 제6조제4항에 따라 지난 해 추진실적 및 평가결과에 관계 지방자치단체의 장이 제2항에 따라 제출한 지난해 추진실적 및 평가결과를 종합하여 소관별로 매년 2월 말까지 법무부장관에게 제출하여야 한다.

④ 법무부장관은 제3항에 따라 제출된 지난해 추진실적 및 평가결과를 종합하여 위원회의 심의·조정을 거친 후, 그 결과를 관계 중앙행정기관의 장과 지방자치단체의 장에게 통보하여야 한다.

⑤ 관계 중앙행정기관의 장과 지방자치단체의 장은 제4항에 따라 통보받은 결과를 다음 연도 소관시행계획을 수립·시행할 때에 반영하여야 한다.

⑥ 법무부장관은 시행계획의 추진 상황을 분기별로 종합·점검할 수 있고, 그 결과를 관계 중앙행정기관의 장과 지방자치단체의 장이 공유할 수 있도록 필요한 조치를 할 수 있다.

제6조 (업무의 협조)

법 제7조제1항에서 "대통령령으로 정하는 공공단체의 장"이란 다음 각 호의 기관·단체의 장을 말한다.

1. 「유아교육법」, 「초·중등교육법」, 「고등교육법」 그 밖에 다른 법률에 따라 설립된 각급학교

2. 「공공기관의 운영에 관한 법률」에 따라 지정·고시된 공기업·
   준정부기관 및 기타공공기관

3. 「지방공기업법」에 따라 설립된 지방공사 및 지방공단

4. 특별법에 따라 설립된 특수법인

5. 「사회복지사업법」 제42조제1항에 따라 국가나 지방자치단체로
   부터 보조금을 받는 사회복지법인과 사회복지사업을 하는 비영
   리법인

제7조 (위원회의 구성 및 운영)

① 법 제8조제3항제1호에서 "대통령령으로 정하는 중앙행정기관
   의 장"이란 기획재정부장관, 교육과학기술부장관, 외교통상부
   장관, 법무부장관, 행정안전부장관, 문화체육관광부장관, 농림
   수산식품부장관, 지식경제부장관, 보건복지가족부장관, 노동부
   장관, 여성부장관, 국토해양부장관, 중소기업청장 및 위원회의
   의결을 거쳐 위원회의 위원장(이하 "위원장"이라 한다)이 필요
   하다고 인정한 중앙행정기관의 장을 말한다. [개정 2008.2.29.
   제20674호(법무부와 그 소속기관 직제)]

② 위원장은 법 제8조제3항제2호에 따라 9명 이내의 위원을 위촉
   할 수 있다.

③ 제2항에 따라 위촉된 위원의 임기는 3년으로 한다.

④ 위원장은 필요하다고 인정되면 위원회의 심의 안건과 관련된
   행정기관의 장(국가정보원장과 국무총리실장을 포함한다), 지
   방자치단체의 장 및 제6조 각 호의 기관·단체의 장을 회의에
   참석하게 할 수 있다. [개정 2008.12.31. 제21214호(행정안전부

와 그 소속기관 직제)]

제8조 (위원장)

① 위원장은 위원회를 대표하고 위원회의 사무를 총괄한다.

② 위원장이 부득이한 사유로 직무를 수행할 수 없을 때에는 법무부장관이 그 직무를 대행한다.

제9조 (위원회의 회의)

① 위원장은 위원회의 회의를 소집하고 그 의장이 된다.

② 위원장은 회의를 소집하려면 회의의 일시·장소 및 심의 안건을 위원과 제7조제4항에 따라 회의에 참석하는 자에게 회의개최 5일 전까지 서면으로 알려야 한다. 다만, 긴급히 개최하여야 하는 경우와 그 밖에 부득이한 사정이 있는 경우에는 그러하지 아니하다.

③ 위원회의 회의는 재적위원 과반수의 출석으로 개의하고, 출석위원 과반수의 찬성으로 의결한다.

제10조 (간사)

위원회의 사무를 처리하기 위하여 위원회에 간사 1명을 두며, 간사는 법무부 출입국·외국인정책본부장이 된다.

제11조 (실무위원회의 구성 및 운영)

① 법 제8조제4항에 따른 외국인정책실무위원회(이하 "실무위원회"라 한다)는 위원장 1명을 포함한 30명 이내의 위원으로 구

성하며, 실무위원회의 위원장은 법무부차관이 되고 위원은 다음 각 호의 자가 된다. [개정 2008.2.29. 제20674호(법무부와 그 소속기관 직제)]

1. 제7조제1항에 따른 중앙행정기관의 장·국가정보원장 및 국무총리실장이 소속된 행정기관의 고위공무원단에 속하는 공무원 또는 고위공무원단에 속하지 아니한 1급부터 3급까지의 공무원 중에서 지명하는 자

2. 외국인정책에 관하여 학식과 경험이 풍부한 자 중에서 실무위원회의 위원장이 위촉한 자

② 실무위원회의 위원장은 필요하다고 인정되면 실무위원회의 안건과 관련된 행정기관의 장, 지방자치단체의 장 및 제6조 각 호의 기관·단체의 장이 지명하는 자를 회의에 참석하게 할 수 있다.

③ 실무위원회는 다음 각 호의 어느 하나에 관한 연구·검토 및 협의 등을 위하여 분야별로 실무분과위원회를 둔다.

1. 실무위원회의 안건 중 실무위원회 위원 간에 이견이 있어 협의가 필요하다고 실무위원회가 인정한 사항

2. 제5조의 추진실적 및 평가결과 중 실무위원회에서 처리할 안건에 대한 사항

3. 그밖에 실무위원회에서 위임한 사항

제12조 (수당 등)

위원회·실무위원회 및 실무분과위원회에 출석하는 위원에게는 예산의 범위에서 수당과 여비, 그 밖에 필요한 경비를 지급할 수 있다. 다만, 공무원이 그 소관 업무와 직접 관련하여 출석하는 경우에는

그러하지 아니하다.

제13조 (운영세칙)

이 영에 규정한 것 외에 위원회의 구성과 운영에 필요한 사항은 위원회의 의결을 거쳐서 위원장이 정하고, 실무위원회와 실무분과위원회의 구성과 운영에 필요한 사항은 실무위원회의 의결을 거쳐 실무위원회 위원장이 정한다.

제14조 (정책연구 등의 위탁)

법무부장관은 법 제9조제1항 각 호의 업무를 효율적으로 수행하기 위하여 연구소·대학, 그 밖에 필요하다고 인정하는 기관·단체에 실태조사 및 연구 등을 위탁할 수 있다.

제15조 (과거 대한민국 국적을 보유하였던 자 등의 범위 등)

① 법 제17조에서 "대통령령으로 정하는 자"란 자신 또는 부모의 일방이나 조부모의 일방이 과거 대한민국의 국적을 보유하였던 사실을 증명하는 자로서 다음 각 호에 해당하지 아니하는 자를 말한다.

1. 「출입국관리법」 제11조제1항 각 호의 어느 하나에 해당하여 입국이 금지되는 자

2. 「재외동포의 출입국과 법적지위에 관한 법률」 제5조제2항에 따라 체류자격 부여가 제한되는 자

② 중앙행정기관의 장과 지방자치단체의 장은 법 제17조에 따른 처우에 관하여 대한민국의 안전보장·질서유지·공공복리 등

에 부합하는지 여부를 검토하거나 제1항 각 호의 사항을 확인
하기 위하여 관계 행정기관의 장, 지방자치단체의 장 및 제6조
각 호의 기관·단체의 장에게 의견을 묻거나 협조를 요청할 수
있다.

제16조 (외국인에 대한 민원 안내 및 상담)
법 제20조제2항에서 "대통령령으로 정하는 자"란 대한민국에 체류
하는 외국인을 말한다.

부칙 [2007.7.18. 제20170호]
이 영은 공포한 날부터 시행한다.

부칙 [2008.2.29. 제20674호(법무부와 그 소속기관 직제)]
제1조(시행일) 이 영은 공포한 날부터 시행한다.
제2조 생략
제3조(다른 법령의 개정) ①부터 ⑨까지 생략
⑩ 재한외국인 처우 기본법 시행령 일부를 다음과 같이 개정한다.
제7조제1항 중 "재정경제부장관, 교육인적자원부장관, 외교통상부
장관, 법무부장관, 행정자치부장관, 문화관광부장관, 농림부장관, 산
업자원부장관, 보건복지부장관, 노동부장관, 여성가족부장관, 건설교
통부장관, 해양수산부장관, 기획예산처장관, 국정홍보처장"을 "기획
재정부장관, 교육과학기술부장관, 외교통상부장관, 법무부장관, 행정
안전부장관, 문화체육관광부장관, 농림수산식품부장관, 지식경제부
장관, 보건복지가족부장관, 노동부장관, 여성부장관, 국토해양부장

관"으로 한다.

　제11조제1항제1호 중 "국무조정실장"을 "국무총리실장"으로 한다.

　⑪부터 ⑭까지 생략

　부칙 [2008.12.31. 제21214호(행정안전부와 그 소속기관 직제)]

　제1조(시행일) 이 영은 공포한 날부터 시행한다<단서 생략>.

　제2조부터 제4조까지 생략

　제5조(다른 법령의 개정) ①부터 <32>까지 생략

　<33> 재한외국인 처우 기본법 시행령 일부를 다음과 같이 개정한다.

　제7조제4항 중 "국무조정실장"을 "국무총리실장"으로 한다.

　<34>부터 <175>까지 생략

김민경 ─────────

　전남대학교 가정관리학과 학사
　전남대학교 대학원 가족학 석사, 박사
　이화여자대학교 사회복지전문대학원 사회복지학 석사
　가톨릭대학교 대학원 사회복지학 박사
　이주여성센터 회장
　현) 남서울대학교 아동복지학과 교수
　　　남서울대학교 부설 건강가정지원센터 소장
　　　남서울대학교 학생생활상담센터 소장
　　　한국가족관계학회 재무이사
　　　한국가족복지학회 이사
　　　한국다문화가족학회 이사

『청소년복지론』(공저, 2007)
『결혼이민자가족의 이해』(2008)
『결혼이민여성을 위한 “여보, 이럴 땐 어떻게 해요?”』(2009)
『아동복지론』(2010)

「이주여성의 부부갈등 결정요인 연구」(2006)
「국제결혼한 한국남성의 결혼해체에 관한 연구」(2011)
「대학생의 다문화역량에 관한 연구」(2010)
「A study on the cultural factors, abuse and depression of immigrant married woman」(2010)
「Affecting variables on acculturation of immigrant married women」(2010)
「결혼이민여성에 대한 지역사회구성원의 문화적 민감성에 대한 연구」(2010)
「결혼이민여성의 학대와 관련요인연구」(2009)
「국제결혼 남성의 ‘부부되기’에 대한 문화기술지」(2009)
「결혼이민여성의 사회적 지지, 양육태도가 자녀의 사회적 능력과의 관계」(2009)
「결혼이민여성의 임파워먼트과정에 관한 연구」(2009)
「결혼이민자 남편의 부부관계향상프로그램 효과성에 관한 연구」(2008)
「농촌지역 결혼이민여성의 정신건강에 관한 연구」(2007)
「국제결혼이주여성의 부부갈등 결정요인 연구」(2006)
「여성결혼이민자의 부부갈등과 학대에 관한 연구－사회문화적 요인을 중심으로」(2006)
등 다수

결혼이민
여성에 대한

문화적
민감성과
수용

초 판 인 쇄 | 2012년 2월 1일
초 판 발 행 | 2012년 2월 1일

지 은 이 | 김민경
펴 낸 이 | 채종준
펴 낸 곳 | 한국학술정보㈜
주   소 | 경기도 파주시 문발동 파주출판문화정보산업단지 513-5
전   화 | 031) 908-3181(대표)
팩   스 | 031) 908-3189
홈 페 이 지 | http://ebook.kstudy.com
E-mail | 출판사업부 publish@kstudy.com
등   록 | 제일산-115호(2000. 6. 19)

ISBN   978-89-268-3033-8 93330 (Paper Book)
          978-89-268-3034-5 98330 (e-Book)

이담 books 는 한국학술정보(주)의 지식실용서 브랜드입니다.